环 境 司 法 文 库　　　　　　　　　王树义　王旭光　主编

国家2011计划司法文明协同创新中心
最高人民法院环境资源司法理论研究基地（武汉大学）

环境权利可诉性研究

On the Justiciability of Environmental Rights

伊媛媛　著

中国社会科学出版社

图书在版编目(CIP)数据

环境权利可诉性研究 / 伊媛媛著 . —北京：中国社会科学出版社，
2016.6

ISBN 978 - 7 - 5161 - 7790 - 7

Ⅰ. ①环…　Ⅱ. ①伊…　Ⅲ. ①环境保护法 - 诉讼 - 研究 - 中国
Ⅳ. ①D922. 684

中国版本图书馆 CIP 数据核字 (2016) 第 051397 号

出 版 人　赵剑英
责任编辑　梁剑琴
责任校对　刘　娟
责任印制　何　艳

出　　　版　中国社会科学出版社
社　　　址　北京鼓楼西大街甲 158 号
邮　　　编　100720
网　　　址　http：//www. csspw. cn
发 行 部　010 - 84083685
门 市 部　010 - 84029450
经　　　销　新华书店及其他书店

印刷装订　北京市兴怀印刷厂
版　　　次　2016 年 6 月第 1 版
印　　　次　2016 年 6 月第 1 次印刷

开　　　本　710×1000　1/16
印　　　张　12.5
插　　　页　2
字　　　数　205 千字
定　　　价　48.00 元

凡购买中国社会科学出版社图书，如有质量问题请与本社营销中心联系调换
电话：010 - 84083683

总　序

　　司法是适用或执行法律的活动，随法律的产生而产生，亦随法律的变化而变化，呈动态的过程。

　　我国的环境司法是二十世纪七十年代末八十年代初，随着我国环境立法的产生而出现的一种司法现象，至今只有短短三十余年的历史。历史虽短，但发展很快，新问题也很多，例如环境司法专门化、环境公益诉讼、环境权利的可诉性、环境案件的受案范围、审理程序、"三审合一"、跨区域管辖、气候变化诉讼、证据规则、生态性司法、环境法律责任的实现方式、环境诉讼中的科学证据、专家证人等。这些问题几乎都是近十年来逐渐出现的，并且还在不断产生，亟待环境法学理论界和环境法律实务界的关注和深入研究。

　　国家 2011 计划司法文明协同创新中心是 2013 年经教育部和财政部批准设立的一个学术研究协同创新平台，中国政法大学为协同创新中心的牵头高校，武汉大学、吉林大学和浙江大学为主要协同高校。其他协同单位还有最高人民法院、最高人民检察院、中国法学会、中华全国律师协会等。协同创新中心担负五大任务，即探索科学的司法理论，研究构建先进的司法制度，促进司法的规范运作，培养卓越的司法人才，培育理性的司法文化。协同创新中心的活动宗旨和历史使命是，促进我国司法的文明化进程，加强我国司法文明的软实力，助力法治中国建设，提升我国司法文明在当代世界文明体系中的认同度和话语权。环境司法和环境司法文明是我国司法和司法文明的一个重要组成部分，尤其在用严密的环境法治和最严格的环境法律制度推进和保障生态文明建设的今天，显得更为重要。因此，环境司法的理论、实践和文明发展，无疑是司法文明协同创新中心关注的重点。

　　最高人民法院环境资源司法理论研究基地（武汉大学）是最高人民法院在武汉大学设立的一个专门从事环境资源司法理论研究的机构，研究范围包括中外环境司法理念、理论、环境司法制度、环境司法运行、环境司法改革以及环境司法文化等。

国家2011司法文明协同创新中心和最高人民法院环境资源司法理论研究基地（武汉大学）共同推出的《环境司法文库》，旨在建立一个专门的学术平台，鼓励和促进环境司法问题研究。《环境司法文库》向国内外所有专家、学者和司法实务工作者开放，每年推出数本有新意、有理论深度、有学术分量的专著、译著和编著。恳请各位专家、学者、司法实务工作者不吝赐稿。让我们共同努力，为我国环境司法的健康发展，为环境司法文明建设作出力所能及的贡献。

国家2011计划司法文明协同创新中心联席主任

最高人民法院环境资源司法理论研究基地（武汉大学）主任

王树义

2016年6月16日

内容摘要

环境损害是环境权利受到侵害的一种形态，环境侵权不能涵盖环境损害。通过私法和环境公益诉讼无法实现环境权利损害的充分救济。环境权利司法救济缺乏法律依据，缺乏权利依据，在宪法和法律未对环境权利及其可诉性作出明确规定的情况下，权利主体缺乏可以直接寻求司法救济的可要求性，只规定了相应的义务而不能提出要求的权利更像是受到规范确认和保护的利益而不是一种完善的权利。因此，承认环境权利的可诉性对于环境权利的保护具有至关重要的意义。应从权利本身出发研究环境权利的可诉性，从权利人的立场重新思考环境权利的可诉性问题，转变可诉性问题的思维模式，改变环境权利可诉性的研究视角，从环境权利可诉性的概念化争论转向环境权利如何裁判这一新任务。

环境权利与环境权的区别是：环境权是人享用一定品质的生态功能的天赋权利；而环境权利则是规定或隐含在法律规范中的环境权，是法律权利。环境权利是规定或隐含在法律规范中的自然人享用适宜生态功能的概括性权利。环境权利的利益基础是生态利益，公民依据环境权利可以要求国家采取积极行为履行国家环境义务。环境权利可能以宪法权利，也可能以普通法律权利的面目出现。环境权利作为一项宪法权利，同样具备主观权利和客观法的双重性质，具备权能复合结构。具体环境权利具有公法和私法的双重性质。

环境权利的法律化，即环境权利从应有权利向法定权利的转化，这一过程面临理论和现实双重困境。环境权入宪具有价值合理性和现实必要性。只有建立完善的权利救济机制才可能真正实现法定权利。在环境权利实现屡临困境的情况下，一些国家的宪政实践通过修宪或制定新宪法赋予环境权利可诉性，或通过法院对基本权利条款的解释使环境权利获得一定程度的可诉性。代表性的国家有南非、印度、美国等。

对环境权利不可诉论的剖析包括：对"权利二分法"的进一步质疑，

对"权利成本"的批判，对权利一体化与环境权利间接救济的意义的分析。关于环境权利可诉性的争论包括环境权利规范的模糊性、环境权利可诉的民主正当性缺乏、环境司法能力的制约。从环境权利规范模糊性的破解，环境权利可诉的政治合法性的解析与重塑，环境司法能力的突破三个方面可论证环境权利的可诉性。

环境权利可诉是有限的。具有主观权利属性的环境权利可诉，单纯表现为客观法的环境权利不可诉；规则规范明确具有可诉性的环境权利可诉，表现为原则规范的环境权利不可诉；指向可以分割的个人生态利益的环境权利可诉；而不可分割的生态公益主要由国家承担客观义务，通常情况下不可诉。环境权利可诉范围是发展的，随权利保护的现实需求发生相应的变化，在主观属性与客观属性相互渗透的过程中，环境权利的内涵被不断扩大，并且被不断地规范化，这一扩大和规范化过程的结果就是权利可诉范围的不断扩大。环境权利的可诉受到客观现实的限制，依据宪法中直接做了绝对性规定的条款，环境权利的可诉范围不受限制，普通法律规定的环境权利的可诉范围明确。不同层次的环境义务对应的环境权利的可诉性呈逐层递减态势。尊重义务对应的环境权利完全可诉。保护义务对应的环境权利部分可诉。给付义务包括抽象和具体两部分内容，抽象部分普遍认为不可诉，现代宪法逐渐承认给付义务的部分具体义务对应的环境权利部分可诉。司法保护不是环境权利保护的唯一有效方式，环境权利需要其他方式的保护。宪法诉讼是环境权利可诉实现的根本路径。通过普通法律实现环境权利的可诉性在很多国家具有现实的可操作性，一是通过行政法实现环境权利可诉，二是通过私法实现环境权利可诉，环境公益诉讼是增强环境权利可诉性的有效措施。

中国环境权利可诉实现的现状表现为：环境权利纠纷解决的诉讼渠道不畅，私权救济方式对环境权利损害救济不足，环境公益诉讼屡陷困境。究其原因，既有因政治问题不可诉形成的政治难点，也有因环境权利立法缺失、宪法司法化不能、两个层次的环境权利可诉障碍和环境公益诉讼立法不足所形成的法律难点。随着可诉性理论的成熟，将国家行为混同于政治问题的困境将逐渐化解，政治问题的司法化范围将随之扩大。破解中国环境权利可诉实现的法律难点需要立法理念的提升。在制度设计上，宪法诉讼是中国环境权利可诉实现的根本路径，应通过行政法路径积极推动环境权利的宪法诉讼，同时通过私法有限度地实现环境权利的可诉，完善环境公益诉讼制度，通过环境司法专门化提高环境司法能力。

关键词：环境权利　可诉性　环境权　国家环境义务　有限性

目　　录

引言 ……………………………………………………………… (1)

    一　研究问题的背景 ………………………………………… (1)

    二　研究动机与目的 ………………………………………… (2)

    三　国内外研究现状 ………………………………………… (3)

    四　研究的内容与方法 …………………………………… (11)

第一章　环境权利可诉性问题的提出 ……………………… (12)

  第一节　环境权利司法救济之实践障碍 ………………… (12)

    一　环境损害与环境侵权 ………………………………… (12)

    二　环境权利司法救济困境 ……………………………… (14)

  第二节　环境权利可诉性问题的由来 …………………… (21)

    一　环境权利可诉性问题的背景 ………………………… (21)

    二　对环境权利可诉性的质疑 …………………………… (24)

    三　环境权利可诉性问题思维模式的转换 ……………… (30)

  本章小结 …………………………………………………… (32)

第二章　环境权利解读 ……………………………………… (34)

  第一节　环境权与环境权利 ……………………………… (34)

    一　作为人权的环境权 …………………………………… (34)

    二　环境权利的概念 ……………………………………… (40)

    三　宪法环境权利与具体环境权利的比较 ……………… (42)

  第二节　宪法环境权利的性质与功能 …………………… (44)

    一　宪法环境权利的双重性质 …………………………… (44)

    二　宪法环境权利的功能体系 …………………………… (46)

  第三节　具体环境权利的公、私法属性之辩 …………… (51)

    一　环境权利的私权化路径 ……………………………… (51)

    二　公法上的环境权利 …………………………………… (55)

本章小结 ……………………………………………………… （59）

第三章　环境权利实现及其可诉实践 ……………………… （61）

第一节　环境权利实现 ……………………………………… （61）

一　权利实现的一般理论 ……………………………… （61）

二　环境权利立法 ……………………………………… （62）

三　环境权利救济 ……………………………………… （69）

第二节　环境权利可诉的国外实践 ……………………… （75）

一　南非经济和社会权利可诉实践及其对实现环境权利

可诉的意义 ……………………………………… （75）

二　对环境权利可诉性的承认——拉丁美洲的立法与司法

实践 ……………………………………………… （77）

三　司法能动主义与印度的环境权利可诉实践 ………… （77）

四　美国的环境公民诉讼与环境权利的间接司法救济 … （80）

本章小结 ……………………………………………………… （82）

第四章　环境权利可诉性的理论思考 ……………………… （83）

第一节　对环境权利不可诉论的研析 …………………… （83）

一　对"权利二分法"的进一步质疑与国家环境义务层次 … （83）

二　"权利成本"批判与"昂贵"的环境权利 ……………… （88）

三　权利一体化与环境权利的间接救济的实践意义 ……… （90）

第二节　对环境权利可诉性的争论 ……………………… （91）

一　环境权利规范的模糊性 …………………………… （92）

二　环境权利可诉缺乏民主正当性 …………………… （96）

三　环境权利可诉受环境司法能力制约 ……………… （98）

第三节　环境权利可诉性的论证 ………………………… （99）

一　环境权利规范模糊性的破解 ……………………… （99）

二　实现环境权利可诉的政治合法性的解析与重塑 ……… （105）

三　环境司法能力的突破 ……………………………… （111）

本章小结 ……………………………………………………… （119）

第五章　环境权利可诉的有限性与实现 ………………… （121）

第一节　环境权利可诉的有限性 ………………………… （121）

一　环境权利可诉的范围 ……………………………… （121）

二　环境权利可诉的程度 ……………………………… （126）

　　三　超越环境权利可诉性的局限 ……………………………（130）

　第二节　环境权利可诉的实现与宪法诉讼 ………………………（134）

　　一　宪法的司法化 …………………………………………（134）

　　二　宪法诉讼与环境权利可诉实现的根本路径 …………（135）

　第三节　环境权利可诉的实现与环境公益诉讼 ………………（141）

　　一　通过普通法律实现环境权利可诉 ……………………（141）

　　二　环境公益诉讼与环境权利可诉性的增强 ……………（142）

　本章小结 ……………………………………………………（145）

第六章　走向可诉的中国环境权利 ………………………………（147）

　第一节　中国环境权利可诉实现的难点 ………………………（147）

　　一　中国环境权利可诉实现的现状 ………………………（147）

　　二　中国环境权利可诉实现的政治难点 …………………（148）

　　三　中国环境权利可诉实现的法律难点 …………………（150）

　第二节　中国环境权利可诉的实现 ……………………………（156）

　　一　中国环境权利可诉困境的突围 ………………………（156）

　　二　宪法诉讼——中国环境权利可诉实现的根本路径 ……（157）

　　三　通过行政法路径推动中国环境权利宪法诉讼 ………（161）

　　四　私法架构下的中国环境权利可诉的有限实现 ………（165）

　　五　环境公益诉讼制度对中国环境权利可诉实现的推进 ……（168）

　　六　通过环境司法专门化提高环境司法能力 ……………（170）

　本章小结 ……………………………………………………（174）

关键词索引 ……………………………………………………（175）

参考文献 ………………………………………………………（178）

后记 ……………………………………………………………（189）

引　言

一　研究问题的背景

　　环境损害是环境权利受到侵害的一种形态，环境侵权不能涵盖环境损害所致环境利益损害。环境损害是一种新型损害，不同于传统的以环境为媒介的环境侵权损害，而是直接指向环境本身的损害，这种损害实质上是人的生态利益的损害。通过私法无法实现生态损害的充分救济，同时，法官对于受理环境公益诉讼案件表现出明显的保守性，这对环境权利损害司法救济具有相当的掣制作用，环境损害私法救济不力和环境公益诉讼停滞的根本原因是环境权利及其可诉性的法律缺失，环境权利的可诉性对于环境权利的保护具有至关重要的作用。环境权利司法救济缺乏法律依据，缺乏权利依据，在宪法和法律未对环境权利及其可诉性作出明确规定的情况下，权利主体缺乏可以直接寻求司法救济的可要求性，只规定了相应的义务而不能提出要求的权利更像是受到规范确认和保护的利益而不是一种完善的权利。

　　当前，国内法中出现了承认环境权利为宪法权利的趋势。然而，这些宪法性环境权利的可批判之处在于它们的模糊性以及法律强制力的缺乏。人们倾向于认为：作为社会权的一种，环境权利与公民和政治权利是差异极大的权利类型，后者适合于司法保障，而前者的权利性质决定了它们并不适合由法院予以救济。"无救济无权利"，一项长期不能成为司法救济对象的"权利"必然引起人们对其权利性质的怀疑乃至否定。

　　国际上，环境权研究始于 20 世纪 60 年代，其历史已届"知天命"。国内外环境权研究成果虽不能说瀚如烟海，却堪称有江河滔滔之势。但是，现有环境权和社会权可诉性研究成果不足以为环境权利的可诉性研究提供足够的理论支撑，环境权利可诉性研究处于零散的萌芽状态，独立的环境权利可诉性理论尚未形成。具体体现在以下几个方面：（1）环境权利与环境权概念尚未厘清，一般将环境权利与环境权视为同一概念，只是表述方法不同而已。（2）对宪法环境权利的双重性质和功能体系认识不足。（3）对环境权利私法救济和环境公益诉讼的权利基础缺乏明确认识。（4）对环境权利从应有权利到法定权利再到现实权利的动态过程缺乏逻辑论证。（5）对环境权利可诉性存疑，环境权利可诉性理论未形成逻辑严密的体系。（6）未能对环境权利可诉的范围和程度进行系统研究。（7）没有提出环境权利可诉实现的路径。（8）对环境权利可诉的中国问题缺乏全面、深刻认识。（9）对中国环境权利可诉实现的路径缺乏系统研究。

因此，环境权利可诉性的研究既具有现实意义，也具有相当的理论价值。

二　研究动机与目的

实现环境权利可诉是环境权利保障的必由之路，本书研究的核心是证成环境权利的可诉性，以期为充分实现环境权利司法保障提供理论基础，在此基础上发现并解决中国环境权利可诉的问题并提出解决思路。围绕环境权利可诉性，本书将依次探讨如下问题：环境权利损害司法救济之现实障碍，环境权利可诉性问题的提出，环境权利的再解读，环境权利实现及其可诉性，环境权利可诉性的障碍，证成环境权利的可诉性，环境权利可诉的有限性，环境权利可诉实现的路径，环境权利可诉的中国问题。

虽然一些国家以不同方式进行了环境权利可诉的实践，环境权利与其他社会权一样，包含消极权利的因素，都有自由权的维度，这些消极权利因素与生命权和财产权有重叠关系，因此，援引生命权和财产权，通过权利一体化方式，可以以公民和政治权利的救济方式间接实现环境权利的司法救济。但是，通过对环境权利不可诉论的反驳，不能充分论证环境权利的可诉性，环境权利可诉实践是在强烈的质疑中进行的，因此，我们必须突破实现环境权利可诉的障碍，才能为环境权利可诉性的证成提供坚实的基础。环境权利可诉性的障碍包括：第一，环境权利规范的模糊性。环境权利规范的模糊性是环境权利可诉性的主要决定因素，这种模糊性的形成原因包括：（1）环境权利的表达方式导致的规范清晰度的天然不足，这就意味着它通常只规定权利所要达到的目的是使权利主体获得适宜的环境，但对如何达到这一目标的手段或者没有规定，或者规定了也仍然模糊不清；（2）环境给付义务是积极义务，这意味着国家应该采取的积极行为是非常多维的，很难在一条宪法规范或几条法律规范中进行详细规定；（3）高资源要求性意味着允许国家逐步实现环境权利的给付义务，这又意味着各国家机关在履行这项义务时拥有很大的自由裁量权。第二，民主正当性的缺乏。环境权利的可诉性实质上是通过司法机关的裁判来保障其高资源依赖性。立法机关被认为是民意的代表，因此当涉及政治决策，尤其是关系国家预算和财政支出的重要决策应由立法机关作出，立法机关通过法律的制定，承认环境权利，并成为履行国家环境义务的首要主体。而环境权利通过法院实现往往需要一定的资源或财政基础，在这种情况下，法院的裁判很可能与立法机关的决策发生冲突。第三，环境司法能力的制约。司法机构难以应对环境权利保障与生态和社会发展的多中心任务，法院缺乏处理环境权利争议必备的信息和专业知识与技能。本书将从如下几方面回答上述问题，并力图证明环境权利的可诉性：首先，解决环境权利规范模糊性的思路，分析环境权利的规范结构，以最低限度的核心义务理论和即刻实现的义务理论为工具，分析立法者对积极的环境权利的义务。其次，解决政治合法性问题，司法机关对环境权利提供司法救济不会破坏三权分立，理由有三个，分别是：权力制衡原则的新发展、司法权的扩张、司法机关对环境权利提供司法救济是法律解释职责的延伸。将在司法机关有权对实现环境权利涉及的可利用资源进行审查、合理性标准是审查国家履行环境立法义务的标准、环境权利司法保障中司法机关的强制性命令权力三方面对政治合法性进行论证。最后，环境司法能力的突破，从如下方面论证：保障环境权利是司法机关的积极义务、环境公益诉讼促进环境司法能力的提高、环境公益诉讼与"法庭之友"、司法能动主义推进环境公益诉讼。

三 国内外研究现状

（一）环境权研究

在国际上，对环境权的研究始于20世纪60年代，并在70年代和90年代形成两次理论研究高潮。国际法学者雷诺·卡辛、联合国教科文组织前法律顾问卡雷尔·瓦萨克、美国密歇根大学的约瑟夫·L.萨克斯、法国学者亚历山大·基斯教授、日本学者富井利安等众多学者展开了对环境权的广泛讨论。许多环境法、人权法的论著对环境权表示了关注。20世纪70年代，萨克斯教授基于公共信托理论，提出将环境权利置于与其他法律权利同等的位置的观点，其研究进路对我国环境法学界影响重大。萨克斯教授指出，该著作的首要任务是明确公民拥有一种对安全和健康环境的权利——法律体系应承认这种权利。第二项任务是确保他们完全有资格借助法律体系的权威来强制执行这种权利。第三个目标是建议激发行动的最有效方式是从法院获得一个可以强制执行的司法命令。其研究的主旨是将环境权利置于与其他法律权利同等的位置，运用"公共信托原则"来类推说明这个主旨，论证作为一个整体的人民有权保护自然世界的共同资源，根据这个原则授权立法者制定法律以确保清洁的空气和清洁的水，并且能够合理地延伸到保护我们的生物遗产等。作者提出一个进路——个人仅仅由于他们具有公众成员之身份就享有权利，而且这些权利应该与传统的私人财产权一样同等地表达在法律之中。他认为法律必须承认作为公众成员的公民拥有可以司法执行的（环境）权利，这些权利与私人财产所有者的权利在位阶与地位上不相上下。① 我国内地学者也很早就开展了环境权的研究，自蔡守秋先生1982年在《中国社会科学》上发表《环境权初探》一文以来，关于环境权的讨论已经进行了30多年。众多学者加入了环境权的大辩论。我国学者一般将环境权等同于环境权利，对二者不做区分。总的来说，学者们的研究焦点依然是环境权，但由于对环境权的概念、主体、内容等基础性的问题尚未达成共识，使得环境权入宪和承认环境权利可诉性存在理论障碍。因此，近年来，环境权研究中出现了新趋势：学者们逐渐重视对环境权利的可诉性及其有限性和实现路径的研究，并且这些研究具有一个明显的特征，即从国家的环境义务角度出发研究环境权利的可诉性。徐祥民认为环境权研究的唯一出路是"普遍设定环境义务"，② 也有学者认为应在坚持权利本位的前提下，宪法对影响环境的所有义务主体普遍设定义务并要求他们履行义务，采用义务和责任结合的办法，主张环境权入宪。③ 但是，环境义务的主张"过多强调了义务主体

---

① 参见［美］约瑟夫·L.萨克斯《保卫环境：公民诉讼战略》，王小钢译，中国政法大学出版社2011年版，中文版序言。
② 参见徐祥民等《环境权——环境法学的基础研究》，北京大学出版社2004年版，第212页；徐祥民《环境权论——人权发展历史分期的视角》，《中国社会科学》2004年第4期。
③ 参见金明明《环境义务入宪的路径分析》，《唯实》2009年第12期。

的义务，过多强调了政府的行政权力，也缺乏权利救济这一程序"①，很容易使环境权的研究走向义务本位的极端。亨利·舒指出：基本权利的分类之间出现了相互叠加的双重二分现象，基本权利的性质呈现出综合化，每一项基本权利对应不同层次的义务，宪法环境权利亦对应尊重、保护和实现三个层次的义务，因此，环境权的研究不应是放弃权利本位②而转向义务本位，相反，更应立足权利本位，同时对其进行类型化、条理化的深入研究，为环境权利可诉性的证成及实现打下坚实基础。

（二）环境权利司法救济研究

美国学者斯通 1971 年在《树木应该有原告资格吗》一文中提出：我们的社会应当把法律权利赋予森林、海洋、河流以及环境中的其他所谓自然物体——作为整体的自然环境。挪威学者艾德（P. S. Elder）认为，实现斯通目标的唯一办法，是把新的权利（即拥有完整、美丽的环境权利）赋予人类。因为通过这一方法，人们就能够把道德扩展到岩石上去，但却无须考虑岩石是否拥有权利或岩石拥有权利意味着什么。在美国"塞拉俱乐部诉莫顿案"后，自然的权利理论获得广泛传播。我们不得不思考的问题是：财产权利、人身权利、环境权利的关系是什么？为什么在侵权法框架下，通过主张人身权利和财产权利无法实现生态损害的充分救济？

约瑟夫·L. 萨克斯指出：公民有主动管理环境的必要，提议准许公民通过司法系统更大程度地参与解决环境问题，通过清除环境诉讼的各种障碍，法院将会发展成为一种公民参与民主过程的平台，以及催生立法行动的催化剂。他认为，重申公民参与政治过程的一种必要方式是向法院起诉。法院并不用来取代立法过程，而是一种为诉诸立法机关提供实际机会的手段，以便理论上的民主过程能够在实践中更为有效地运作。③ 日本的谷口安平在《程序的正义与诉讼》中研究了这一情形，即把一些没有得到实体法规范及其传统理论体系承认的利益作为法律上的权利来主张并要

---

① 张晓文：《我国环境权实现模式的反思与重构》，《法学杂志》2008 年第 4 期。

② 参见王彬辉《论环境法的逻辑嬗变——从义务本位到权利本位》，科学出版社 2006 年版。

③ 参见［美］约瑟夫·L. 萨克斯《保卫环境：公民诉讼战略》，王小钢译，中国政法大学出版社 2011 年版，中文版序言。

求法院承认的诉讼，他提出了通过诉讼审判创造法、权利的观点。① 卡佩莱蒂在《福利国家与接近正义》中说，大众性正义的目标包含了"新权利"的实现，它与福利国家相结合，可能在单个案件中与正义的某个方面发生冲突。该书指出，对扩散性利益的保护意味着用新的诉讼方式满足新的社会要求，提出法院的作用在于拓展权利、形成政策决定、实现立法活动不能达到的社会性变革。②

在我国，有学者认识到，虽然环境损害事件层出不穷，但诉诸司法救济的案件则少之又少。因为，环境损害指向的环境权利是"一种典型的为弥补外部不经济性而发展的新兴权利，是国家运用各种手段和措施限制、禁止个人有害环境或社会公共利益的行为的法律依据，具有浓厚的公权色彩"③，从根本上导致私法救济机制无法实现对环境损害的救济。"传统损害与生态损害之间既不是直接模式中的包含关系，也不完全是媒介关系，而是部分重叠关系。"④ 一方面，间接方式通过填补环境要素所有人的损害来救济生态功能损害，使得在私法框架内，能够有限度地实现环境损害的私法救济；另一方面，间接方式的适用要求环境损害需同时构成传统损害，但是，并不是所有的生态系统功能都具有资产属性，都能够成为所有权的客体，所以，并不是所有的环境损害都构成环境侵权，在这种情况下，私法不能实现对生态功能损害的救济。即使环境侵害行为以环境为媒介，间接导致人身权、财产权损害，私法同样不能实现对生态功能损害的救济，而仅仅限于救济人身权和财产权的损害。而"环境公益诉讼制度从根本上应对的是环境侵权行为的负外部性特征和环境侵权救济行为的正外部性特征"⑤。相较传统诉讼，"法院在环境公益诉讼里的任务要繁重得多，不仅仅要定纷止争，还要明确某一类环境保护事务的方向、规则甚至具体方案，也就是说法院会直接涉入社会公共事务的管理。这要求法院

---

① 参见［日］谷口安平《程序的正义与诉讼》（增补本），王亚新、刘荣军译，中国政法大学出版社 2002 年版，第 178 页。
② 参见［意］卡佩莱蒂《福利国家与接近正义》，刘俊祥译，法律出版社 2000 年版，第 5 页。
③ 吕忠梅：《沟通与协调之途——论公民环境权的民法保护》，中国人民大学出版社 2005 年版，第 43 页。
④ 李承亮：《侵权责任法视野中的生态损害》，《现代法学》2010 年第 1 期。
⑤ 叶俊荣：《环境政策与法律》，中国政法大学出版社 2003 年版，第 234 页。

具有设计有效解决办法的能力"①。这里借助谷口安平的权利概念的生成与诉的利益理论来解读环境公益诉讼的困境。"由于诉必须以权利主张（或一定法律关系的主张）的形式表现出来，所以在这类诉讼中经常出现一些并没有得到实体法规范及其传统理论体系承认的利益、地位也作为法律上的权利来主张并要求法院承认的情况。"② 环境公益诉讼主张的公益有多少能够作为权利被承认呢？承认或不承认某种权利的根据是什么？谷口安平把权利概念区别成三个层次，即"最上位的原理性概念；在该原理之下得到承认的具体权利概念；为了保护具体权利而发挥实现其内容这一功能的手段性权利概念"③。谷口安平认为日照权的生成，实际上就是通过司法实践过程中法官援引人格权条款而创造的。法官依据人人都要追求健康生活的原理性权利认定日照权，而其直接的表现则是手段性权利，即禁止在毗邻地建造建筑物的请求权。但是，即使通过法官造法形成公共政策，甚至创设权利，依然无法解决环境公益诉讼权利基础的困境，因为原理性权利，即宪法环境权利无法通过诉讼形成。因此，环境公益诉讼只能缓慢地实现具体性和手段性的环境权利的救济，在这一过程中，人们很难明显地看到受损的具体环境权利得到充分、及时、有效的救济，即使在我们国家《民事诉讼法》和环境基本法规定了环境公益诉讼原告主体资格的情况下，相关主体寻求司法救济的愿望依然不够强烈，具有原告资格的主体缺乏通过司法途径救济受损环境权利的热情，加上法官对公益诉讼的保守主义立场，环境公益诉讼的停滞也就不难理解。而这种现状的根本原因就是环境公益诉讼的权利基础缺失，即宪法未能明确环境权利及其可诉性。

（三）权利可诉性研究

环境权利的可诉性问题源于权利二分法。霍尔姆斯和凯斯·桑斯坦在其著作《权利的成本——为什么自由依赖于税》中提出：所有的权利都是积极的权利，权利都是昂贵的，所有的权利都需要政府的积极回应。亨利·舒在其著作 *Basic Rights*: *Subsistence*, *Affluence and U. S. Foreign Policy*

---

① 吴勇：《印度环境公益诉讼发展中的问题与启示——以城市固体废物管理案为楔入》，《南亚研究季刊》2010 年第 4 期。

② 转引自［日］谷口安平《程序的正义与诉讼》（增补本），王亚新、刘荣军译，中国政法大学出版社 2002 年版，第 178 页。

③ 同上书，第 182—183 页。

中提出义务层次论。权利成本理论和义务层次论都试图打破传统的权利二分法，从而使社会权不可诉的观点失去了理论依据。埃尔斯顿和阿斯布佐恩在其主编的《作为人权的食物权》一书中，发展了义务层次论。通过对权利二分法的反驳，试图证明两种权利并非泾渭分明，从义务层次看，二者还有很大的相似性。如果公民和政治权利具有可诉性，那么经济和社会权利没有理由不具有。德国法学家罗伯特·阿历克西将宪法性经济和社会权利进行了结构性分析，他认为，第一，根据规范的法律效力可以将宪法性经济和社会权利规范分为具有法律拘束力的规范和不具有法律拘束力的规范；第二，规范可以分为规定主观权利的规范和只是约束国家行为的客观性规范，主观性权利就是权利主体可以提出要求的权利，客观性规范是仅规定了国家义务却不能由权利主体提出实施这种义务要求的规范；第三，规范可以确认确定或者初步确定的权利或义务。① 权利经过了从不完善权利到完善权利发展的具体途径，环境权利可能与权利的理想类型相距甚远，但以发展的眼光看，人权的承诺就意味着在将这些权利视为道德导向的同时，还要有能力使其往完善的权利方向发展。② 环境权利法律化的精髓在于当该权利受到侵犯时，国家应该为此提供救济。对于认为环境权利救济成本过高而对该权利的救济持反对意见的观点，可以用贝克在《风险社会》中的一段话来反驳："阶级社会的驱动力可以概括为这样一句话：我饿！另一方面，风险社会的驱动力则可以表达为：我害怕！焦虑的共同性代替了需求的共同性。"③ 此时，环境法的目的就不是配合私法去实现社会和个人财富的增值，而是通过一定的法律规制手段，减少社会的风险，增强社会乃至生态系统的安全。艾德指出，国家对经济和社会权利所负有的三个具体义务层次分别是尊重、保护和实现义务。从义务层次上看，经济和社会权利与公民和政治权利不仅不存在泾渭分明的界限，而且彼此还具有极大的相似性，如果公民和政治权利可诉，那么经济和社会

---

① RobertAlexy, *A Theory of Constitutional Rights*, New York: Oxford University Press, 2002, p. 336.

② 参见黄金荣《司法保障人权的限度——经济和社会权利可诉性问题研究》，社会科学文献出版社 2009 年版，第 81 页。

③ ［德］乌尔里希·贝克：《风险社会》，何博闻译，译林出版社 2004 年版，第 57 页。

权利就没有理由不可诉。①"如果说影响经济和社会权利可诉性的实现存在一个根本性障碍的话，那么这种障碍既不是资源的限制或者经济和社会权利规范的模糊性，也不是司法能力的限制，而是政治上和法律上对经济和社会权利缺乏一种人权的真正承诺……因此，从根本上说，对经济和社会权利的政治意愿才是决定经济和社会权利是否可诉最重要的因素。"②

学者们提出了应转变社会权可诉性的研究视角的观点。布鲁斯·波特指出：原来关于经社文权利是否可诉的便利，现在已经被经社文权利如何裁决这一新课题取而代之。这一新课题的核心是：在不同的政治和法律背景下，应该由什么机构来裁判这些权利，谁应该有诉讼资格，恰当的审查标准又是什么，如何作出有效的救济来解决系统化的不仅影响起诉的个人或群体而且影响大量民众的问题。③"权利的可诉性亦表明了对应义务的可诉性。"④具体来说，某一基本权利是否具有请求性决定了相应国家义务的性质及内部构造，某一国家义务的可诉性与该义务对应的权利是否具有可请求性是同一事物的两个对应面，即从国家义务视角研究社会权的可诉性。在国家义务的三个层次中，尊重义务是典型的可诉义务，保护义务的排除和救济部分具有可诉性，给付义务中具体层面的给付义务具有有限的可诉性。⑤"从比较宪法的视角来看，经济、社会、文化权利无论在大陆法系国家还是在英美法系国家都构成了基本权利体系不可或缺的组成部分。经济、社会、文化权利在很大程度上牵引着现代宪法对基本权利保障范围和保障程度的拓展和深入。经济、社会、文化权利是否具有可司法性的问题，实际上涉及可司法性两个方面的论题，其一，经济、社会、文化权利基于其本身的法律属性是否可以被司法救济，以及这种救济的限度和范围有多大。其二，司法机关是否可以基于其司法职能对经济、社会、文

---

① See Eide, Asbjon, "the Human Right to Adequate Food and Freedom from Hunger", *in the Right to Food in Theory and Practice*, by Food and Agriculture Organization of the United States, Rome, 1998, p. 4.

② 黄金荣：《司法保障人权的限度——经济和社会权利可诉性问题研究》，社会科学文献出版社 2009 年版，第 346 页。

③ 参见布鲁斯·波特《经济、社会和文化权利的可诉性与有效救济权利：历史性的挑战与机遇》，余秀燕译，载柳文华主编《经济、社会和文化权利可诉性研究》，中国社会科学出版社 2008 年版，第 4 页。

④ 刘耀辉：《国家义务的可诉性》，《法学论坛》2010 年第 5 期。

⑤ 参见刘耀辉《国家义务的可诉性》，《法学论坛》2010 年第 5 期；龚向和《理想与现实：基本权利可诉性程度研究》，《法商研究》2009 年第 4 期。

化权利侵权作出具有法律拘束力的司法裁判。"①

　　吴卫星在《环境权研究》中分析了环境权可司法性的障碍，通过超越二分法证成环境权的可司法性，分析了环境权司法救济的路径。"经济、社会和文化权利的可审判性已经得到了人权理论、立法或司法实践的确证。"② 一方面，我们不应因为环境权得不到司法救济就否定环境权的权利属性；另一方面，应当努力开拓环境权司法救济的途径，使得环境权真正从"书面上的权利"转化为"社会生活中的权利"。应努力克服传统人权理论司法救济方面区别对待自由权和社会权的二元论，并超越环境权的"纲领性规定说"或"抽象性规定说"，确认环境权是宪法基本权利。③ 陈真亮的博士论文《论环境保护的国家义务》中对"环境保护的国家义务"的可诉性及其限度做了研究。"国家义务可诉性是公民环境权益司法救济的中国之道，按照尊重、保护和给付义务的递进次序，从私法领域走向公法领域将是我国公民环境权益司法保护的可行之路。"④

　　（四）总结

　　总的来说，经济和社会权利可诉性研究已经取得了一定成果，环境权利可诉性研究已经引起了学者的注意。学者已经意识到环境权利的私法救济不力和环境公益诉讼权利基础的缺失，在宪法环境权利的性质和功能、环境权利与环境义务的关系、环境义务的层次、环境权利规范的模糊性等方面的研究也取得了一定成果。但是，仍缺乏对环境权利概念的厘清，对宪法环境权利的性质和功能未做系统、深入研究，未对环境权利的义务层次进行深入分析，对环境权利的可诉性论证不足，对环境权利可诉的程度和范围没有明确界定，未能深入研究环境权利可诉实现的路径，未发现环境权利可诉的中国问题。因此，环境权利的可诉性问题存在进一步深入研究的巨大空间。

---

　　① 秦前红、涂云新：《经济、社会、文化权利的可司法性研究》，《法学评论》2012 年第 4 期。

　　② 吴卫星：《环境权研究》，法律出版社 2007 年版，第 165 页。

　　③ 参见吴卫星《环境权研究》，法律出版社 2007 年版，第 232 页。

　　④ 陈真亮：《论环境保护的国家义务》，博士学位论文，武汉大学，2013 年，第 131 页。

四　研究的内容与方法

（一）研究内容

以环境权利损害司法救济实践障碍为逻辑起点，提出环境权利可诉性问题和对环境权利可诉性的质疑，以环境权利的概念、性质和功能分析为基础，进一步梳理环境权利实现及其可诉性实践现状，剖析环境权利可诉的障碍，分析实现环境权利可诉的难点，从而证成环境权利的可诉性，探索环境权利可诉的有限性和实现路径，发现环境权利可诉的中国问题，探究中国环境权利可诉实现的路径。研究分六个部分，第一部分，环境权利可诉性问题的提出；第二部分，环境权利解读；第三部分，环境权利实现及其可诉实践；第四部分，环境权利可诉性的理论思考；第五部分，环境权利可诉的有限性及其实现；第六部分，走向可诉的中国环境权利。本书的重点是对环境权利可诉性的争论、环境权利可诉性的证成、环境权利可诉的有限性、环境权利可诉的实现；本书的难点是宪法环境权利的双重性质和功能体系、环境义务的层次、环境权利可诉性的证成、环境权利可诉的有限性。

（二）研究方法

1. 逻辑论证方法。按照逻辑的顺序依次探讨环境权利司法救济困境—环境权利可诉性问题的提出—对环境权利可诉性的质疑—环境权利的性质与功能—环境权利的实现—环境权利可诉的实践—对环境权利可诉性的争论—环境权利可诉性的证成—环境权利可诉的有限性—环境权利可诉的实现—环境权利可诉的中国问题。

2. 文献梳理方法。系统分析各典型国家的环境权利立法和司法文献，各国学者的论文和相关案例。

3. 比较方法。包括环境权利与公民和政治权利的对比，不同国家环境权利入宪方式和司法救济方式的对比，权利二分法和义务层次论的对比等。

4. 实证研究方法。以美国、德国、日本、印度、南非等国家和国际法主体的环境权利可诉性立法和司法实践为分析样本，考察环境权利可诉性的现状和问题。

第一章 环境权利可诉性问题的提出

第一节 环境权利司法救济之实践障碍

一 环境损害与环境侵权

(一) 环境损害——环境权利受到侵害的形态之一

环境损害又称自然资源损害、生态损害，环境自身损害。1990 年的美国《油污染法》将环境损害表述为自然资源损害，指出自然资源损害是"对自然资源的侵害、破坏、丧失或者丧失对自然资源的使用"。2002年的《俄罗斯环境保护法》第 1 条规定，环境损害是指"因环境污染而造成的引起自然生态系统退化和自然资源衰竭的环境不良变化"①。2004年《欧洲议会和欧洲委员会关于预防和救济环境损害的环境责任指令》第 2 条第 2 款指出，环境损害意味着"对受保护物种和自然栖息地的损害，此种损害对受保护栖息地或者物种的顺利保育状况的延续或保持产生重大不利影响"②。

环境损害是环境权利受到侵害的一种形态，是一种新型损害，不同于传统的以环境为媒介的环境侵权损害，而是直接指向环境本身的损害。环境损害不是某个特定民事主体的私法权益的不利后果，而是人类开发利用自然的行为对环境本身的负面影响，这种负面影响导致环境的生态功能下降，以致危害人从生态系统功能中所获的利益，这种利益可以称为生态利益。

环境及其组成要素具有经济和生态双重功能。环境是指"人类自然

---

① 马骧聪译：《俄罗斯联邦环境保护法和土地法典》，中国法制出版社 2003 年版，第 3 页。
② 《欧洲议会和欧洲委员会关于预防和救济环境损害的环境责任指令》第 2 条。

生存的基础与空间，特别是包含环境之媒介物，即土壤、空气、水、生态及其彼此间的关联性，以及人类与其之关联性，此亦包含人类与其创设环境与自然生态系统所形成的关系"①。环境及其组成要素是人类的共同财产，不能为人力独占或支配；但是，这些环境组成要素一旦特定化，就会从自由财产状态转化为私权资产状态，成为物权法中的物。根据我国《物权法》第46—49条的规定，矿藏、水流、海域、森林、山岭、草原、荒地、滩涂、野生动植物资源等自然资源属于国家所有，对自然资源实行有偿使用制度。即具有财产属性的环境组成要素是物权法中的物，是物权的客体。如果环境损害对象是作为物权客体的环境要素的损害，如河流、土壤、海域的污染，野生动植物的死亡等，那么，此时环境致害人的行为对河流、土壤、海域、野生动植物的所有人构成侵权，即侵害他人物权，致害人应向受害人承担侵权责任。但环境及其组成要素同时具有生态服务功能，如淡水具有调节气候、维持生态平衡等功能，森林具有防风固沙、涵养水源、调节气候等功能，环境侵害除了损害特定主体的人身权、财产权外，还会造成环境自身的损害，除了环境要素的资产性利益损失以外，还会对其生态功能造成损害。

（二）环境侵权不能涵盖环境损害所致环境利益侵害

一般认为，环境侵权是指"因产业活动或其他人为原因，致使自然环境的污染或破坏，并因而对他人人身权、财产权、环境权益或者公共财产造成损害或有造成损害之虞的事实"②。环境侵权是民事侵权行为的特殊形态之一。从行为本身分析，环境侵权以环境为媒介而导致人身权、财产权和民法保护的其他法益的损害，与由饲养动物的活动产生对他人权益损害的情况具有相同的法律性质。③ 从法律救济角度分析，环境侵权被民法视为特殊侵权行为，适用无过错责任制、因果关系推定、诉讼时效延长等特殊法律规则。

环境侵权不能涵盖环境损害，原因如下：在环境侵害过程中，存在三个对象，即人类活动、环境影响、人的利益损害。④ 如果人类活动通过作

---

① 转引自陈慈阳《环境法总论》，中国政法大学出版社2003年版，第9页。

② 王明远：《环境侵权救济法律制度》，中国法制出版社2001年版，第17页。

③ 参见杨立新《侵权行为法》，人民法院出版社2004年版，第457—464页。

④ 参见徐祥民、邓一峰《环境侵权与环境侵害》，《法学论坛》2006年第2期。

用于环境因素而导致对人的利益的不利影响，则构成环境侵权行为，"环境侵权是侵权行为的一种，即因人为活动对大气、水、海洋、土地、矿藏、森林、草原、野生生物、自然遗迹、人文遗迹、自然保护区、风景名胜区、城市和乡村等各种天然的或经过人工改造的自然因素施加不良影响，导致环境质量下降，从而使广大区域的公众的财产权、人格权以及环境权遭受损害的环境侵权行为"①。根据这一观点，只有在一方面形成大气污染、水污染等情形，另一方面损害人的财产或身体的条件同时具备的情况下，才构成环境侵权。

但是，环境损害在构成人的人身或财产利益损害之外，还常常造成环境自身的损害，即人的生态利益的损害。环境损害是人的人身和财产利益损害之外的损害，并且这种损害往往大于人身和财产利益损害。在很多情况下，环境损害并不一定与人身和财产的利益损害同时发生，环境损害是一种独立于人的人身和财产利益损害的损害，是对人的生态利益的损害。而环境侵权则是以环境为媒介，指向人的人身利益、财产利益和其他法益。因此，环境侵权不能涵盖环境损害所致的全部利益损害。

二 环境权利司法救济困境

（一）传统环境侵权救济机制对环境权利救济之不足

多数学者赞成对环境侵权的定义：因生产或生活行为而对他人的人身权、财产权等权益造成损害的行为。而环境损害，则是因人类的行为给环境造成的不利影响并进而损害人的利益的行为，因此，环境侵权只是环境损害的一种，通过侵权法只能救济很小一部分的环境权利损害，即私法手段只能救济因环境质量下降导致的人身权和财产权以及私法上的环境权利的损害，而对于环境自身的损害的救济则无能为力，不作用于财产权、人身权和私法上的环境权利的环境自身损害不是环境侵权。

现行环境侵权救济机制以保护个体人身权、财产权、私法上的环境权利为宗旨，而生态功能损害则是对环境公共物品的损害，是对公共利益的侵害。基于私法路径救济环境损害，始终面临私法基本理念和制度框架的约束，即必须以私人权益受损为前提，且只能救济以环境要素为媒介的人身权和财产权的损害，这必然导致侵权法无法充分救济环境自身损害。在

---

① 曹明德：《环境侵权法》，法律出版社 2000 年版，第 17 页。

我国，虽然环境损害事件层出不穷，但诉诸司法救济的案件少之又少。因为，环境损害指向的环境权利是"一种典型的为弥补外部不经济性而发展的新兴权利，是国家运用各种手段和措施限制、禁止个人有害环境或社会公共利益的行为的法律依据，具有浓厚的公权色彩"①，从根本上导致私法救济机制无法实现对环境损害的救济。

（二）环境侵权救济机制的新发展

考察英、美等国的环境权利救济历史，可以发现，涉及环境权利的侵权纠纷是首先依据传统的侵权行为法解决的，而后才逐渐形成环境侵权的概念和相应的环境侵权救济制度，环境侵权被看做是一种特殊的侵权行为。英美法系体系性差，其环境侵权救济法律散见于普通法和制定法中，既包括实体法规范，也包括程序法规范。普通法主要用于保护人身权、财产权，主要为环境污染和破坏对人身权和财产权造成的侵害提供法律救济；制定法主要用于保护环境本身，包括为生态利益和国家所有的自然资源损害提供法律救济。在某些领域，普通法和制定法存在交叉重叠，当事人可以根据自己的需要选择基于普通法起诉或基于制定法起诉。普通法居于基础地位，制定法居于主导地位。普通法确立的原则对于理解制定法的立法基础提供了重要的历史解释材料，为制定新的立法提供了基础，同时也在一定程度上对立法内容构成约束，并在制定法没有规范的领域继续发挥作用。制定法由于数量巨大、规则明晰等特点，在环境法体系中发挥着越来越重要的作用。制定法和普通法互相补充，各自发挥自己的优势，共同构成了一套相对完整、成熟的环境污染损坏救济制度。在程序上，根据英美法系诉讼法规则，原告在起诉时可以同时主张并依次列举支持其目的的法律根据以及相应的诉讼请求。因此，对于同一个环境侵权可能以不同的法律渊源提供全部或部分竞合的法律救济。

在欧盟，各成员国一般都是在民法典关于法律责任的条款基础上另外制定关于环境侵权救济的单行法，形成了民法中一般规则加特别立法的模式，缺乏法典化的环境侵权责任立法。大多数欧盟国家关于环境侵权责任的法律主要是由民法规定的，民法或侵权行为法对环境侵权问题一般没有特殊规范，而是通过一般的侵权规则来调整。多数国家的调控设计较为简

———————————

① 吕忠梅：《沟通与协调之途——论公民环境权的民法保护》，中国人民大学出版社2005年版，第43页。

单，通常在过错责任和无过错责任的适用范围中进行规定。在欧盟各国环境责任立法的过程中，各成员国对环境侵权的救济方式经历了由私法为主向公私法混合的转变，在 20 世纪 90 年代中期以前以私法为主，此后则融合了公法和私法。对于环境污染所导致的人身、财产损害，主要由私法提供法律救济，对于环境自身遭受的损害，则综合运用公私法提供法律救济。该转变对环境侵权救济法的体系、功能和运行产生了深远的影响。在环境权利救济领域，出现了明显的公私法融合的趋势。其主要表现是："第一，私法规范的运行越来越受到公法规范的影响，体现出私法的公法化趋向；第二，有些传统上通过公法规范实现的目标越来越引入了私法性质的法律机制，体现出公法的私法化倾向。"① 环境权利救济的私法公法化倾向主要表现在环境损害的社会化救济和政府补偿责任方面。其中，环境侵权救济制度以民事法律责任为基础，但是根据环境侵权的复杂性、后发性、弥散性的特征，需要以社会化救济和政府补偿作为民事救济机制的补充，进而体现出私法公法化的倾向。公法私法化倾向则主要体现在因环境损害而导致的环境权利损害救济方面。一般来说，对损害公共利益的行为主要以公法加以规制，以刑事责任和行政处罚等行政违法责任为主要责任形式。许多国家通过借鉴民事赔偿责任的机制，在刑事责任和行政违法责任之外，增加了污染者应当承担的具有民事属性的责任，国家不仅作为行政机关对污染、破坏环境的行为进行规制，而且作为资源的所有权人或所有权人代表向污染者主张民事性质的赔偿或环境修复费用。

　　但是，无论是英美法系还是以欧盟为代表的大陆法系的环境侵权救济机制的发展仍然不能充分解决环境权利的救济。发展的环境侵权救济机制是传统侵权救济机制的延伸和扩展，其针对环境侵权行为的特殊性，在一些理论构造和程序设计上有所突破。环境侵权救济机制的新发展主要针对的是传统侵权救济机制已经不能应对的环境侵权行为。"但在基本思路和价值选择上沿循传统侵权救济机制，即私权救济和私益维护。"② 这部分环境侵权行为主要是通过侵害环境公益的形式侵害环境权利，但是，无论

---

① 吕忠梅等：《理想与现实：中国环境侵权纠纷现状及救济机制构建》，法律出版社 2011 年版，第 168 页。

② 刘超：《反思与超越：环境侵权救济的内在机制诉求辨析》，《中国地质大学学报》（社会科学版）2010 年第 2 期。

是传统侵权救济机制还是创新的侵权救济机制，其着眼点都是直接侵权行为所致损害，而对以环境损害为媒介的环境权利受损则无法实现充分救济，究其根本原因实则因概括性环境权利未实现宪法化，具体环境权利未实现法律化，所以环境侵权救济机制无力解决范围广泛、形式多样的环境权利之间、环境权利与其他公法和私法上的权利的冲突问题。

（三）环境公益诉讼权利基础的缺失

突破传统理念和现行制度束缚，进行制度创新是环境权利救济的根本出路，环境公益诉讼制度实践的本意正是基于环境权利救济的现实需要。环境公益诉讼是"以公益的促进为建制目的与诉讼的要件，诉讼的实际目的往往不是为了个案的救济，而是督促政府或受管制者积极采取某些促进公益的法定行为，判决的效力亦未必局限于诉讼当事人"①。

美国 1970 年的《清洁空气法》和 1972 年的《清洁水法》为弥补政府实施环境法的不足，放宽了对环境民事和行政起诉权的限制，在世界上首创了环境公民诉讼制度。其后，在《防治船舶污染法》《综合环境反应、责任和清除法》等法律中进一步明确和发展了环境公民诉讼制度。美国环境公民诉讼制度的目的是保护环境，维护公民和其他环境主体的环境利益、财产利益和人格利益，促进其他法律主体合法、合理地行使自己的权利和权力。自 1995 年以来，联邦系统的法院审理了一些环境公民诉讼案件，其中，联邦最高法院每年收到几千件上诉案，但是最后同意受理的只有几十件。② 通过立法的授权、法院的法律适用以及判例的先例约束和指导作用，美国的环境公民诉讼制度呈现如下特点：第一，权力制衡原则决定了美国法院不能以司法机关的普通身份来进行环境保护问题的司法审查，而是以体现最高民意的宪法代表机关的身份进行；第二，在诉讼目的的实现途径方面，原告通过澄清立法规定或挑战行政机关的职权来保护自己的利益，通过对联邦机构施压来克服各州环境保护的消极主义现象，通过对环境执法行为进行全过程的公民诉讼监督来促进环境法的实施；第三，在原告范围方面，联邦、州和城市基于自己的职责或利益可以作为公民诉讼的原告，产业者越来越重视通过提起公民诉讼或者参加他们提起的具有公益性的诉讼来维护自己和业界的利益；第四，在起诉资格和条件方

---

① 叶俊荣：《环境政策与法律》，中国政法大学出版社 2003 年版，第 234 页。

② http://www.tycool.com/2007/03/18/00024.html。

面，法官对环境损害的存在和因果关系的认定更加宽松，实质性损害的认定在法院得到情势变更原则的支持。

虽然公民诉讼制度在美国得到了进一步发展，在环境权利司法救济中起到了积极作用，并且对世界各国的环境公益诉讼立法产生了广泛的影响，但是我们很难得出环境公益诉讼在环境权利司法救济中发挥了预想中的积极作用的乐观结论。环境公益诉讼的停滞有多种原因，如立法体例的困境、具体制度设计的缺陷等，其中具体制度的缺陷表现在当事人制度、受案范围、诉讼请求、管辖制度、证据制度等方面，除此之外，国内外环境公益诉讼的大量实证材料表明，法官对于受理环境公益诉讼案件表现出了明显的保守性，这种保守性对于环境公益诉讼的发展具有相当的擎制作用，其中的现实擎制主要来源于法律依据缺位。① 约瑟夫·L. 萨克斯教授基于公共信托理论，提出了将环境权利置于与其他法律权利同等的位置的观点，其研究进路对我国环境法学界影响重大。萨克斯教授指出，首先要明确公民拥有一种享有安全和健康环境的权利——法律体系应承认这种权利；其次是确保他们完全有资格借助法律体系的权威来强制执行这种权利；最后是建议激发行动的最有效方式是从法院获得一个可以强制执行的司法命令。其研究的主旨是将环境权利置于与其他法律权利同等的位置，运用"公共信托原则"来类推说明这个主旨，论证作为一个整体的人民有权保护自然世界的共同资源，根据这个原则授权立法者制定法律以确保清洁的空气和清洁的水，并且能够合理地延伸到保护我们的生物遗产等。萨克斯教授指出，个人仅仅由于他们具有公众成员之身份就享有权利，而且这些权利应该与传统的私人财产权一样同等地表达在法律之中。他认为法律必须承认作为公众成员的公民拥有可以司法执行的（环境）权利，这些权利与私人财产所有者的权利在位阶与地位上不相上下。② 而在各国司法实践中，环境公益诉讼缺乏法律依据，缺乏权利依据，导致法官基于保守主义立场，为保持司法权威而倾向于不受理没有明确法律依据且专业性较强的环境公益诉讼案件，因此，环境权利及其可诉性的法律缺失是环

---

① 参见刘超《擎制与突围：法院受理环境公益诉讼案件动力机制的缺陷与重塑》，《河北法学》2012 年第 6 期。

② 参见［美］约瑟夫·L. 萨克斯《保卫环境：公民诉讼战略》，王小钢译，中国政法大学出版社 2011 年版，中文版序言。

境公益诉讼陷入困境的根本原因。

（四）环境权利及其可诉性的法律缺失是环境权利司法救济困境的根源

立法机关和司法机关的行为表明，他们依然停留在这一认识程度：环境权利并不是一项主观权利，没有相对应的确定义务，公民不能据此提出权利保护请求；环境权利的利益基础是生态公益，生态公益保护规范是客观性规范，根据法律，国家只对生态公益的保护具有客观义务，权利主体不能据此提出实施这一义务的要求。

立法机关和司法机关的认识缘于他们未将生态公益确认为法律利益，而是认为生态公益仅是反射性利益，即主要针对生态公益保护的环境公益诉讼制度的设定完全是为保护公共利益，作为反射性利益的生态公益受到侵害时，公民个人无权以此为由请求法律救济。若欲实现通过环境公益诉讼尊重、保护和给付环境公共利益的目的，法律应当承认生态公益为独立的法律利益，确认独立的环境权利，环境权利应该是环境公益诉讼的基础。

"由于诉必须以权利主张（或一定法律关系的主张）的形式表现出来，所以在这类诉讼中经常出现一些并没有得到实体法规范及其传统理论体系承认的利益、地位也作为法律上的权利来主张并要求法院承认的情况。"[1] 环境公益诉讼主张的生态公益有多少能够作为权利被承认呢？在日本，日照权就是通过诉讼活动获得法律承认的权利，而环境权迄今还未通过司法判例获得法律的承认。承认或不承认某种权利的根据是什么？谷口安平把权利概念区别成三个层次，即"最上位的原理性概念；在该原理之下得到承认的具体权利概念；为了保护具体权利而发挥实现其内容这一功能的手段性权利概念。法官的权利创造主要是在多重构造的哪一个层次上进行的呢？法官能够发挥创制法的作用但绝不允许肆意妄为，也不能超越现行法的体系。法官的造法活动必须限定于在上位权利概念指导下创制下位的权利内容，……最上位的原理性概念乃制约法官的既定条件，其本身是不能通过诉讼审判而形成的。这么一来，能被创造的权利就只剩下具体性权利和手段性权利。也就是遵循原理性概念创造具体性权利和手段

---

[1]　转引自［日］谷口安平《程序的正义与诉讼》（增补本），王亚新、刘荣军译，中国政法大学出版社 2002 年版，第 182—183 页。

性权利。但无论在何种场合，作为直接的现象，权利生成一定首先会在手段性权利阶段发生"①。谷口安平认为日照权的生成，实际就是通过司法实践过程中法官援引人格权条款而创造的。法官依据人人都要追求健康生活的原理性权利认定日照权，而其直接的表现则是手段性权利，即禁止在毗邻地建造建筑物的请求权。但是，即使通过法官造法形成公共政策，甚至创设权利，依然无法解决环境公益诉讼权利基础的困境，因为原理性权利，即宪法环境权利无法通过诉讼形成。因此，环境公益诉讼只能缓慢地实现具体性和手段性的环境权利的救济，在这一过程中，人们很难明显地看到受损的具体环境权利得到充分、及时、有效的救济，即使在我们国家《民事诉讼法》和环境基本法规定了环境公益诉讼原告主体资格的情况下，相关主体寻求司法救济的愿望依然不够强烈，具有原告资格的主体缺乏通过司法途径救济受损环境权利的热情，加上法官对公益诉讼的保守主义立场，环境公益诉讼的停滞也就不难理解。而这种现状的根本原因就是环境公益诉讼的权利基础缺失，即宪法和法律未能明确环境权利及其可诉性。

在宪法和法律未对环境权利及其可诉性作出明确规定的情况下，权利主体缺乏可以直接寻求司法救济的可要求性，权利主体对其利益所具有的直接控制力就非常脆弱，只规定了相应的义务而不能提出要求的权利更像是受到规范确认和保护的利益而不是一种完善的权利，缺乏主观性的权利在利益保护机制上存在严重缺陷，因为不能提出诉求的权利很容易蜕变为义务主体的恩赐，客观性利益虽然与主观权利一样都能保护一定的实质利益，但在利益的保护机制上相去甚远，换句话说，宪法和法律对环境权利未作明确规定，生态利益仅是客观性利益，权利主体不能据此提出权利请求，不能直接寻求司法救济，其直接结果是环境权利司法救济困难重重，即环境权利及其可诉性的法律缺失是环境损害司法救济困境的根源。因此，环境权利的可诉性对于环境权利的保护具有至关重要的作用，环境权利可诉性的研究有重要的理论价值和实践意义。

---

① ［日］谷口安平：《程序的正义与诉讼》（增补本），王亚新、刘荣军译，中国政法大学出版社 2002 年版，第 182—183 页。

第二节 环境权利可诉性问题的由来

一 环境权利可诉性问题的背景

(一) 权利的分别立法

环境权利的可诉性与经济和社会权利的可诉性是一脉相承的问题，经济和社会权利的可诉性是一个由来已久的问题。该问题的提出与《公民和政治权利国际公约》和《经济、社会和文化权利国际公约》的起草过程密不可分。

1948年12月，联合国大会通过《世界人权宣言》后，联合国人权委员会就立即开始着手制定人权公约。在制定《世界人权宣言》时，由于刻意回避了实施机制问题，所以人们对于在一个人权宣言中同时规定公民和政治权利与经济、社会和文化权利并不存在实质性的分歧，但后来要制定包含实施机制的、有法律效力的人权公约，两类权利是否可以适用同样的实施机制并且规定在同一个人权公约中就成为一个极为突出的问题。最终，公民和政治权利与经济和社会权利被规定在两个不同的公约中，对于两类权利的性质和实施措施的讨论也将分别进行。因此，经济和社会权利在法律上被当成了与公民和政治权利完全不同的权利，经济和社会权利不具有可诉性亦深入人心。

(二)《公民和政治权利国际公约》和《经济、社会和文化权利国际公约》的差异

两公约在缔约国承担的义务、实施机制的设计以及具体条款的表述方式上都表现了极大的差异，这些差异表现如下：

1. 缔约国承担义务的性质和内容的差异

对《经济、社会和文化权利国际公约》而言，经济和社会权利的保障义务是一种逐渐实现的义务，并且这种义务可以受到"可利用资源"的限制，基于资源限制，发展中国家还可以更自由地根据本国的资源状况决定在多大程度上保障本国国民的经济权利。但对于《公民和政治权利国际公约》的缔约国而言，实现公民和政治权利是需要即刻实施的义务，并且资源限制在法律上并不构成可以免除或迟延实施这种义务的理由。《公民和政治权利国际公约》明确要求各国对于受到权利侵犯的人予以有

效的救济，并且要求各国发展司法救济，而《经济、社会和文化权利国际公约》则几乎没有提及经济和社会权利的救济问题，仅要求缔约国对经济和社会权利承担起"最大限度地利用其可利用之资源"①。

2. 实施机制的重大差别

《公民和政治权利国际公约》规定的权利实施机制包含三个：缔约国的报告制度，缔约国间控告制度，个人申诉（来文）制度。而《经济、社会和文化权利国际公约》规定的权利实施机制只有一个，就是缔约国报告制度，该公约只是要求缔约国将报告提交给政治性很强的联合国经济和社会理事会进行审议，而不是像《公民和政治权利国际公约》那样规定由一个独立的专家委员会专门负责公约的实施，直到1985年，经济与社会理事会通过决议成立了附属于经济和社会理事会的、由独立专家组成的经济、社会和文化权利委员会，此后，《经济、社会和文化权利国际公约》的实施机制方初见成果。

3. 在权利条款的表述方式和清晰程度上存在明显差异

《公民和政治权利国际公约》对公民和政治权利的表述方式一般是"人人有权……"或者"任何人……不应……"，如第8条第1款规定："人人有权享受思想、良心和宗教的自由"，第11条规定："任何人不得仅仅由于无力履行约定义务而被监禁"。但《公民和政治权利国际公约》对经济和社会权利的典型表述是"本公约各缔约国承认……"（如第2条对工作权的规定），或者"本公约各缔约国承诺将保证……"（如第8条工会权的规定）。两公约的这两种规定方式在表达的语气上显示出很大的差别。这似乎意味着《公民和政治权利国际公约》只是规定了各缔约国所要达到的关于经济和社会权利的理想性目标以及实现这个目标的一些手段。在经济和社会权利条款既没有规定确定的行为要求，目标的实现又可以"逐渐"实现的情况下，我们就很难判断各缔约国所负义务的性质了，更难以确认何种情况下才构成对经济和社会权利的违反。

因此，从两个公约本身的规定看，两者对两类权利进行保障的力度存在很大差别。两个公约对于两类权利在规定方式上的差别似乎进一步印证了这种观念——经济和社会权利与公民和政治权利在性质上是完全不同的两类权利，经济社会权利只是一种模糊的且不可诉的道德理想。两类权利

---

① 《经济、社会和文化权利国际公约》第2条。

被以不同的方式规定在两个具有巨大差异的人权公约中，这个事实使得经济和社会权利与公民和政治权利之间的二分法仿佛真的成了一种牢不可破的观念。

（三）二分法与权利的分别立法

对于两类权利的不可分割性，联合国的立场一直是明确的，认为两类权利是"相互联系和相互依赖的"，但是，在法律保障方面，经济和社会权利与公民和政治权利的差别之大有如鸿沟之深，而其前提就是权利二分法，认为两类权利具有本质区别，公民和政治权利是消极权利，而经济和社会权利是积极权利。

经济和社会权利是一种积极权利，意味着要求国家积极为个人提供食物、住房、工作、医疗等各种物质利益，而所有这些物质利益都需要大量的资源做保证，所以，这些权利必然在很大程度上受到国家资源的限制。既然经济和社会权利取决于资源情况，那么对于那些暂时不具备这些资源的国家就只能逐渐实现对该类权利的保障，而对那些资源较为充分的国家来说，也存在一个根据资源的增加而逐渐提高保障水平的问题。既然经济和社会权利是依赖资源状况而逐渐实现的积极权利，那么这种严重依赖具体情况并且有赖于国家采取积极措施的权利规范必然很难进行清晰界定，因此，此类权利必然是比较难以掌握的，法院也难以适用。进一步分析，既然经济和社会权利的保障涉及资源分配问题，那么这就是一个政治问题，而不是法律问题，是一个应该由立法解决的问题，而不是司法可以解决的问题，由法院解决此类问题就面临对宪政体制突破的问题，法院既要面对政治合法性问题，又要面临司法能力问题。反过来，因为公民和政治权利是消极权利，所以国家只要不干预就可以保障权利的实现，因此，实现这类权利并不需要多少资源，立法者可以对权利做详尽的规定，法院就可以在具备充分政治合法性的情况下依据明确的法律规范保障这些权利。因此，在论证经济和社会权利的可诉性时，"积极/消极问题、资源限制问题、规范模糊性问题、司法能力以及政治合法性问题都是环环相扣的，但从法院的角度言之，经济和社会权利规范的模糊性问题又居于核心的地位"①。

---

① 黄金荣：《司法保障人权的限度——经济和社会权利可诉性问题研究》，社会科学文献出版社 2009 年版，第 108 页。

二　对环境权利可诉性的质疑

　　环境权利是以"人权"的名义提出的，人权学说促进了环境权理论的发展，但是，人权的模糊性与环境权利的模糊性相叠加，使环境权利的人权属性认识招致强烈质疑。1972 年的《人类环境宣言》称：人类有在一种能够过尊严和福利的生活的环境中，享有自由、平等和充足的生活条件的基本权利。隐含了将保护环境权益置于人权保护重要位置的意思。而1976 年的《经济、社会和文化权利国际公约》第 12.2b 条规定：本公约缔约国为充分实现这一权利而采取的步骤包括：改善环境卫生和工业卫生的各个方面。本条暗示环境权利只是经济、社会和文化权利的手段性权利，与其保障的目的性权利不可相提并论，虽然环境权利与基本人权和其他人权存在诸多关联，但不是人权。到了 1992 年的《里约环境与发展宣言》，其原则一的含义则是：人类处于普受关注的可持续发展问题的中心，享有与自然相和谐的方式过健康而富有生产成果的生活的权利。该原则对"环境权利"只字未提，仅阐明了对生活质量的保障。

　　同时，国内法中出现了承认环境权利为宪法权利的趋势。在联合国193 个成员国中，有 92 个国家在宪法中规定了环境权利，[①] 其最大的特点就是明确地用宪法性权利来保证"健康""安全""生态平衡"或"环境的可持续发展"。"然而，这些宪法性保证的可批判之处在于它们的不明确性以及法律强制力的缺乏。"[②] 人们倾向于认为，作为经济和社会权利的一种，环境权利与公民和政治权利是差异极大的权利类型，后者适合于司法保障，而前者的权利性质决定了它们并不适合由法院进行适用。对于这个观念，人们也提出了很多质疑，从而形成了关于环境权利可诉性问题的辩论。

　　环境权利的可诉性问题无论在国际人权法领域还是在国内宪法领域都同样存在。其焦点问题是：环境权利的性质是否决定了它们在法律上不适于由司法机关实施？对这个问题的回答，在国内法中直接关系到对环境权

---

　　① David R. Boyd, *Environmental Rights Revolution*: *A Global study of Constitutions*, *Human Rights*, *and the Environmental*, The University of British Columbia Press, 2012, pp. 59 – 62.
　　② 参见国际人权法教程项目组编写《国际人权法教程》第 1 卷，中国政法大学出版社 2002年版，第 80 页。

利如何进行规范以及法院是否可以对此进行司法救济的问题，在国际人权法中则关系到是否可以为有关环境权利的国际公约建立个人或集体申诉机制的问题。在一个法治社会中，"无救济无权利"早已深入人心，即使可诉性并不影响一项人权的成立，但我们也很难说在法治体系中一项不能获得司法救济的权利是一项获得有效法律保障的权利。一项长期不能成为司法救济对象的"权利"必然引起人们对其性质的怀疑乃至否定。环境损害司法救济不利和环境公益诉讼的停滞与环境权利不能获得司法救济有着必然的因果关系。因此，环境权利的可诉性对于环境权利的保护具有至关重要的作用。

（一）可诉性的含义

可诉性[①]（Justiciability），指某一事项或规范可以被司法机关进行裁判的属性，包括纠纷的可诉性和法律规范的可诉性。纠纷的可诉性是指哪些社会纠纷可以或者适合由法院裁决；法律规范的可诉性是指宪法和法律规定的法律条款是否可以以及是否适合由法院直接适用或强制实施。本书研究的环境权利的可诉性主要是指规定环境权利的法律规范的可诉性。对审判机关而言，权利的保障实质是规定权利的法律规范的适用和实施问题，所以，环境权利的可诉性就是环境权利规范的可诉性，即环境权利的可诉性是指规定环境权利的规范适合由法院予以强制实施。环境权利可诉性问题既涉及权利享有者，又关乎权利裁判者。环境权利的可诉性既是权利受到侵害者的救济资格与能力，又是司法机关行使权利争议裁决的能力与权力。

（二）经济和社会权利可诉性否定论

对经济和社会权利可诉性的争议由来已久，"如果有一个问题支配了对经济和社会权利的辩论，这个问题即这些权利在国内法层面是否具有可诉性"[②]。

---

① "Justiciability" 在《经济、社会和文化权利》（艾德等著，黄列译，中国社会科学出版社 2003 年版）中译为"可审判性"；在《法治社会的基本人权——发展权法律制度研究》（汪习根著，中国人民公安大学出版社 2002 年版，第 280 页）表述为"可司法性"，有时表述为"可诉性"或"可受法院裁判性"；在《法律的可诉性》（王晨光著，载《法学》1994 年第 4 期）中表述为"可诉性"。

② Herry j. steiner & Philip alston, *International Human Rights in Context: Law, Politics, Morals*, Oxford University Press, 2007, p. 298.

主流权利理论认为，公民和政治权利与经济和社会权利之间存在明显的区别，公民和政治权利具有可诉性，而经济和社会权利只是一种理想，不具有可诉性。

加拿大人权法学者克雷格·斯科特总结了两类权利的法律，认为与公民和政治权利相比，经济和社会权利是一种积极权利、不具有即刻实现的权利，是不可司法救济的权利。[①]

1. 经济和社会权利是积极权利

否定论认为，经济和社会权利不可诉的最重要理由是这种权利从本质上看是一种积极权利，与消极权利是冲突的，而要将经济和社会权利赋予法律强制力的后果必定是摧毁人类社会的"自由民主"之路。

2. 经济和社会权利具有高度资源依赖性

公民和政治权利的核心要点在于这种权利不涉及经济资源、财政资源的再次分配。而经济和社会权利与特定国家的经济社会发展阶段和财政状况紧密关联，在资源匮乏、财源枯竭的情况下，这种权利根本就不能得到保障。

3. 经济和社会权利的不确定性

经济和社会权利是一个"不确定性的范例"。所谓的不确定性，有三层含义：一是经济和社会权利概念自身不确定。二是经济和社会权利的权利义务关系具有不确定性，该权利的国家义务确定后，其提供的必要保障都是以一定的财政资源为基础的，而该资源主要来自纳税人，因此，这其中的权利义务关系就显得不甚明晰；至于权利主体，则更难确定，如住房权，尽管在某些国家可能是宪法上明确规定的权利，但公民不能据此向国家提出具体请求。三是权利不具可操作性，权利的可诉性要求该权利是可操作的，而可操作的前提要求是精确和详细，经济和社会权利是一种政策的法律表达，而不能作出精确的司法判决。如克雷格·斯科特所说，经济和社会权利是模糊的，而公民和政治权利是精确的。[②] 对那些精确的传统权利而言，法官在对案件进行裁判时，很容易根据法条作出符合法律原意

---

① 参见秦前红、涂云新《经济、社会、文化权利的可司法性研究》，《法学评论》2012年第4期。

② Craig M. Scott, "The Interdependence and Permeability of Human Rights Norms: Towards a Partial Fusion of the International Covenants on Human Rights", (1989) 27 *Osgoode Hall Law Journal* 769, 833.

的判断，这对经济和社会权利而言几乎是不可能的。

4. 对民主宪政原则的破坏

经济和社会权利的可诉将导致"民主正当性危机"和违背分权原则。在民主体制中，人民的意志是权利的直接来源，立法者被认为是人民的代表，有权力制定法律并代表人民制定法律，其作出的决定具有显而易见的正当性。[①] 司法权具有一定的中立性质，其往往是消极权利的护卫者，而对积极权利往往并非如此。因此，通过司法机关执行经济和社会权利面临着侵扰民主正当性的隐忧。法院的主要职能是审判职能，作为审判机关的法院干预立法和行政将极大地破坏"权力分立"原则，司法机关裁判资源和财政分配从根本上破坏了民主宪政的基本原则。"从遵循民主基本原则的角度看，作为法院的司法机关不应该去决定一个国家各类资源的分配，由法院裁决经济、社会、文化权利必定涉及对该种权利实现所依赖的各种资源进行一次再分配，而这个分配应该由人民或人民的代议机关来完成。"[②]

5. 司法限度的突破

否定论认为，对经济和社会权利的司法裁判将突破司法的限度，理由如下："（1）法院缺乏处理和裁决经济和社会权利的信息资源；（2）法院缺乏相应的专家、技术和相关经验；（3）法院无力完成那些政策中心性质的资源分配方面的任务；（4）法院缺乏必要的手段和救济途径去最有效地保障经济和社会权利。"[③]

（三）对环境权利可诉性的否定

环境权利作为经济和社会权利的一种，虽然已被一些国家载入宪法或普通法律，但一般均将其理解为"纲领性权利""宣示性权利"或"抽象性权利"，不能以权利受到侵害为由寻求司法救济。对环境权利的可诉性问题，长期以来存在两种对立的观点——肯定说与否定说。肯定说认为环境权利具有可诉性，而否定说则否认环境权利的可诉性。对环境权利可诉性的否定主要集中于以下几点：

---

　　① 参见胡敏洁《论社会权的可裁判性》，《法律科学》2006 年第 5 期。

　　② 转引自秦前红、涂云新《经济、社会、文化权利的可司法性研究》，《法学评论》2012年第 4 期。

　　③ Aoife Nolan, Bruce Porter, Malcolm Langford, *The Justiciability of Social and Ecomomic Rights: an Updated Appfraisal*, CHRGJ Working Paper, No. 15, 2007.

1. 对环境权利性质的质疑

对环境权利可诉性的否定与对经济和社会权利的否定一脉相承。有一种观点认为，环境权根本不是权利，只是道德理想和要求。在我国，21世纪初的环境权利习惯权利论者和"自得权"论者即认为，我们既不需要个体性地建构环境权体系，也不需要群体性地建构关于环境权的公共话语及其存在的各种社会条件，我们只需履行现实的法律义务，并完成技术性工作，就可实现对环境的保护。有学者认为环境权利本质上是"习惯权利"①，还有学者怀疑环境权，认为环境权是"自得权"②。从实践层面考察，作为一类新兴人权和权利，与作为公民和政治权利性质的财产权利和人身权利相比，环境权无论在宪法层面还是普通法律层面，其所具有的"权利性"与权利的理想类型相差甚远，环境权利在现实中还处于"原则性权利""客观性权利"甚至"道德性权利"的阶段。

2. 环境权利实现的资源限制

"否定论"认为，首先，环境权利是一种严重依赖于社会"资源状况"的权利。在资源紧缺、财源枯萎的情况下，这种权利根本就不能够保障。其次，资源依赖性导致的另外一个问题是"权利标准"的变动和多元化。从横向上比较，各个国家的资源状况和经济发展水平显然是不平衡的，从纵向上比较，一个国家的资源状况和经济发展水平在各个时期也是不同的，因此，环境权利必然是比较难以掌握的，尤其是在立法缺失的情况下，法院更加难以适用。最后，环境权利的保障涉及资源的分配，在社会资源有限的情况下，哪些主体享有优先权及其判断标准如何确定，国家应该在何时采取何种措施保障这些权利亦不清楚，那么环境权利的实现就不是一个法律问题，而是政治问题，即使是法律问题，也是一个应该由立法解决的问题，而不是司法能够解决的问题。换句话说，社会资源的分配和再分配是一国立法机关和行政机关的职责，由法院进行社会资源的分配是不恰当的。就我国的现状而言，行政权力过于强大与环境权利的高资源性要求共同作用，加剧了司法机关在环境权利救济中的无力作为的局面。

---

① 参见谷德近《论环境权的属性》，《南京社会科学》2003 年第 3 期。
② 参见徐祥民《环境权论——人权发展历史分期的视角》，《中国社会科学》2004 年第 4 期。

3. 环境权利规范的模糊性

环境权利针对的主要是国家的积极给付义务，是对资源的重新配置，很多情况下涉及立法机关和行政机关的政策裁量问题，所以，即使宪法规定了环境权利条款，该规范也不可能规定得十分具体明确，而只能用较概括性的语言加以规定，对于如何实现环境权利，不能规定具体的手段；对于具体的环境义务，宪法也无法进行界定，而只能通过立法机关的立法进一步具体和明确。环境权利是由一系列子权利构成的权利束，即使普通法律对权利束进行细化，但很难细化到为司法机关提供确定法律依据的程度。环境权利规范的模糊性体现如下：（1）环境权利主体模糊，环境权利主体范围如何界定？是仅限于公民，还是包括公民、法人、国家、人类，甚至自然体？（2）环境权利相对人模糊，环境权利相对人是否仅限于国家？是否任何国家机关都承担这种保障的义务？若只是国家行政机关承担这项义务，那么承担这项义务的具体行政机关是哪些？如果不是仅限于国家，那么还有哪些主体承担环境义务？（3）环境权利是相对的权利，环境权利是对一定品质的环境享有的权利，其边界不能无限度扩大，[①] 这一合理的边界如何确定？（4）环境义务模糊，环境义务的具体内容是什么？如果国家负有尊重、保护、给付环境权利的义务，那么这项义务的限度是什么？上述分析表明，法院在环境权利司法救济中面临着极为模糊的权利规范。司法机关在对环境权利纠纷案件裁判时可能会因为权利的"不精确"而滥用自由裁量权。

4. 政治合法性的缺失与司法能力的限制

有人认为环境权利的司法救济必然导致民主正当性危机和违背分权原则。立法机关被认为是民意的代表，因此当涉及政治决策，尤其是关系到国家预算和财政支出的重要决策应由立法机关作出，而环境权利通过法院实现往往需要一定的资源分配或财政基础，这种情况下，法院的裁判很可能与立法机关发生冲突。通过司法机关救济环境权利可能侵扰民主原则。

否定论者认为法院裁判环境权利争议超越了法院作为司法机关本身所具有的能力，因为司法裁判的若干特征阻碍法院成功地完成环境权利争议的司法审查。

---

① 参见杨朝霞《论环境公益诉讼的权利基础和起诉顺位——兼谈自然资源物权和环境权的理论要点》，《法学论坛》2013 年第 3 期。

三　环境权利可诉性问题思维模式的转换

拒绝向环境权利请求人提供司法裁判，是用经济和社会权利与政治权利在二分法下的特性对比加以论证的，如积极性相对消极性，没有界定和模糊的相对清晰和明确的，前瞻性相对即时性，高资源性相对无须消耗资源性等。现在，越来越多的人反对这种截然分明的一分为二的做法与观点，认为，公民和政治权利并非是想象中的清楚明确，这类权利之所以似乎更为精准，是因为详细的程序规则使它们得以明晰，而包括环境权利在内的经济和社会权利则极为欠缺恰当的程序规则来对其进行司法裁判。公民和政治权利也具有高资源要求性、也要求政府履行积极义务。

经济和社会权利可诉性理论和实践对环境权利可诉性问题的解决具有重大意义。理论上，史蒂芬·霍尔姆斯和凯斯·桑坦思的权利成本理论[①]和亨利·舒的义务层次论[②]都试图打破传统的权利二分法，从而使经济和社会权利不可诉的观点失去理论依据。实践中，经济和社会权利的诉请正以各种形式在各种各样的制度环境中涌现，在经济和社会权利享有明文规定的宪法保护的地方，经济和社会权利就作为宪法权利被提起诉讼，如南非；而在不享有明文规定的宪法保护的国家，经济和社会权利则通过扩大公民和政治权利的方式等予以间接救济，如印度。这些诉请或者与政治行为一并提起，或者作为个人诉求提起，或者由 NGO 及被害人组成的非正式团体提起。虽然诉讼的体制环境不同，请求人类型各异，诉求各具特色，但是，在这一实践过程中，人们对经济和社会权利的可诉性逐渐形成了一些共识。那么，以这些理论和实践就可以充分证明环境权利的可诉性吗？答案令人遗憾，因为这些论证不能完全打破根深蒂固的观念：环境权利与公民和政治权利的差别使得该权利的可诉性的证成与实现面临巨大的理论与现实障碍。

环境权利可诉性质疑论者先对立法机关和司法机关的责任进行归类和限制，确定哪些权利可诉、谁的利益可受保护，把特定群体的权利请求排

---

① 参见［美］史蒂芬·霍尔姆斯、凯斯·桑坦思《权利的成本——为什么自由依赖于税》，毕竞悦译，北京大学出版社 2005 年版，第 3 页。

② Henry Shue, *Basic Rights*：*Subsistence*, *Affluence and U. S. Foreign Policy*, Second Edition, Princeton University Press, 1996, pp. 52 – 53.

除出司法保护，这种观点不是从环境权利主体及其应受保护的利益出发，并进而引申出法院和立法机关在保护该权利方面的责任，而是反其道而行之，这与法治原则是背道而驰的。

如果以环境权利主体及其应该受到保护的环境利益为出发点研究环境权利的可诉性，结论将恰恰相反。环境权利诉求需要国家采取积极措施制定法律和提供司法救济，需要国家采取积极措施来保障其环境权利的主体往往是社会中的弱势群体，他们最需要通过恰当的途径获得法院的司法保护，同时，他们是政治诉求最有可能受到忽略的群体，其权利通过政治途径获得保护的可能性最低。此时，如果司法系统将这类社会弱势群体的权利保护排除在司法保护之外，则其环境权利诉求既无法通过政治途径实现也无法通过司法途径实现。但是，如果从环境权利本身及其权利人出发，对应法院的责任会得出相反的结论。

联合国经社文权利委员会在 1998 年通过的第 9 号一般性意见，对环境权利可诉性质疑论提出了挑战。委员会并没有围绕二分法解决可诉性问题，以及评估法院相对于这两种权利的角色。相反，委员会把下述原则作为其出发点：任何一种人权的权利人都必须获得有效的救济，这一原则是由《世界人权宣言》第 8 条所肯定的，并适用于所有的人权，它是法治的根本。根据第 9 号一般性意见，在特定情况下，成员国可以作出决定认为司法机关并不是裁判某个具体的经济和社会、文化权利请求的最终场所。他们可以开发新的行政救济程序，扩大国际人权机构的权力，或者采取其他方法保证经社文权利诉求能得到公平而有效的裁判。不过，机构的角色的分派，必须以能为经社文权利以及公民权利和政治权利提供有效救济的方式进行。机构的角色或局限不可以用来作为拒绝审理或救济的根据，也不可以用来作为回避程序公平原则或自然正义的根据。经社文权利委员会指出，对经社文权利的行政救济必须是"易于得到的、负担得起的、及时的和有效的。对这类行政程序通常都提供最终司法上诉的权利"①。把司法与准司法或行政性的救济纳入可诉性问题的分析中，对于环境权利的有效救济至关重要。当前，越来越多的国家制定了各种救济程序来救济环境权利。即使是在还未将环境权利直接纳入法律的国家，其所

---

① Draft General Comment No. 9: The domestic application of the Convenant, CSECROR, 19th, Sess., E/C. 12/1998/2491998, http://www2. ohchr. org/English/bodies/cescr/comments, htm.

有决定的作出，不论是法院还是行政机关，都必须与《经济、社会和文化权利国际公约》保持一致。一致性要求法律的解释和应用必须尽可能为有助于环境权利的保护提供有效救济。法院拒绝为环境权利提供救济，会导致该国违反其作为《经济、社会和文化权利国际公约》缔约国所应承担的义务。当南非就应否在新宪法中把经社文权利认定为完全可诉的权利进行辩论的过程中，斯高特和麦克莱姆在其文章中指出，在评估法院的正当角色及法院发挥作用的能力时，很大程度上取决于法院把争讼的利益看得多么重要。法院没有恰当对待相关争讼中的环境利益的价值，因此法院常常以政治合法性或司法能力为借口推托职责。环境权利的可诉性逐渐被各国接受，这表明了人权背后的基本价值，人权价值与参与权密不可分，人权价值必须保障社会弱势群体能够有效表达自己的权利诉求，能够获得国家提供的充分救济，环境权利特别是弱势群体的环境权利能够获得有效的救济的重要性远远超越所谓的重新审视法院和立法机关相互关系和角色定位问题。

因此，本书将从权利本身出发研究环境权利的可诉性，从权利人的立场重新思考环境权利的可诉性问题，转变可诉性问题的思维模式，改变环境权利可诉性的研究视角，从环境权利可诉性的概念化争论转向环境权利如何裁判这一新任务。

本章小结

环境损害是环境权利受到侵害的一种形态，环境侵权不能涵盖环境损害。环境损害是一种新型损害，不同于传统的以环境为媒介的环境侵权损害，而是直接指向环境本身的损害，是对人的生态利益的侵害。通过侵权救济机制和环境公益诉讼无法实现环境权利损害的充分救济。环境权利司法救济缺乏法律依据，缺乏权利依据，导致法官基于保守主义立场，为保持司法权威而倾向于不受理没有明确法律依据且专业性较强的环境权利纠纷。在宪法和法律未对环境权利及其可诉性作出明确规定的情况下，权利主体缺乏可以直接寻求司法救济的可要求性，权利主体对其利益所具有的直接控制力就非常脆弱，只规定了相应的义务而不能提出要求的权利更像是受到规范确认和保护的利益而不是一种完善的权利。因此，承认环境权利的可诉性对于环境权利的保护具有至关重要的作用。

　　环境权利可诉性质疑论者先对立法机关和司法机关的责任进行归类和限制，确定哪些权利可诉、谁的利益可受保护，把特定群体的权利请求排除出司法保护，这种观点不是从环境权利主体及其应受保护的利益出发，并进而引申出法院和立法机关在保护该权利方面的责任，而是反其道而行之，这与法治原则是背道而驰的。笔者将从权利本身出发研究环境权利的可诉性，从权利人的立场重新思考环境权利的可诉性问题，转变可诉性问题的思维模式，改变环境权利可诉性的研究视角，从环境权利可诉性的概念化争论转向环境权利如何裁判这一新任务。

第二章　环境权利解读

第一节　环境权与环境权利

一　作为人权的环境权

（一）对环境权人权属性的质疑

对环境权人权属性的怀疑久已存在。环境权是以"人权"的名义提出的，人权学说促进了环境权理论的发展，但是，人权的模糊性与环境权的模糊性相叠加，使环境权的人权属性认识招致强烈质疑。

反对环境权具有人权属性的学说认为，尽管环境问题与所有人权存在依赖关系，但环境权仅是人权的基础，而不是一项独立的人权。[①]"国际社会经过 20 年的实践，对环境权的属性有了较为冷静、客观的认识，即环境权不是传统意义上对抗国家的防御权，而对环境权的保障恰恰需要国家的积极干预，这强调了国家的责任。"[②] 一些学者认为，现代法学某种意义上都是在没有环境意识下建立和发展起来的，许多时候还和环境理念相冲突。在环境危机出现的时候，现代法学甚至起到了为虎作伥的作用。比如，人们的发展权与环境权的冲突，为了发展经济，以牺牲环境为代价。"先污染，后治理"观念是其典型代表。另外，环境权与"权利"格格不入。权利产生的前提条件是主体多元化，并且多元化的主体之间的利益具有明确的可分割性，除了人们对自身固有利益通过权利加以维护外，权利旨在把外在的东西内化为自己的东西。此

[①]　参见［斯里兰卡］威拉曼特里编《人权与科学技术发展》，张新宝等译，知识出版社 1997 年版，第 232 页。

[②]　谷德近：《论环境权的属性》，《南京社会科学》2003 年第 3 期。

外，权利足以应对"风险社会"之前的传统社会的风险，但是全球环境危机把人类卷入一个全球性的风险之中——这种风险的时间、空间都没有限制，不能按照因果关系、过失责任的既存规则来负责，不能被补偿或保险。而环境权利内容宽泛、模糊，难以对环境利益进行明确的分割，更难以抵御全球风险中带来的难以弥补的环境破坏和污染。个人在这种情形下，难以主张自己的环境权利，而环境权只可能由人类作为一个整体来享有。环境权的主体也只有一个，即作为整体的人类。但是，这种作为人类整体所享有的环境权，依然缺乏可操作性。通过环境权来保护环境利益的逻辑是，设定环境权利，当环境受到侵害时，通过权利主体主张权利，由国家机关或者其他组织救济权利。但是由于环境危害具有隐蔽性、潜伏期长，权利主体未必能及时主张权利，难以达到有效维护环境利益的目的。同时，在国内外众多司法实践中，环境权难以操作也是得到了印证的。①

（二）环境权人权属性确认的困境

环境权的提出是解决全球环境危机的现实需要，同时，人权内涵和外延的模糊性为这一新型权利的确认提供了充分的空间，但是，这一产生于现有人权体系的权利，却又面临与人权和权利体系的矛盾。其表现以下三种。

1. 环境权不是独立人权，仅是其他人权的基础

人权是每个人基于其人的属性且人人都平等享有的权利，以人的自然属性要求为基础，而我们对于生存的那类要求应被"视为期望而不是权利"。因此，环境权不是独立的人权，仅是其他人权的基础。② 第一代和第二代人权，都是以良好环境提供的生态系统功能和物质财富为前提的，不管是人身权、自由权还是生存权，每一种权利的享有都离不开人类对环境的开发利用，在一定经济技术条件下，这些开发利用导致的环境破坏难以避免，破坏累积到一定程度，就会产生环境损害，侵害环境权利。环境问题与所有人权之间存在不可分割的依存关系，但是环境权仅是一项道德

---

① 钱大军：《环境法应当以权利为本位——以义务本位论对权利本位论的批评为讨论对象》，《法制与社会发展》2014 年第 5 期。

② 转引自吕忠梅《再论公民环境权》，《法学研究》2006 年第 6 期。

权利，不能成为一项独立的人权。①

　　2. 对环境权的主观权利属性的怀疑

　　《经济、社会和文化权利公约》和许多国际环境法文件规定了各种形态的与环境有关的权利，以《经济、社会和文化权利公约》为例，它仅要求缔约国采取措施逐步达到公约所承认的权利的充分实现，对这些权利的侵犯并不会为国家带来消极的法律后果。同时，国际法文件确认的与环境相关的权利亦未得到国内法的保障，即使一些国家在宪法或法律中承认环境权利，甚至建立了环境公益诉讼制度，但是，环境权利并未像民事权利那样具有可诉性，这类权利在许多国家并未上升为主观的法律权利，仅仅是国家的客观义务。一种观点认为，环境权利作为人权或宪法权利无法确定，"每一特定人权必须明确予以定义，尤其是在国家管辖范围内，更宜如此"②。无论是在国内法还是在国际法上，对环境都无一个确切的法律定义，更无法确定环境权的定义，未经法律确定的定义，难以想象通过法律或其他方法进行有效调控。因此，环境权利是由于国家行政行为而产生的反射利益，不具有法律上的权利的属性，不能成为法律权利。

　　3. 保障环境权缺乏切实可行性

　　传统的"公民和政治权利"，能够通过立法很容易获得保障，而对环境权的保障，需要做的就不仅仅是制定法律，而是必须以获得大量的经济财富和社会资源为前提。在全球经济和社会发展极度不平衡、社会资源有限的情况下，对环境权提供切实保障也是不客观的，如果环境权不能获得有效的保障，把它视为一项权利就是荒谬的。

　　（三）环境人权的确认

　　1. 环境权人权属性的理论分析

　　人权的含义极其丰富，具有道德性、历史性、政治性、阶级性、文化性、法律性等多个维度。从理论角度分析，环境权具有人权属性。为了否认经济和社会权利的人权属性，英国的莫里斯·克兰斯顿提出了判断人权

---

　　① ［斯里兰卡］威拉曼特里编：《人权与科学技术发展》，张新宝等译，知识出版社1997年版，第232页。

　　② 同上。

的三项标准：至关重要性标准；普遍性标准；切实可行性标准。① 下面以此为标准，分析环境权是否符合这些标准。

第一，至关重要性标准。环境权在保障人的生存和自由方面具有不可替代的作用，更重要的是环境权自身即具有内在价值——有效地维护人之为人的尊严。环境为人类提供空气、水、食物等基本物质和能量，环境及其组成要素的损害直接对人类的基本需要构成危害，环境权维护人的"环境道德准则"，保障人性尊严，维护和增进人类环境利益、公共环境利益和个体环境利益。② 环境权是以环境危机为背景而产生和发展起来的一项权利，源于人类在环境问题面前对于自身及未来的生存发展的忧虑。

第二，普遍性标准。人权具有普遍性，是因为人权是人作为人所享有的权利，是基于人类有着共同的利益和共同的理想与道德。③ "保障每个人在良好环境下生活的权利正是满足人类基本需要的重要条件。"④ 一方面，环境权是人生存的普遍性需要，对良好适宜的环境的需要是人的普遍性的基本需要；另一方面，环境权在"人人都负有义务"这一层面也具有普遍性，每个国家都对所有人免受环境恶化的侵害承担义务。

第三，切实可行性标准。克兰斯顿提出的更现实的理由是，对于公民和政治权利，通过立法就能很容易获得，而对于经济和社会权利，需要的就不仅仅是制定法律了，他们必须有大量的资源做保障。但是，第一，资源限制并不是决定能否对环境权进行保障的决定性因素，事实证明，环境权不能得到有效保障的原因经常是社会资源以外的其他东西，如政治制度、文化传统、科技水平等；第二，资源限制并不意味着不能对环境权进行最低限度的保障，环境公益诉讼在印度这样一个发展中国家的实践即是例证。

2. 环境人权的法律维度

若要从制度层面上理解人权的含义，还须从人权的法律性维度分析。"法律意义上的人权，即基本权利，具有不可缺乏性、不可取代性、不可

① Maurice Granston，"Human Rights：Real and Supposed"，in D. D. raphael（ed），*Political Theory and the rights of man*，bllomington and london：Indiana University Press，1967，pp. 43－53.

② 参见王晓钢《揭开环境权的面纱：环境权的复合性》，《东南学术》2007年第3期。

③ 参见李步云主编《人权法学》，高等教育出版社2005年版，第64—70页。

④ 吴卫星：《环境权研究》，法律出版社2007年版，第103页。

转让性、稳定性、母体性、共似性和相互依赖性。"①

从 1972 年斯德哥尔摩人类环境会议以来，环境与人权的关系获得了普遍关注。承认独立的环境权的观点认为，尽管现有的权利如果被完全利用起来，可以为全球和地方的环境保护提供许多有益的帮助，但仍有充分的理由怀疑它们是间接的，缺乏准确性，以笨拙的手段对待紧迫的环境任务。因此，需要制定一个直接和环境利益相联系的全面的规范。②

环境利益有别于民法中的利益。传统利益观认为，只有损害人身和财产才是损害人的利益，否认环境是人的利益或人的利益的载体。民法以生活资源为本位，生活资源主要包括权利、法益和自由资源，权利是民法提供完整保护的资源，法益是民法提供局部保护的资源，自由资源是纳入民法范畴但却不为民法保护或民法对其放任自流的特定资源（如公海、荒山之兽等）。③ 一些私法学者坚持大气、水等自由资源或环境要素不是人的利益，其只能是"人类利益"的"反射利益"、"溢出利益"而间接地被法律涉及。根据传统私法理论，私权和私益必须是专有的、排他的，但是，个人享有的环境权益，如呼吸清洁空气的权益、欣赏自然风光的权益虽然也是个人的利益，但却不具有排他性，不是专有的利益。环境是公众共有物，公众共有物直接关系到公众中每个个人的利益。环境权虽然以个人为载体，但不等于私权，具有公益性是环境权的重要特点。

（四）环境权是社会权

一段时期以来，学者们倾向于将环境权视为私权，试图在民法体系内构建确认、保护和救济环境权的制度，但这一构想在司法实践中屡屡失败。以环境权代替民法中的人身权与财产权，不仅导致民事权利设置的重复、混乱，也不利于真正确认和保护环境权。原因如下：第一，权利指向的利益不同，环境利益是无法直接用货币衡量的环境给予人的多种惠益，具有公共性、多元性、综合性的特点，而私法体系下的人身权与财产权指

---

① 徐显明主编：《人权法原理》，中国政法大学出版社 2008 年版，第 74 页。
② 参见国际人权法教程项目组编写《国际人权法教程》第 1 卷，中国政法大学出版社 2002 年版，第 475—479 页。
③ 曾世雄：《民法总则之现在与未来》，中国政法大学出版社 2001 年版，第 73 页。

向的是个体的私益，因此，指向公共利益的环境权不属于传统私法的保护范畴。第二，权利行使目的不同，环境权的行使目的是维护环境公共利益，民事权利的行使目的是主体自身利益。第三，对权利的救济方式不同，民事权利遭受不法侵害后，通常可以通过侵权法予以救济，而侵权法不能实现环境权的充分救济。

环境权是社会权的理由如下：

第一，环境权是共享性公益权利。环境权的利益基础——环境利益是社会公共利益。环境公共利益指向的清洁空气、生态平衡、生物多样性等是典型的公共物品，不具有排他性。《人类环境宣言》中的环境是"人类环境"，要保护的是"人类环境"。社会权是以社会利益为核心的权利，保障的是社会成员共同利益。环境权利"客体的不可分割的特性决定了权利的永恒的共同性"[1]，特定的社会群体作为"一个整体"共同享有基于环境而产生的权利。"环境利益的社会公共性决定了环境权是一种社会权"[2]。因此，环境权是一项公益性权利，是一项"共享权"[3]。

第二，环境权是积极权利。环境权的实现主要依赖国家的积极作为，国家应积极主动对环境的开发、利用、保护和改善进行全面规划和管理，合理提升产业和能源结构，加大环保基础设施建设，治理和预防环境污染和生态破坏等。阿根廷、玻利维亚、巴西、芬兰、俄罗斯等28个国家在规定公民享有健康的环境权利的同时规定了国家保护、改善环境的义务。[4]

第三，环境权是以接受权为主导的权利。拉斐尔将权利分为接受权和行为权，接受权是指有资格接受某物或以某种方式受到对待的权利，行为权是有资格去做某事或用某种方式去做某事的权利。环境权的接受权性质主要是指主体从环境公共物品中获得生态系统功能服务的资格，如获得清洁的空气、清洁的水、足够的阳光，从生物多样性中获得利益等，这要求国家积极履行环境义务。

---

① 徐祥民：《环境权论——人权发展历史分期的视角》，《中国社会科学》2004年第4期。
② 白平则：《论环境权是一种社会权》，《法学杂志》2008年第6期。
③ 参见周训芳《环境权论》，法律出版社2003年版，第153页。
④ 参见［美］魏伊丝《公平地对待未来人类：国际法共同遗产与世代间衡平》，汪劲等译，法律出版社2000年版，第294页。

二　环境权利的概念

（一）环境权与环境权利含义辨析

蔡守秋认为环境权是法律权利,① 吕忠梅和陈泉生认为环境权利是人权、应有权利和基本权利,② 谷德近认为环境权本质上是一种习惯权利,③ 徐祥民认为环境权是自得权。④ 关于权利的各种不同学说中最著名的有"利益说""要求说""资格说""权能说"和"自由说"。⑤ 权利概念具有三个维度：（1）客观性维度,指权利所具有的客观性；（2）主观性维度,意味着权利与权利主体的意志紧密相连；（3）规范性维度,指权利背后都有规范作为依据,或者说权利是由规范予以确认的。在这三个维度中,权利的规范性维度是根本的,因为其不仅是权利及其权威性的来源,而且权利所具有的客观性和主观性都来自规范的确认,权利所具有的主观性和客观性也是权利规范所具有的主观性和客观性。因此,人权与权利的最大区别是权利具有规范维度,而人权并不以规范维度为构成要件,规范维度仅是人权从应有权利到法定权利直到现实权利的必由之路。因此,环境权是人享用一定品质的生态功能的天赋权利,而环境权利则是规定或隐含在法律规范中的环境权。

（二）环境的含义

"环境"是一个相对的、可做多种理解的概念,几乎没有什么事务不能纳入环境的概念中。只有首先明确环境的含义,才能正确理解人与自然的关系,才能确定环境权利的客体,进而进一步明确环境权利的概念。环境组成具有复杂性和多样性,根据中心物的不同,可以形成不同的环境,以不同的环境为对象,可以形成具体环境权利,如清洁空气权、清洁水权、采光权等。环境具有典型的公共物品的特征,具有公共性和不可分割性,人们对其利益诉求具有很强的公益性,一旦被侵害,破坏的往往是公

---

① 参见蔡守秋《环境权初探》,《中国社会科学》1982 年第 3 期。

② 参见吕忠梅《论公民环境权》,《法学研究》1995 年第 6 期；陈泉生《环境权之辨析》,《中国法学》1997 年第 2 期。

③ 参见谷德近《论环境权的属性》,《南京社会科学》2003 年第 3 期。

④ 参见徐祥民《环境权论——人权发展历史分期的视角》,《中国社会科学》2004 年第 4 期。

⑤ 参见张文显《法哲学范畴》,中国政法大学出版社 2001 年版,第 300—309 页。

共利益。环境具有不可控性、整体性、关联性、不可分割性等，使得人类很难对其进行控制和处分。环境自身具有有限性和环境功能的多元性，环境具有多种功能，不同的功能指向不同的利益需求，但是环境自身的有限性很难同时满足多种需求，因此，不同的利益需求之间经常发生冲突和矛盾。

（三）明确界定环境权利的概念

环境权利主体应该仅是自然人，不包括法人、国家、全人类、自然体。环境权的客体应该是环境的生态功能，环境兼具财产价值和生态功能，环境的生态功能，指生态系统对地球生命支持系统所起的作用，是人们从生态系统中获得的效益，生态系统功能服务的性质使其不能通过市场完全实现价值的补偿，这种生态系统功能服务表现的无形性、公益性、整体性等明显区别于其他权利客体，使得环境的生态功能"恰恰需要全新类型的权利——环境权来保障，因而成为环境权的客体"[1]。环境权利内容指向的标的是环境的生态功能所生的利益，即生态利益，生态利益内容广泛。因此，环境权利是规定或隐含在法律规范中的自然人享用适宜的生态功能的概括性权利。根据主体从生态系统所获利益进行分类，环境权利可以表现为清洁水权、清洁空气权、日照权、静稳权等具体权利。

（四）环境权利是法律权利

环境权利是法律权利，是规定或隐含在法律规范中的环境权。尽管环境权作为一种道德或政治理想是值得称赞的，从道德或政治角度看它们在国家政策制定中也发挥重要的作用，但是其与其他经济和社会权利面临共同的困境：很多人认为其不能构成具有强制力的法律权利。因此，环境权是不是法律权利是具有广泛争议的问题。近年来，一些国家以不同方式进行了环境权法律化的实践。各国环境权法律化的具体模式不尽相同，有的国家在宪法层面确认了环境权，有的国家仅仅在法律中予以确认，也有些国家不仅在宪法中确认了环境权，还在法律中予以具体化。[2]

"法律权利是规定或隐含在法律规范中，实现于法律关系中的，主体

---

① 邹雄：《论环境权的概念》，《现代法学》2008 年第 3 期。
② 吴卫星：《环境权研究》，法律出版社 2007 年版，第 56 页。

以相对自由的作为或不作为的方式获得利益的一种手段。"① 新生法律权利的生成经历了利益—需求—应有权利—法定权利—现实权利的发展过程，环境权利的生成也需经历生态利益—环境需求—环境人权—宪法环境权利及具体环境权利—现实环境权利的发展过程。

三 宪法环境权利与具体环境权利的比较

环境权利既可以表现为宪法权利也可以表现为具体权利。宪法权利是指由宪法或宪法性法律所确定的权利，又被称为公民的基本权利。宪法环境权利是指由宪法或宪法性文件确认的环境权利。具体权利是对宪法权利的具体化，其通常由普通法律予以规范。具体环境权利是指由普通法律确认的环境权利，是对宪法环境权利的具体化。宪法权利是（全体）个人相对于国家或国家立法机关而言的，而国家本身是一个抽象概念，国家立法机关制定的法律也是相对抽象的法律规范。一个抽象的宪法权利，可以引申出一系列具体的法律权利，宪法权利是这一系列具体法律权利的抽象概括。由于宪法权利具有抽象性，法律权利具有具体性，因此，一般情况下，法律权利具有明显的可诉性，宪法权利不是不可诉，而是通过一种特殊的诉讼渠道——宪法诉讼或普通诉讼附带违宪审查来实现的。可能侵犯个人抽象的宪法环境权利的，往往是立法机关的法律，如立法机关在将宪法环境权利细化为具体环境权利的过程中歪曲甚至剥夺了其权利，用大量义务规范架空权利，或赋予国家机关更多的限制个人环境权利的权力，这时候能够对公民宪法环境权利进行救济的途径通常是宪法诉讼。在宪法环境权利与具体环境权利之间划出一条绝对清晰的界限有时是困难的，但二者还是存在如下差别：

（一）宪法环境权利对应的是国家环境义务，具体环境权利既对应国家环境义务，又对应个人环境义务

宪法中的基本权利"本质上是享有自由的个人的权利，而且是与国家相对峙的权利"②。宪法环境权利对应的是国家环境义务。宪法权利的抽象性使宪法环境权利很难在现实生活中直接运用，因此，国家要保障宪法环境权利，首先要将其具体化，即国家立法机关要尽立法之责。"权利

---

① 公丕祥：《法哲学与法制现代化》，南京师范大学出版社1998年版，第257页。
② ［德］卡尔斯米特：《宪法学说》，刘峰译，上海人民出版社2005年版，第175页。

体系所具有的母体性与派生性之间的关系实际上构成了规定基本权利的宪法与规定普通权利的普通法律之间的区别，确立了普通法律体系之间的不同位阶关系。"① 具体环境权利对应国家环境义务和个人环境义务，国家依法对公民负有尊重、保护和给付环境利益的义务，公民与公民之间则依法不得侵害他人的环境权利。

（二）宪法环境权利的主体是整体性的人，具体环境权利是个体化的个人或部分个人的集合体

宪法环境权利的主体是"全体个体"，并不限于公民，也不是"全体人民"。宪法环境权利虽然属于每个公民，但通常不是由每个个体直接行使，宪法环境权利主体是"公民共同体"，每一个公民的宪法环境权利呈现出一种连锁状态，清洁的水和清洁的空气是环境公共物品，公民的清洁水权、清洁空气权并不能由某一个公民单独享有并排斥他人享用，而是每个公民的清洁水权或清洁空气权呈彼此关联的连锁状态。宪法环境权利属于"全体个体"。具体法律权利属于"每一个"个体，具体权利的主体是个体性的个人（包括法人），直接实施这一权利的是个人自己，因此，环境侵权行为也往往是具体的，针对特定个体的，而不是针对所有人的抽象的侵权。具体环境权利的主体也包括部分个人的集合体，如生态补偿中，为了一部分人的经济或环境利益而补偿另一部分人的环境或经济利益的不利益，此时的环境权利主体是部分人的集合。

（三）宪法环境权利是母权利，具体环境权利是宪法环境权利派生的子权利

"宪法权利既然是人民制宪立国的产物，其在法律体系中就是一种原生权利，具有母权利的特征。"② 人民建立国家后，通过议会立法而制定的法律权利是子权利。一个宪法权利往往派生出一个法律权利群，当每一个宪法权利都派生出各自的法律权利群时，就构成一个国家庞大的权利体系。宪法环境权利是一项宪法权利，也是一个包容性权利。由宪法环境权利派生出的具体环境权利，众多的具体环境权利构成普通法律上的环境权利群，包括免遭环境污染的各项权利和享用生态系统功能服务所提供的各种利益的权利。这些权利分别规定在许多部法律中，由此而派生出了一大

---

① 胡锦光、韩大元：《中国宪法》，法律出版社 2004 年版，第 176 页。
② 马岭：《宪法权利与法律权利》，http：//www. vadian. cn。

批法律——水法、清洁空气法、大气污染防治法、国家公园法、能源法等，这些法律权利群中的权利彼此之间的关系往往比较复杂，权利"网络"的特征非常显著。权利的母子关系是相对的，许多法律权利相对于宪法权利是子权利，但它们本身也可以再派生出其他更具体的权利。

第二节　宪法环境权利的性质与功能

一　宪法环境权利的双重性质

（一）基本权利的双重性质理论

基本权利，是指"由宪法确认的以国家强制力保障实施的公民在社会政治、经济和文化等方面不可缺少的权利"[1]。在德国法上，基本权利具有双重性质，这源于 recht 一词，该词既有法的意义，也有权利的意义，以主观修饰表示权利，以客观修饰表示法，[2] 基本权利是在"个人得主张"的意义上被称作"主观权利"的。基本权利的"主观属性"包含两层含义：首先，个人可以直接依据宪法上的基本权利条款请求公权力主体为或者不为一定的行为；其次，个人可以请求司法机关介入以实现自己的请求。即如果个人依据其基本权利向公权力主体提出一项请求，公权力主体就负有相应的作为或者不作为义务，如果公权力主体没有履行此义务，个人可以请求司法救济。基本权利作为"客观法"的含义是：基本权利除了是个人的权利之外，还是基本法所确立的"价值秩序"，这一秩序构成立法机关建构国家各种制度的原则，也构成行政权和司法权在执行和解释法律时的上位指导原则。由于基本权利的这一性质只涉及基本权利对国家机关的规制和约束，一般不赋予个人以主观请求权，所以基本权利在这里只是"客观的法"或者"客观规范"。如果说"主观权利"是强调基本权利作为"个人权利"的性质，则"客观法"就是强调基本权利本身就是约束国家公权力的"法律"。[3]

（二）宪法环境权利的双重性质

宪法环境权利具备"主观权利"和"客观法"的双重性质。

---

①　周伟：《宪法基本权利司法救济研究》，中国人民公安大学出版社 2003 年版，第 1 页。

②　参见潘再平编《新德汉词典》，上海译文出版社 2000 年版，第 932 页。

③　参见张翔《基本权利的双重性质》，《法学研究》2005 年第 3 期。

1. 宪法环境权利的"主观权利"性质

宪法环境权利的此种"主观属性"包含两层含义：第一，个人可以直接依据宪法上的环境权利条款要求公权力主体为或者不为一定的行为；第二，个人可以请求司法机关介入以实现自己的环境诉求。① 作为社会权的环境权利，是指要求国家进行环保投入，努力改善环境状况的权利。这一权利是纲领性的、方针性的权利，还是具体的、可以请求实现的权利？相应的，国家努力改善环境状况的义务是一种道义上的、政治上的义务，还是一种具有强制性、具有法拘束力的义务？作为社会权的环境权利，其法律效果究竟如何，学术界并未形成统一的看法。其论证焦点集中在如下几点：第一，公民是否可以依据宪法，直接请求改善环境质量；第二，国家不制定相关保障环境权利的法律或者法律所采取的措施不足以达到保障的目的时，公民是否可以请求违宪审查；第三，国家修改相关法律，削弱对公民环境权利的保障，积极侵犯环境权利时，公民可否请求违宪审查。

同时，环境权利包含自由权属性。人民拥有免遭环境污染和享用生态系统功能的权利，如果国家通过工程建设污染环境或不当开发自然资源破坏环境，人民可以行使环境权利排除国家的危害。具有自由权属性的环境权利对应国家的消极义务。一般来说，"近代以来宪法权利乃是公民对抗国家的防御权。"② 依据宪法权利可以主张免于国家的过度干预，而且权利也蕴含着保障特定主体的选择自由和行为自由的内涵。如果受到国家的过度干涉和强制，没有选择的空间，则人民的环境权利可能成为镜花水月。因此，环境权利的自由权面向是环境权利作为一项宪法权利的应有之义。

2. 宪法环境权利的"客观法"性质

环境权利作为"客观法"的基本含义是：环境权利不仅是个人的权利，还是宪法所确立的"价值秩序"，这一秩序构成立法机关建构国家各种制度的原则，也构成行政权和司法权在执行和解释法律时的上位指导原

---

① Helmut Goerlich, *Fudamental Constitutional Rights*：*Content*，*Meaning and General Doctrines in The Constitution of the Federal Republic of Germany*，Ulrich Karpened Nomos Verlagsgesellschaft，pp. 49–50.

② ［日］大须贺明：《生存权论》，林浩译，法律出版社2001年版，第28页。

则。在这种情况下，个人没有主观的环境请求权，只涉及宪法环境权利对国家机关的规制和约束，所以，环境权利只是"客观法"或"客观规范"。根据德国的客观价值秩序理论推导，国家应当为环境权利的实现提供实质性的前提条件。环境权利的实现需要一些实质性前提条件，而这些前提条件有待国家去提供。这些前提条件包括国家提供各种物质和制度条件，如国家积极治理和恢复被污染的大气环境、水环境、土壤环境，调整能源结构，保护生物多样性，制定战略环境影响评价制度等。该义务在德国法上被称为国家的"保护义务"。国家的保护义务主要是立法机关的义务，也就是说，环境权利实现的各种前提性条件，主要是由立法机关通过制定法律而使之完备。但是保护义务不能充分实现环境权利的保护时，其他国家公权力机关在立法机关未能提供充足条件的情况下，也有义务促进和帮助环境权利的落实。

二　宪法环境权利的功能体系

（一）基本权利的功能体系

由于每项基本权利的性质都是综合的，我们就可以通过界定"基本权利的功能"来对基本权利的多重性质进行分层。我们可以将每一项基本权利分为几个层次的功能，每个层次的性质都是单一的，其所针对的国家义务也是单一的。在此基础上，我们可以将基本权利的功能归纳为几个种类，每一类功能所针对的国家义务也就是单一的了。这样，国家义务就可以被类型化和条理化。

首先对基本权利的功能进行划分的是德国宪法学，不同学者对基本权利功能的分类也不尽相同，基本权利的功能大体上可以分为以下三个层次：第一，防御权功能。防御权功能是指基本权利所具有的要求国家不予侵犯的功能。防御权所针对的国家义务是纯粹消极性的，也就是要求国家不得侵犯公民权利。防御权功能是基本权利最为基本的功能。第二，受益权功能。受益权功能是指公民基本权利所具有的可以请求国家作出某种行为，从而享受一定利益的功能。受益权功能针对的是国家的给付义务，也就是国家提供基本权利实现所需的物质、程序或者服务。第三，客观价值秩序功能。基本权利的性质在当代的宪法理论中经历了从"主观权利"向"客观的法"的转向，在具备"客观法"性质之后，基本权利又产生了一些新的功能，这些功能可以概括地称为"客观秩序功能"。基本权利

"客观秩序功能"要求国家除了承担针对防御权功能的"不侵犯义务"和针对受益权功能的"给付义务"以外，还应当运用一切可能的和必要的手段来促成基本权利的实现，其义务范围是非常广泛的。①

（二）宪法环境权利的"权能复合结构"

"防御权功能"与"受益权功能"是完整的宪法环境权利均具有的权能。虽然特定的宪法权利某方面的权能特别突出，但这并不意味着其不具有另一方面的权能而仅单一地具有一方面的权能。因此，自由权亦具有"受益权权能"，社会权则兼具"防御权权能"。自由权的实现不仅要求免于来自国家的侵犯，还要求免于来自他人的侵犯，后者就需要国家的积极作为，诸如制定有效的环境刑事与行政法律，当这种环境犯罪或环境违法行为发生时，也需要国家对纠纷采取裁判和救济的积极行为；从表达自由中衍生出来的知情权，不仅具有信息接收不受妨碍的防御权功能面向，而且更具有积极的请求公开环境信息的受益权能面向。社会权实现主要依赖于国家，但也包含了免于国家侵犯的内涵。环境权利除了要求国家采取行动保护环境外，还具有要求国家限制自己的行为——例如限制环境资源的过度开发——的防御权功能，还包括限制公权利不当干预环境权利行使的权能。

宪法环境权利主要表现为"受益权功能"。不同的权能在不同类型的宪法权利中的重要性是不同的。各类自由权主要表现为"防御权功能"，各类社会权则更多地体现出"受益权功能"，作为社会权的宪法环境权利主要表现为"受益权功能"。根据受益权功能，环境权利主体可以要求政府履行维持和改善环境的积极义务。

防御权功能和受益权功能并没有穷尽宪法环境权利的所有权能，而只是较为典型的两项，除此还包括客观价值秩序功能。环境权利的客观价值秩序功能包含对环境公共利益的制度性保障、环境权利实现的程序保障及国家保护公民免受企业污染侵害的义务。

（三）宪法环境权利的防御权功能

防御权功能是环境权利的原始功能，宪法中对环境权利的规定，首要的目的就是防止公民的环境权利受到侵犯。确保这一目的实现的最有力手段就是由个人提起宪法诉讼以排除国家的侵害。国家的义务是"不

---

① 参见张翔《基本权利的受益权功能与国家的给付义务》，《中国法学》2006年第1期。

作为义务"或者"消极义务"，也就是不为侵害基本权利的行为。宪法环境权利中的防御权功能发生作用的情形包括：第一，公民的宪法环境权利受到国家权力的直接侵害。常见的情形就是由于国家审核不严或其他原因对有害环境的经营行为发放了许可，受到环境污染或破坏行为影响的人就有权依据宪法环境权利具有的防御权功能提出请求，要求国家撤销行政许可。第二，国家事实行为的侵害。国家机关在提供公共物品的行为中，相关行政事实行为可能影响人的环境权益，例如：公共基础设施在运营中产生噪音、政府对垃圾进行处理而产生恶臭、公共工程在施工过程中产生一定环境污染等。根据宪法环境权利的防御权功能，如果该公法上的公害已超越法律所设定的忍受限度时，遭侵害的相关主体对该公权力主体拥有防御请求权，可以向法院请求司法救济，要求公共设施不得超越忍受限度。① 宪法环境权利的防御权功能意味着人民可以以宪法环境权利为依据，对抗来自国家的环境破坏行为，通过法律途径（特别是司法途径）予以排除。此时，国家的义务是"不作为义务"或者说"消极义务"。

（四）宪法环境权利的受益权功能

除"防御权功能"外，环境权利还具有直接请求国家积极"作为"以使个人享有环境利益的"受益权功能"。"受益权功能"与环境权利的可诉性紧密相连。否认环境权利可诉的观点认为，由于宪法中环境权利规定过于抽象，对于国家环境给付的种类、范围、条件等没有明确的规定，因而个人不能直接依据宪法环境权利的规定请求国家提供一定的环境给付。只有在立法机关通过立法明确了国家环境给付的具体内容后，个人依据法律之规定才可以请求国家积极"作为"。所以，依据宪法中的环境权利条款并不能导出个人请求国家积极作为的主观权利，当然也不具备要求司法机关提供权利救济的功能。然而，德国联邦宪法法院在一些经济和社会权利的判决中认为，假如国家的某项积极措施对于基本权利的实现是不可或缺的，那么个人就可以直接依据宪法通过诉讼而要求国家提供给付。

主观权利的受益权功能可以区分为"消极受益权"和"积极受益权"两类。依据消极受益权功能，当公民的基本权利被侵犯时，公民可以向法

---

① 参见陈海嵩《宪法环境权的功能体系》，《社会科学辑刊》2013 年第 6 期。

院请求司法救济，因此，当环境被污染或破坏时，相关主体有权提起诉讼请求司法救济。依据积极受益权功能，公民应该有要求国家保护和改善环境的权利。积极受益权功能可以分为两大类："原始给付请求权"和"派生给付请求权"。原始给付请求权，是指"直接由基本权导出的对国家的财物给付或生活照顾的请求权"①。多数学者认为，这种原始的给付请求权只在最低限度内得到承认。派生给付请求权，又称分享权，是指"人民平等参与国家既存的给付系统的权利"②。是指国家已有一个先行的行为，而却拒绝他人的一个特定给付，此时他人即可要求相同的给付。③ 就宪法环境权利而言，普遍认为，对于派生给付请求权，如果国家为一定区域内的居民提供了某种环境公共利益，其他地区的居民也可以请求国家实施同样给付。如果有明显的区域环境利益差异，环境权利主体可以向国家请求司法救济。争议较大的在于原始给付请求权，被普遍接受的观点是，因为环境权利的实现与国家的财政能力密切相关，所以要受到国家给付能力的限制。但是，当环境权利被侵害至不能保障符合人性尊严的最低限度标准时，公民应该有权提起环境诉讼，通过司法救济请求国家采取积极的措施治理环境污染和破坏，改善和保护环境，提供保障达到基本水平的良好适宜生存条件的环境公共物品。

（五）环境权利的客观价值秩序功能

宪法环境权利的"客观价值秩序功能"主要包括：

1. 制度性保障功能

制度性保障功能要求国家必须建立某些法律制度并确保这些制度得到有效实施，保障基本权利得以实现。为了保证宪法环境权的实现，立法机关要建立的制度应包括：预防类法律制度（环境影响评价制度、环境标准制度、环境规划制度等）、污染控制类法律制度（排放许可制度、限期治理制度、环境监测制度、排污税费制度、防治污染转移制度等）、补救与救济类法律制度（突发环境事件应急制度、行政救济制度、民事救济制度等）。

---

① 庄国荣：《西德之基本权理论与基本权的功能》，《宪政时代》第15卷第3期。

② 同上。

③ 参见王锴、李泽东《作为主观权利与客观法的宪法环境权》，《云南行政学院学报》2011年第4期。

　　这些重要的制度性保障要求国家采取积极的措施对宪法环境权利加以保障，但是国家的保护义务要达到何种程度？对此，德国法学界提出了"不足禁止"的标准，即国家不得过度干预人民的自由，国家对于人民自由的保护，也不得低于必要的标准。国家对宪法环境权利的保护义务的标准应定位于"提供符合人性尊严的生存环境"①。因此，不仅要求国家采取积极的保护措施，而且其措施要达到一定的标准，以足够达到保护公民宪法环境权利的目的。

　　2. 组织与程序保障功能

　　组织与程序保障是宪法环境权利的主要功能之一。在现实生活中，"某些组织为国家事实上独占（或至少具有明显的影响力），国家对于人民要如何适用某些组织，得制定相关的程序规定。这些组织的存在对基本权利保障具有重要作用，因此，人民能否公平的使用这些组织、能否通过公平合理的程序使用这些组织，是基本权利能否获得实现的关键"②。国家应建立各类环境保护机构和鼓励各种环境保护社团，为环保机构运作提供人事和资金条件，国家有义务提供环境行政的各项基本程序（如许可程序、环境公众参与程序、环境影响评价程序等），建立高效的环境管理体制，为环境权利提供司法保障程序，规定环境权利受到侵害时如何寻求司法救济。

　　3. 宪法环境权利的第三人效力

　　基本权利的第三人效力，是指"当平等主体之间发生基本权利侵害时，宪法上的基本权利条款被适用于私法关系，对私法关系发生效力"③。根据第三人效力的要求，立法机关应制定和完善私法上的环境权利保护制度，以调整私法领域内的环境权利冲突。在私法环境权利规范不足的情况下，法官应将保护宪法环境权利的精神贯彻于整个环境司法过程中。国家立法是对宪法环境权利在私法领域中的保护与衡量，当私法规制不能满足社会关系的现实需求时，要求由司法机关通过对民法基本原则的解释调整宪法环境权利的冲突。"第三人效力理论"及相关

---

① 王锴、李泽东：《作为主观权利与客观法的宪法环境权》，《云南行政学院学报》2011 年第 4 期。

② 法治斌、董保城：《宪法新论》，元照出版有限公司 2004 年版，第 139 页。

③ 转引自张翔《基本权利的双重性质》，《法学研究》2005 年第 3 期。

国家环境保护义务为立法者根据宪法精神，建构私法上环境权利体系提供了基础理论支持。

第三节 具体环境权利的公、私法属性之辩

一 环境权利①的私权化路径

私法上的环境权理论首先由日本学者提出。我国学者也根据现有法律论述了公民环境权理论。我国学者认为，根据 1986 年《民法通则》第 83 条和 2007 年《物权法》第 90 条可以推导出环境保护相邻权；根据《民法通则》第 98 条可推导出环境人格权；根据《民法通则》第 124 条、1989 年《环境保护法》第 41 条和 2009 年《侵权责任法》第 65 条可以推导出保障公民环境权利的环境侵权制度。"环境损害"随之被化约为经由环境污染造成的人身和财产损害。②

（一）私法上的环境权利的主要内容

1. 环境物权

传统意义上的物权是以财产所有权为核心的民事权利体系，一直以来重视物的占有、收益、处分等功能。在民法社会化的背景下，物权之上被科以社会义务，非纯粹经济的、非单属个体的利益逐渐成为物权保护的范围，环境物权就是在此背景下被提出来的。环境物权不仅注重物的经济功能，也注重生态功能，注重可持续发展性。有学者认为，环境物权具有三个特征：第一，环境物权是一种无体物权或无形物权；第二，作为无体物权，环境物权的标的和表现形态不同于一般物权，它的标的不是实物形态，而是环境容量和自然景观等无体功能和价值；第三，环境物权具有从属性，它在一定程度上依托于环境资源的实物形态。③

2. 环境人格权

随着发展水平的提高以及环境稀缺性的凸显，人们对环境质量的要求

---

① 本节以下所指环境权利即具体环境权利。

② 王小钢：《以环境公共利益为保护目标的环境权利理论》，《法制与社会发展》2011 年第 2 期。

③ 吕忠梅：《论环境物权》，《人大法律评论》2001 年第 1 期。

与日俱增，环境利益成为人民物质及精神追求的目标之一，环境人格权的概念被提出来。有学者认为环境人格权具有精神性、物质相关性、公共性以及预防救济性等特点；包括维护环境人格完整的权利以及排斥他人对人格权侵害的权利；具体包括阳光权、宁静权、清洁空气权、清洁水权、通风权、眺望权以及自然景观权等。①

3. 私法上的环境权利与侵权责任

学者将保障私法上的公民环境权利制度称为环境侵权制度，认为这种侵害行为，与侵犯人身权和财产权的一般民事侵权行为相比，具有社会性、多元性和复杂性，往往比一般的侵权具有更深远而严重的后果，不仅影响确定的个体利益，对不确定的群体利益也会造成伤害；而且环境侵权证据的收集也比较困难，所以对环境侵权应该实行更严格的归责原则。因此，在民事责任上存在根本性差异，这种差异表现为无过失责任的适用，因果关系的推定，责任承担不以损害后果为要件。但是，"由于环境权关系是一种以环境为媒介而产生的社会关系，所以环境侵权行为直接的表现形式是对环境的侵害，而后由于环境的生态作用而导致人的权利侵害"。

（二）私法上的环境权利的意义

通过立法或判例从宪法权利中引申出来的私法上的环境权利具有如下意义。

1. 为环境民事公益诉讼提供权利基础

当环境损害行为没有对公民或公民组织造成直接或间接的人身或财产损害，而仅导致生态损害时，公民或公民组织可以基于私法上的环境权利提起公益诉讼。例如，在未明确环境权利的情况下，向大气排放污染物（既包括有毒物质也包括无毒物质），并不直接导致某个民事主体的人身或财产遭受损害，而仅仅导致生态系统或要素的损害，则侵权责任法无法适用，即使该行为造成民事主体的人身、财产损害，侵权责任法也只能填补该人身或财产损害本身，而不能填补大气本身的损害；但如果确认私法上的环境权利，则公民可以以自己或相关组织名义直接提起环境民事公益诉讼，请求对环境权利损害的司法救济。

---

① 吕忠梅：《沟通与协调之途——论公民环境权的民法保护》，中国人民大学出版社 2005 年版，第 245—258 页。

2. 强化预防性责任，为预防和减少"对环境本身的损害"提供权利支持

民法为保护人身权和财产权设置了停止侵害、排除妨碍和消除危险三种侵害排除方式，都旨在预防和救济对人身权和财产权的侵害，而根据环境权利设置的排除危害方式更能直接预防和减少"对环境本身的损害"。

3. 为生态利益价值化提供法律支撑

环境利益具有二元性，包括财产利益和生态利益。生态利益独立于财产利益，以可持续发展为目标，具有间接性、公共性、外部性、潜在性、普惠性、共享性等特质，长期以来，人们在享有环境的经济价值的同时也享用生态价值，并通过大量的立法特别是私法明确人们对经济价值的利益，却忽视了环境的生态利益，从顶层设计层面加剧了生态破坏。确认私法上的环境权利，为生态利益的价值化提供了法律基础。

（三）私法上的环境权利制度的缺陷

私法上的环境权利的提出使得环境权利在私法领域获得了一定的保护。但是，私法上的环境权利建构存在严重缺陷，使得环境权利无法通过私法制度获得充分保障。学者们试图在民法体系内实现对环境权利的确认、保护和救济的努力成果收效甚微。例如日本，作为最早提出环境权私权化的国家在司法实践中否定环境权的事例屡屡发生。日本福田地方法院在关于"丰前环境权诉讼"的判决中指出，由于环境权概念本身就是不明确的，要承认此种权利具有法的权利性是不可能的；另外，否定环境权的概念及根据的案例还有关于大阪机场噪音案的判决、关于伊达火力事件的札幌地方法院决定，在这些判例中都将侵犯环境权的行为视为侵犯人格权。① 私法上的环境权利制度的缺陷主要表现为：

1. 环境权利的公共性与私法权利的个人本位的矛盾

环境权利是在环境危机愈演愈烈的背景下提出的，因为环境的公共物品属性，环境权利指向的生态利益具有明显的公共性。基于这样的客观现实：环境是一个互相关联的有机整体，无法分割，无法成为个人权利的指向对象。因此，"环境权只能是人类整体的权利"②。而现行私法理论和制度体系，仍将环境权利看做基于个体经济利益出发的对于环境资源利用的权利，旨在维护个体环境利益，而非生态公益；在权利救济方式上，通常

---

① 杜钢建：《日本的环境权理论与制度》，《中国法学》1994年第6期。

② 徐祥民：《对"公民环境权"的几点疑问》，《中国法学》2004年第2期。

是事后救济，与环境问题的不可逆转性大相径庭；尤其是环境侵权的救济对象归根结底还是公民的人身权和财产权，而非环境破坏本身。而环境权利在性质和权利设计的目的上已经不同于私法权利。① 环境权利已突破私人利益维护的私法本位，以实现人类社会的可持续发展为根本宗旨，是通过个人权利体现的公共权利。环境权的私权化路径无法充分保护环境权利和实现受损环境权利的救济的根源正在于环境权利的公共性与私法权利的个人本位的矛盾。

2. 环境权利和环境义务的不对称性与私法权利和义务的对应性的矛盾

环境权利对应的义务的承担者是国家和其他相对人，其中国家是环境义务的主要承担者，而其他相对人则以企业为主，环境权利人和对应的义务人不是同一主体。因此，多数情况下，环境权利人不是环境义务人，而反过来，"某一主体的环境义务并不必然对应着另一主体的环境权"②。而私法上的权利和义务一般具有对应性，一方的权利对应另一方的义务，反之亦然。但在公法领域，一方的义务并不必然对应另一方的权利，《野生动物保护法》规定了保护珍稀濒危动物的义务，义务的主体首先是国家，然后是公民，但是国家和公民的义务并不对应动物的权利，动物并无法律关系主体资格，同时国家和公民的保护珍稀濒危动物的义务也不对应特定公民的权利。因此，环境权利和环境义务在很多情况下是不对称的，而体现为一种"鲜明的间接性和非对应性……譬如环境权人无权直接要求污染企业履行达标排放等环境义务，而必须依靠国家依职权或应申请的履责行为（如履行环境影响评价的审查职责）才能保障其环境权益"③。

3. 环境权利保障的公共性与私法上侵权救济方式的矛盾

对环境权利的保障是在这一过程中实现的：生态利益受损—不特定多数人的环境权利受损—以个人或社团名义请求权利救济—预防和约束公权力滥用。对环境权利的侵害往往来自公共权力的不作为、社会组织及团体的破坏环境的行为。私法上的环境权利只能对抗私权利，而不能充分有效

---

① 参见刘超《反思与超越：环境侵权救济的内在机制诉求辨析》，《中国地质大学学报》（社会科学版）2010 年第 2 期。

② 杨朝霞：《论环境权研究的困境与出路——兼谈中国环境法学向何处去》，《研究生法学》2009 年第 3 期。

③ 同上。

地对抗公权力，无法对环境权利进行有效的保障，私法上的环境权利其实现方式仅仅是在禁止权利滥用原则的基础上，防范和对抗其他私权利。因此，必须以约束公权力为基础来保护环境权利。侵权法的补偿功能旨在于使被侵害的权利得以补救或恢复。通过私法救济模式只能对民事主体因环境侵害导致的人身或财产所遭受的损害提供救济，不能直接填补生态损害。即人类对生态环境本身所造成的不利后果只有涉及某个民事主体的人身或者财产，形成传统损害，才能通过私法救济，而且这种损害救济直接针对的是受到损害的民事主体，而不是遭到破坏的生态环境。进一步说，通过私益的救济可能间接达到救济环境公益的目的，但私益救济最终是私法主体获得填补，生态公益的损害难以得到直接填补。而环境权利的实现"往往需要创设有效的参与到国家环境行政管理活动中去的程序"[1]。显然，环境侵权救济手段的局限和保护内容的不全面，无法满足环境权利保障这一需要。

二　公法上的环境权利

（一）环境权利私权化路径的公法视角批判

私法上的环境权利存在严重缺陷，无法充分实现环境权利的保护和受损环境权利的救济，因此，学者提出了环境权利的公权属性的观点，对环境权利的私权化路径的典型批评来自公益权论者和人类权论者。

公益权论者认为，"环境权是一种公益权而非私益权"[2]，"环境法学的核心范畴应为公众环境利益，其在本质上是一种法益而非权利"[3]。私权性环境权利不能匹配整体环境，互相关联的整体环境无法成为个体权利的客体；私法性环境权以赋予个体权利来解决环境危机的思路不适合环境保护这一公益领域；私权性环境权不能从整体上解决环境危机，实现人与自然的和谐；私权性环境权利无法实现与环境知情、信息公开、环境许可、环境规划、环境评价、公益诉讼等明显具有公法色彩的制度的衔接；

---

① ［法］亚历山大·基斯：《国际环境法》，张若思编译，法律出版社 2000 年版，第 20 页。
② 朱谦：《对公民环境权私权化的思考》，《中国环境管理》2001 年第 4 期。
③ 巩固：《私权还是公益？环境法学核心范畴探析》，《浙江工商大学学报》2009 年第 6 期。

私法框架下的环境侵权救济只是扩大了侵权救济范围。人类权论者认为，环境权利和环境义务是不对称的，环境权利指向的环境是整体的、不可分割的，而环境义务指向的环境则是局部的、可分割的。因此，环境权利的主体只能是人类，公民没有私法上的环境权利，公民只能被动接受环境行政所带来的"反射性利益"。[①]

（二）公法上的环境权利

1. 公权利与私权利理论

人们把法划分为公法和私法，以此相应，又把权利分为公权利和私权利。公权利与私权利的划分有利于人们认清权利在不同法域的性质。公权利由公法规定，是一种对抗国家，制约公权力的权利；而私权利由私法所规定，是一种对抗其他私人主体的权利。"公权反映的是公民与国家之间的关系，例如公民的政治参与权、言论自由权等从性质上看是公权，这些权利实质上是对抗国家的。私权反映的是市民与市民之间的关系，例如各种民事权利都是私权，是用来对抗其他私法上的主体的。"[②]

2. 环境公益与公法上的环境权利

环境公益指"环境基于其生态服务功能而提供可满足人类多种需求的自然资源和生态产品所承载的公共性利益"[③]。环境公益是人们对环境"本身"的利益（interest to environment），不是与环境相关的"人身"和"财产"利益；环境公益具有公共性，为社会成员共同享有，具有较为典型的非排他性和非竞争性等特征。而环境权利私权化机制却没有预设对环境公益的保护和救济机制。而根据公益权论者和人类权论者的观点，政府是环境公益的唯一代表，只能依赖政府来维护环境公益，因此，环境公益只是公民享有的环境行政的"反射利益"。或者说，对环境公益的维护，仅是国家的客观义务，而不是公民的主观权利。虽然并不是所有的环境公益都可以制度化为环境权利，但是，如果主体的利益非常重要，以至于构成了给其他主体施加义务的充分理由时，可以认为这个主体拥有这项权

---

① 参见巩固《私权还是公益？环境法学核心范畴探析》，《浙江工商大学学报》2009年第6期。

② 张姝：《关于私权的几个问题》，载张文显主编《法学理论前沿论坛》第2卷，科学出版社2003年版，第686页。

③ 杨朝霞：《论环境公益诉讼的权利基础和起诉顺位——兼谈自然资源物权和环境权的理论要点》，《法学论坛》2013年第3期。

利。因此，"只有那些对于维持人性尊严和基本生活品质所必需的适宜环境才有可能制度化为环境权利的客体"①。如果适宜环境对于主体极其重要，以至于构成给国家和其他主体施加法律义务的充分理由时，那么相关主体就获得了环境权利。对其他私权主体施加的不得污染和破坏环境的法律义务对应的是私法上的环境权利，对国家施加的保护和改善环境、预防和治理环境污染与生态破坏的法律义务对应的是公法上的环境权利。

环境公益由社会主体共同创造并由全体自然人成员共同享用。目前，普遍将环境公益等同于政府利益，坚持"政府是环境公共利益的唯一代表"。但是，现实生活中的政府利益和环境公益之间经常发生各种冲突，特别是地方政府存在严重的侵犯环境权益的行为。如果继续秉持"政府是环境公共利益的唯一代表"的观点，那么我们当前以环境行政权力为本位的环境法律制度很难实现保护和改善环境的目标。相较个体利益，环境公益的表达和主张经常是一个难题，公民在法律上享有表达和主张环境公益的权利显得尤其重要。环境或其要素经常遭受公权力的损害，这种损害既可能来自环境行政权力的不行使、怠于行使或不当行使而间接遭受政府的损害，也可能来自政府大型工程的污染和破坏，因此公法上的环境权利的行使，既需要政府的消极克制，也需要政府的积极给付。在当前的中国，公民依然习惯于被动享受行政权力带来的"反射性利益"，但是，这并不意味着法律可以忽视公民的环境公共利益的正当诉求。我们应当将这种正当的利益诉求法律化为公法上的环境权利。"既当（1）公民可能因或多或少地遭受某种对环境本身的损害而站出来表达和主张对于他来说非常重要的环境公共利益，并且（2）致成这种对环境的损害的原因涉及国家权力的滥用、不行使或怠于行使时，公法就可能确认环境权利。"②

3. 确认公法上的环境权利的意义

公民享有的公法上的环境权利具有重要意义：一方面，生态公益的保护和促进离不开国家的资金给付；另一方面，企业环境义务的履行也与国家环境行政主管部门的监督密切相关，公民有权请求国家环境行政主管部门履行其监督企业履行环境保护义务的职责，若国家环境行政主管部门怠

---

① 王小钢：《以环境公共利益为保护目标的环境权利理论》，《法制与社会发展》2011年第2期。

② 同上。

于行使其监督职责，公民可通过行政不作为之诉来实现自己的权利。

4. 确认公法上的环境权利的标准

公法上的环境权利也称环境公权利，公即公共性，在当代社会"过度私人化"和经济化的背景下，环境权利的公共性呼声日甚，但在现实中环境权利的公法化却未获得普遍的支持，因此，有学者敏锐地将这种公共性与环境决策参与权、环境知情权、环境公益诉权等权利规范联系起来，将环境权利定性为公益权，但遗憾的是，其仅将环境权定性为公益权，并且这种公益权仅仅是程序上的权利，而非实体权利，而且相较国家环境行政权而言处于从属地位。①

某一权利并非专属公法或私法之单一属性不可。权利可以有双重性质，既可为私法权利，也可为公法权利，当其为私法权利时可以对抗私人，当其为公法权利时可以对抗国家，兼具公、私属性的权利既可以对抗私人也可以对抗国家。② 而事实上，环境权利既受私法规范调整又受公法规范调整，既可以对抗私人，如要求企业对污染环境行为承担侵权责任，又可以对抗国家，如要求国家积极行使环境义务，增加环境公益给付。

在私权公法化和公权私法化的背景下，大量权利同时受到公法和私法的调整，同时对抗国家和私人。如根据环境权利，既可以要求企业不得超标排污，也可以要求国家修改污染物排放标准和治理受到污染的环境。如果超越具体法律关系对环境权利定性，几乎立刻可以得出结论，即环境权利兼具公法和私法属性，如此，则对环境权利的公、私法属性的划分已然失去意义。因此，需寻求划分环境权利的公、私法属性的恰当方法。

美国法学家 W. N. Hohfeld 在其著作《一些应用于司法推理的基本法律概念》中，提出权利是一个关联性概念，是主体与客体之间的一种关联，应该在特定的"权利—义务"关系里理解和叙述权利。③ 因此，环境权利既受公法规范调整，也受私法规范调整，既可以对抗国家也可以对抗以企业为代表的私人，同时兼具公法和私法属性，但是，在一个具体的"权利—义务"关系里，其对应的主体或者是国家，或者是私人，因此，

---

① 参见朱谦《论环境权的法律属性》，《中国法学》2001 年第 3 期。

② 参见［日］美浓部达吉《公法与私法》，黄冯明译，中国政法大学出版社 2003 年版，第 158—162 页。

③ 转引自曹可亮《走出水资源使用权性质研究的理论误区》，第五届全国部门法哲学研讨会"环境法哲学理论与实践：生态文明与环境司法"论文，浙江温州，2013 年 11 月，第 711 页。

某一具体法律关系或者受公法规范调整，或者受私法规范调整。当环境权利受到公法调整时，是公法权利；当其受私法调整时，是私法权利。而公法上的环境权利与私法上的环境权利在责任承担机制、责任承担主体、责任内容等方面具有明显区别。环境法是横跨私法和公法两大法域的新型部门法，故对作为环境法核心范畴的环境权研究只有打通所有部门法，融会贯通并运用各部门法的知识和理论来解析和建构环境权，方能建立系统的环境权理论。①

本章小结

根据切实可行性标准、普遍性标准、至关重要性标准进行分析，论证了环境权具有人权属性。环境权是共享性公益权利，是积极权利，是以接受权为主导的权利，因此，环境权是公民的社会权之一。环境权的利益基础是生态利益。

环境权利是规定或隐含在法律规范中的自然人享用适宜的生态功能的概括性权利。环境权利与环境权的区别是：环境权是人享用一定品质的生态功能的天赋权利；而环境权利则是规定或隐含在法律规范中的环境权，是法律权利。环境权利既可以表现为宪法权利也可以表现为具体权利。

在宪法环境权利与具体环境权利之间划出一条绝对清晰的界限有时是困难的。宪法环境权利对应的是国家环境义务，具体环境权利既对应国家环境义务，又对应个人环境义务。宪法环境权利的主体是整体性的人，具体环境权利是个体化的个人或部分个人的集合体。宪法环境权利是母权利，具体环境权利是宪法环境权利派生的子权利。

宪法环境权利具备主观权利和客观法的双重性质。主观权利属性意味着个人可以直接依据宪法上的环境权利条款要求公权力主体为或者不为一定的行为，同时，个人得请求司法机关介入以实现自己的环境诉求。客观法属性则要求国家应当为环境权利的实现提供实质性的前提条件。宪法环境权利具有"权能复合结构"，其主要权能是受益权功能，"受益权功能"与环境权利的可诉性紧密相连，同时亦具有防御权功能和客观价值秩序

---

①　杨朝霞：《论环境权研究的困境与出路——兼谈中国环境法学向何处去》，《研究生法学》2009 年第 3 期。

功能。

　　具体环境权利具有公法和私法的双重性质。私法上的环境权利的提出使得环境权利在私法领域获得一定的保护。但是，私法上的环境权利建构存在严重缺陷，使得环境权利无法通过私法制度获得充分保障。公民享有公法上的环境权利具有重要意义。

第三章　环境权利实现及其可诉实践

第一节　环境权利实现

一　权利实现的一般理论

"权利的实现，从严格意义上讲就是利益的实现、自由的体现和对权力的限制。"① 人的需要及表达需要的利益是权利的动力之源，意味着权利的实现归根结底是人的利益的实现。权利与权力始终存在张力，要实现权利与权力的均衡，只有通过权利的实现才能达到对权力的有效制约，从而使权利的范围进一步扩大。从终极意义上讲，权利的实现是人类自由的表现，是人的尊严与价值的体现。"权利永远不能超出社会的经济结构以及由经济结构所制约的社会文化发展。"② 因此，权利的实现是一项复杂的社会系统工程，涉及国家和社会生活的方方面面，权利的实现实际上是各种因素交互作用的结果。根据李步云的观点，人权的形态有三种，应有权利、法定权利和实有权利，"从应有权利转化为法定权利，再从法定权利转化为实有权利，这是人权在社会生活中得到实现的基本形式"③。应有权利就是按照人性、人道、人权，作为人应该拥有的权利。法定权利是按照法律规定，公民拥有的权利。实有权利是公民在现实中拥有的权利。应有权利在最上层，范围最广、内容最多，起到引导、帮助法定权利完善和发展的作用；法定权利居于中间，它将绝大多数应有权利法制化，但其

---

① 廖哲滔：《论权利的实现》，《河北法学》2009 年第 3 期。
② 《马克思恩格斯选集》第 3 卷，人民出版社 1995 年版，第 12 页。
③ 李步云：《论人权的三种存在形态》，载中国社会科学院法学研究所编《当代人权》，中国社会科学出版社 1992 年版。

范围要小于、内容要少于应有权利。法定权利是应有权利的法律化，即一个国家的宪法、法律和法规等将人们应当享有的权利用法律的形式规定下来，赋予它们以法律保护和实现的权威性、强制性和规范性，因此可以说，法定权利也属于法律化了的"应有权利"，将应有权利转化为法定权利，载体是法律和法规。实有权利居于底层，虽然其数量要少于前两个层次的权利，但对于具体的人权主体而言，它却是实实在在地实现了的权利。权利的实现也经历了从应有权利到法定权利、从法定权利到实有权利的过程。从应然权利到法定权利的发展普遍经历漫长的历史进程，以美国宪法为例，美国宪法最初没有公民基本权利的明文规定，后来随着美国宪法的不断修正，应有权利才以公民基本权利的形式写入宪法，发展为公民的法定权利。法定权利的要义是在社会现实中得到体现和落实，而非仅仅留于书面。现实主义法律运动的拥趸者几乎一致接受现实权利是法定权利的归宿的观点。

二　环境权利立法

环境权是人与生俱来的天赋人权，是应有权利，近年来，一些国家以不同方式进行了环境权法律化的实践。各国环境权法律化的具体模式不尽相同，有的国家在宪法层面确认了环境权，有的国家仅仅在法律中予以确认，也有些国家不仅在宪法中确认了环境权，还在法律中予以具体化。环境权的法律化，即环境权从应有权利向法定权利的转化过程中面临理论和现实的双重困境。

（一）环境权利立法的理论困境

一项法定权利的成立需具备以下必要的条件：第一，权利主体明确；第二，权利内容具体；第三，权利主体能够自主支配权利指向的利益对象。而环境权利先天具有明显不足，即权利主体范围的不确定性、权利内容的模糊性、权利客体的不可控性。这使环境权利法定化先天面临巨大的困难。反对环境权利法定化的理由如下：

1. 环境权主体的范围的不确定性

关于环境权的主体，大体上有"国家、法人和公民说""公民单一主体说""后代人说""自然体权利说"等，以"国家、法人和公民说"为典型，国家、法人和公民三类主体所享的权利不仅性质和内容不统一，而且彼此之间互相矛盾。"后代人说"是基于代际间环境利益平衡的理念提出的，但是在当代的横向环境利益平衡尚未实现的情况下，奢谈代际间利益平衡太过理想，缺乏现实可能性，同时，在无法预测未来人类的价值偏好的情况下，后代人的环境权无法进行实际操作。而对于自然体，人类可以通过立法对其加以保护，但是其只能成为人类权利指向的对象，而不能成为权利的主体，法律的权利只能是人的权利。至于国际法文献中所宣示的人类环境权等，似乎更接近一种道德宣示和社会理想，而无法落实到各国现实的法律制度中，"国内法文献中往往只是在宪法或者环境基本法中宣示了一种大而无当、主体含混的环境权，例如妇女的环境权、人民的环境权、人类、物和植物的环境权、儿童的环境权、土著民族的环境权等，而在事实上却又通过繁多的义务条款给公民科以各种更为繁重的环境义务"①。

　　2. 环境权内容的模糊性

　　环境权的内容表述为自然人享用适宜的生态功能的权利。何为适宜与社会发展程度和个人感觉及承受能力紧密关联，能够享有怎样的环境以及多大程度上有这种权利很难精确得知，还有学者认为，环境权至少应该包括环境使用权、知情权、参与权和请求权，② 这使得环境权的内容更加模糊，使得环境权利的各项权能之间互相冲突。因此，"关于环境内容的论述，哪一种解释都不能自圆其说，至少存在一定程度的牵强附会。而且，环境权内容包罗万象的结果是丢失自我，给人们带来更多的困惑和不解，最终会使环境权逐渐泛化、淡化甚至消亡"③。

　　3. 环境权客体的不可控性

　　环境权内容的不确定性导致环境权客体的不确定性。我国学者对环境权客体的认识可分为三种：一是一元论，认为环境权的客体是指环境要素；二是多元论，认为环境权利的客体包括环境要素、防治对象和行为或者还有其他客体、其他权益等;④ 三是品质说或功能说，认为环境权的客

---

① 周训芳：《环境权立法的困境与出路》，《时代法学》2004 年第 2 期。

② 参见吕忠梅《环境法新视野》，中国政法大学出版社 2000 年版，第 125 页。

③ 范战平：《论环境权的不确定性》，《郑州大学学报》（哲学社会科学版）2006 年第 3 期。

④ 参见徐祥民、田其云《环境权——环境法学的基本研究》，北京大学出版社 2004 年版，第 50 页。

体是一定的环境品质①或环境生态②功能。对于权利主体而言，权利客体应该是主体的"需求之物"，对主体具有有用性，是主体能够全部或部分控制或支配的，应该独立于主体之外的特定之物和法律之物。无论是一元论还是多元论，都认为环境要素是环境权的客体，而品质说或功能说则是以环境要素为品质或功能的物质基础，但是，环境要素的特性决定了权利主体不能对其进行控制和占有，每个自然人都可以享用作为公共物品的环境要素，但任何人都无法对其占有或控制，当然更无法处分环境要素，面对只能享用，而不能占有、控制和处分的客体，很难保证权利主体能够按照自己的意志来支配权利的各项权能。

（二）环境权利立法的现实困境

1. 环境权宪法化举步维艰

考察各国环境权法定化的实践，发现环境权利的法定化大多从环境权入宪开始，根据现代宪政理论，只有首先在宪法上确立环境权的基本权利地位，才能使其在普通法律中具体化，当然，如果环境权仅列入宪法但未能取得基本权利地位，也不会影响其成为普通权利。虽然如前文所述，一些国家的宪法确认了环境权利的宪法地位，但不能充分表明这些国家的环境权利已经法定化，公民能否依据宪法环境权利规范主张具体权利仍是充满疑问的问题。③

美国联邦宪法制定之初并无环境保护和环境权利的规定，其26个宪法修正案中也未对环境权利作出规定。20世纪70年代，有人希望通过判例中的司法解释从宪法中推导出环境权利，但这一努力没有取得预期效果。在1973年的海基登诉联合碳化公司案中，原告诉求法院认定被告的污染行为侵害了他们依据宪法享有的环境权利，但联邦法院没有支持这一请求。④ 美国立法和司法对环境权利持否定态度的原因有三：第一，无法对"健康的环境"准确定义；第二，美国的政治现实没有要求宪法必须确认环境权利；第三，法院没有能力对环境权利进行充分的司法救济。⑤

---

① 参见王蓉《论环境权主体和客体》，《中国政法大学学报》2009年第3期。
② 参见邹雄《论环境权的概念》，《现代法学》2008年第3期。
③ 参见李修棋《环境权制度化的困境及出路》，硕士学位论文，中国政法大学，2003年，第6页。
④ 参见王曦《美国环境法概论》，武汉大学出版社1992年版，第104页。
⑤ 同上书，第160—161页。

日本宪法没有关于环境保护和环境权利的规定。学者一直试图通过对宪法第 25 条生存权的扩大解释作为环境权利法律化的依据。日本宪法第 25 条规定：全体国民都享有健康和文化的最低限度的生活权利。国家必须在生活的一切方面为提高和增进社会福利、社会保障以及公共卫生而努力。但在诉讼中，法院一直否认环境权利的法律效力，如伊达火力诉讼案中，法院的判决指出，环境虽然是一定区域的自然性社会状态，但其要素本身是不确定并且流动的，法官对其是否能够成为私权对象所应该具备的明确固定的内容及范围存在重大疑问。① 因此，日本宪法未确立环境权的宪法环境权利地位，即使通过法院对宪法第 25 条生存权的规定作扩大解释，亦不能实现环境权利的法定化。

现实中，环境权宪法化的最大特点是明确地用宪法性权利来保证"健康""安全""生态平衡"或"环境的可持续发展"。但是，即使在确认环境权利是宪法权利或普通法律权利的国家，环境权利仅得到很低的政治优先性，而且由于法院的免于处罚而受到了系统性的侵犯。1988 年的巴西宪法赋予原住民土地权，但巴西的环境现状并未有较大改善，例如，巴西亚马孙流域的夏万特印第安人的土地权受到了非法伐木和放牧的侵害，然而，却未能通过政治或司法途径得到任何补偿。在马来西亚的沙捞越，原住民的土地权得到法律的承认。然而，一份环境报告却表明，这些土地及资源的权利遭到了伐木业系统的忽视。在匈牙利，宪法赋予了人民健康环境的权利，所有的居民都依照这种法定权利去保护环境，然而没有任何一项权利得到实施。在墨西哥，法典规定了严格的环境法律，但是几乎从未被用作抵制地方性违反行为。作为在宪法中确认了环境免受污染的权利的国家，厄瓜多尔在法律中规定了详细的环境权标准，但事实上，厄瓜多尔某些地区所面临的环境恶化程度是灾难性的，并且通过法律获取救济的机会实际上等同于不存在。

2. 环境权利立法的现实障碍

英国学者简·汉考克指出：环境人权所研究的环境权包括使环境免受有毒污染的权利和享有自然资源的权利。他认为，国际人权法律虽然旨在保护弱势与边缘群体免受强权政治的剥削和伤害，但其执行却倾向于无情地体现社会中强权者的利益，因此，法律规定走向了反面，人们对环境人

---

① 参见［日］原田尚彦《环境法》，于敏译，法律出版社 1999 年版，第 34 页。

权的主张无法实现。① 汉考克通过对主张环境保护与人权的 NGO 所发起的运动进行分析，论述了环境人权在法律上得到确认的趋势，并指出在法律上确认环境人权仅仅是实现环境人权的必要而非充分条件。② 现实生活中，环境权利法定化面临严重障碍。其主要原因包括：

（1）国家权力成为侵害环境权的重要原因

宪法权利的本质就是人权。宪法权利与人权只是在形式和范围上有所不同。人权先于国家和宪法而存在，宪法的性质决定了其解决的主要问题是每个人的权利怎样不被国家侵犯，而不是每个人的权利怎样不被其他个人侵犯（这是普通法律的任务），它的主要目的是对个体权利的保护而不是限制。而事实上，在一些国家，国家权力成为保障自然资源的集体自决权与所有权的障碍。例如，1990 年，厄瓜多尔的华拉尼原住民的公共所有权得到确认，取得了 612560 公顷的土地所有权。但根据宪法和碳氢资源法，位于厄瓜多尔境内的碳氢化合物资源为国家财产。即使原住民表示反对，当政府准许了石油开采权时，他们也无法阻止，更遑论得到石油开采的矿区使用费了。承认国家有控制环境的特权对于本土居民具有某种严重的意义。在很多国家，只有否认世代居住并维护着这片土地的原住民的权利，自然资源开发才能得到准入。由于自然资源对于政府而言至关重要，为了剥夺原住民的权利，政府会制定完整的部门法，用合法的形式征收公共资源。因此，国家权力成为承认和实现环境权的障碍。

（2）法律自身的结构性限制

因为法律本身不能改变社会规则，期望通过立法来减少人权侵犯是不现实的。法律只能编撰和规范已存在的公共道德，而非界定或改变某种道德。法律制度的目的和能力是针对违反已转化为法律的社会习俗的个人。法律反映了而非改革了权力关系，编纂了而非创造了社会实践，法律不能独立于政治与文化背景。司法体制是国家权力的重要组成部分，而权力是严重倾斜的，掌握权力的人会利用国家来维护他们的权力。在很多国家，经济权力尤其对政府政策产生影响，企业利益的影响扩大到了司法，权力政治决定了国家立法、执法、司法都反应、表达、支持掌权者的利益。

---

① 参见［英］简·汉考克《环境人权：权力、伦理和法律》，李隼译，重庆出版集团、重庆出版社 2007 年版，第 1—2 页。

② 同上书，第 14—15 页。

（3）其他权利对环境权的消解

环境权表达人的生态利益追求，但社会利益需求是多元的，多元主体之间的多元利益处于经常性的冲突与矛盾中，其中生态利益和经济利益的冲突涉及经济布局、产业结构、行政体制、消费方式、能源结构等众多异常复杂的领域，这种冲突与矛盾在法律上体现为环境权利与各种传统权利的不可避免的冲突与矛盾，如环境权与财产权、自然资源利用权、企业自主经营权的冲突等，各国普遍倾向于在传统权利框架下解决这种权利冲突，使得其他权利不断地消解环境权利，如人格权、财产权、生存权等对环境权的消解。这些传统权利虽然包括环境权的部分内容，但不能从根本上立足环境权和环境及其组成要素的本质特征，如环境的公共性和不可分割性导致环境权不像传统的财产权具有清晰的权利边界，而诸如物权的社会化、对财产权科以生态义务等方法不能从根本上解决环境公益的损害。

（三）环境权利立法的路径

1. 环境权入宪

（1）环境权入宪的意义与价值的再认识

一方面，环境权入宪具有价值合理性。宪法规定的是一个国家最根本最重要的问题，环境问题已经成为一国之内最根本最重要的问题之一，符合宪法内容根本性的特点。环境权利的法定化对于环境问题的解决起着至关重要的作用，环境权是生存权、发展权、生命权等基本人权赖以存在的前提和基础，作为人权基础的环境权利不能进入宪法以及获得基本权利的地位，其他人权保障很可能沦为镜花水月。

另一方面，环境权入宪具有现实必要性。宪法是国家的根本大法，是一国法律体系的诸法之母，是部门立法的依据。因此，"只有将环境权作为公民基本权利在宪法中加以明文规定，才能为相关环境法制提供立法支撑和依据，同时为民法、行政法等部门立法'涉足'环境权相关制度提供支撑"[1]。

（2）环境权入宪基本思路

从规范类型意义上划分，环境权入宪主要有这些方式：直接规定公民有获得良好环境的权利，如波兰、巴西、智利、萨尔瓦多等均在宪法中明文确认环境权利；规定国家或政府的环境保护义务，一些国家从规定环境

---

[1]　张一粟：《论我国环境权入宪的基本架构》，《法学论坛》2008年第4期。

保护义务的角度规定对公民环境权利的保护，如斯洛文尼亚等；从生命权、人格权或生存权中推导出环境权，如印度等。

法的要素包括规则、原则、概念，以宪法规范要素为标准，环境权利在宪法中的规范方式主要有以下两种：在基本原则或基本国策部分表述为纲领性的权利和以规则方式规定在"公民基本权利"的部分。以纲领性权利方式入宪的环境权利的可诉性是存疑的，很多人认为不能依据纲领性的环境权利请求法院的司法救济。以规则方式入宪的环境权利，在宪法权利可诉的国家，可以作为司法裁判的法律依据。

从规范类型上，直接规定公民有获得良好环境的权利，比间接方式和推导方式更能实现对环境权利的保护，体现环境权入宪的人权保障意义。基本权利具有主观权利和客观法的双重性质，为了有效地实现环境权利，将环境权利以宪法规则的方式规定在基本权利部分是行之有效的办法，如果一项权利被视为纲领或宣言，而不是公民对国家的直接主张，政府就有可能借助立法行为来限制权利。纲领性或宣言性权利与基本权利相比，二者的宪法地位有明显差异，国家对此给予的保障措施和手段也不相同。基本权利对国家权力有直接约束力，依据基本权利，公民可以要求国家履行相应的环境义务，总纲中的条文则不具备这一效力。在宪法司法化的国家，应明确环境权利的可诉性，只有明确可诉性，权利人才能直接要求法院提供司法救济。

2. 环境权利的具体化

宪法中规定的是作为基本权利的环境权利，是概括性环境权利，具体环境权利应根据不同情况规定在不同的普通法律中。

（1）环境权利基本法系统规定环境权利的具体内容

有学者认为应该在民法中设置环境权利，还有人主张通过侵权法实现对环境权的保障。但是，第一，民法的目的是保护公民和法人的财产权与人身权，保护环境权利非其宗旨，况且事实已经证明民法对保护环境权利来说是强弩之末；第二，环境权利兼具公权和私权属性，民法对公法上的环境权利的保障和救济实在鞭长莫及。因此，设置具体环境权利首先是环境法的任务，环境基本法应对环境权利给予全面的概括性规定，应明确权利主体、客体、内容。环境基本法不能实现对环境权利的完整保障和救济，在基本法对环境权利做整体性规定的前提下，私法性环境权利和公法性环境权利分别由不同的法律来规定。

（2）民法对私权性环境权利的确认

私法上环境权利是与人身权和财产权并列的私主体的独立权利。传统民法对环境的权利配置提供的是以物权为核心的单一经济价值的追求，而环境权利的私法设置，一方面是因其人权属性产生的自然需求；另一方面，这一设置反映了人类对环境的生态功能的追求。因此，将环境权利纳入民法体系可以平衡因环境的多重价值而产生的多元利益冲突，通过权利的重新配置，解决当前在因环境利用中产生的各种冲突与矛盾。

（3）公法上的环境权利的确认

民法无法充分保障环境权利，其主要原因是民法以私人利益为本位，并且侧重财产利益的保护。而公法规范有两个重要特征，一为维护公共利益；二为限制公权力。因此，民法无法完成的任务，正适合公法迎难而上。"只要环境公共利益本身可以特定化为公民的重要利益诉求和政府的法律义务——即当（1）公民可能因或多或少地遭受某种'对环境本身的损害'而站出来表达和主张对于他来说非常重要的环境公共利益，并且（2）致成这种'对环境本身的损害'的原因涉及国家权力的滥用、不行使和怠于行使时，公法就可能确认环境权利。"① 公法上的环境权利的设置应主要通过环境基本法和环境单行法及行政法来完成，在法律中明确公法上的环境权利的前提下，规定国家的环境义务。

三　环境权利救济

从法定权利到现实权利的转化通常表现在权利的救济机制上，只有建立完善的权利救济机制才可能真正实现法定权利。

（一）私法上的环境权利救济

1. 私法上的环境权利间接救济方式

在私法体系内通过生命权、财产权对受损环境进行救济，其前提是损害行为侵害相关主体的生命权、健康权或财产权，而且这种救济直接针对的是受到损害的私法主体，而不是遭到破坏的生态环境，这意味着

---

① 王小钢：《以环境公共利益为保护目标的环境权利理论》，《法制与社会发展》2011年第2期。

援引私法权利不能直接救济生态功能损害。能否将环境权利指向的生态功能视为私法上的客体？环境具有公共物品属性，不能为人力所占有和支配，因而不能成为私权客体。但是，空气、水等环境要素一经特定化，就会由自然状态转化为资产状态，成为私权客体，因此，环境组成要素具有生态和资产双重属性，"传统损害与生态损害之间既不是直接模式中的包含关系，也不完全是媒介关系，而是部分重叠关系"①。所以，援引生命权和财产权对生态功能损害给予间接救济存在一定的合理性和现实性，能够在现有的法学理论和法律框架内解决部分问题。但间接模式的适用前提是生态功能损害同时构成传统损害，并非所有的生态功能损害同时侵害生命权或财产权，如果环境侵害行为仅仅导致了环境自身损害，仅降低了环境的生态功能，未导致传统环境侵权损害，则私法救济方式根本不能适用，通过救济生命权或财产权达到救济环境损害的间接模式就没有用武之地。即使环境损害行为以生态环境为媒介，间接导致生命权或财产权损害，间接救济亦无法发挥作用。在这种情况下，生态功能损害与受害人遭受侵害的生命权或财产权所指向的对象并不具有同一性，私法虽然能够适用，但它只能救济生命权或财产权，而不能救济生态功能损害。

　　一方面，间接方式通过填补环境要素所有人的损害来救济生态功能损害，使得在私法框架内，能够有限度地解决环境损害的私法救济；另一方面，间接方式的适用，要求环境损害需同时构成传统损害，但是，并不是所有的生态系统功能都具有资产属性，都能够成为所有权的客体，所以，并不是所有的环境损害都构成环境侵权，在这种情况下，私法不能实现对生态功能损害的救济。即使环境侵害行为以环境为媒介，间接导致人身权、财产权损害，私法同样不能实现对生态功能损害的救济，而仅仅限于救济人身权和财产权的损害。

　　2. 私法上的环境权利直接救济模式

　　（1）通过私法对环境私益进行救济

　　针对环境权益中某些私权益的侵害具有直接侵害的特征，法律规定当这些权利或民法保护的法益受到侵害时，受害人可以直接请求司法救济。这些私权益包括"采光权、通风权、宁静权、日照权、眺望权、亲水权、

―――――――――

① 李承亮：《侵权责任法视野中的生态损害》，《现代法学》2010年第1期。

嫌烟权、优美景观权、免受强光辐射权、免受热辐射权……在中外各国立法中，从不概括性地规定环境权益救济制度，而是将具体权益分别规定在不同制度中予以救济"①。这些权利和法益我们可以统称为私法上的环境权益，这些权益是与民法中的人身权、财产权和其他一般性法益并列的权利与法益。依据私法上的环境权益，公民可以就局域环境或特定环境要素的损害请求司法救济。

　　但是，对环境权益的这种救济依循的仍然是私法救济路径，而生态功能损害已经远远超越了传统私权救济的范畴，私权化救济手段无法从根本上解决环境的公益性与私法制度的个人利益本位的根本矛盾。环境这一无法分割的公共物品对人类具有经济的、生态的多元价值，而私法手段的运用则一方面要求生态价值可转化为可量化的经济价值；另一方面要求环境这一公共物品可以转化为私权主体的个体利益，"只有在这样的条件下，环境资源利益才可能为个人所支配，也就是成为民法上的权利的内容"②。在这一转变和量化的过程中，那些无法转变和量化为私法权利的环境损害就无法获得法律救济。

　　（2）赋予环境要素法律关系主体资格的直接救济方式

　　根据调整论的观点，环境法既调整人与人的关系，也调整和环境有关的人与人的关系。③ 法律关系主体在历史进程中呈现不断扩张的态势，曾经并不具有主体资格的人现在已经被法律赋予主体资格，甚至以法人为典型形式的非生命组织体也享有了主体资格。如果法律赋予环境或环境要素主体法律关系资格，则生态功能损害就可以在私法框架下进行救济。松花江重大水污染事件发生后，贺卫方、汪劲、鲟鳇鱼、松花江、太阳岛等向黑龙江省高院提起诉讼请求。该诉状彻底打破了主客二分的界限，以自然人与环境要素为共同原告，试图使法院承认环境或环境要素的法律关系主体资格。因为这种理念是对基本法律理论和现行法体系的彻底颠覆，因此，法院没有受理该诉讼。

---

　　① 邹雄：《论环境权益及其救济》，《福州大学学报》（哲学社会科学版）2008 年第 3 期。
　　② 吕忠梅：《环境权的民法保护理论构造——对两大法系环境权理论的比较》，载吴汉东主编《私法研究》（创刊号），中国政法大学出版社 2002 年版，第 181 页。
　　③ 参见蔡守秋《调整论——对主流法理学的反思与补充》，高等教育出版社 2003 年版，第 1 页。

一些学者试图通过帕里拉鸟系列案①评析美国是否存在确认自然物诉讼资格的先例。在帕里拉鸟案（一）、（二）、（三）中，法院只是认定塞拉俱乐部、国家杜邦协会和夏威夷杜邦协会具备诉讼资格，并未讨论作为共同原告的帕里拉鸟的诉讼资格。但是，在帕里拉鸟案（四）中，第九巡回上诉法院分析了帕里拉鸟的诉讼资格："作为《濒危物种法》保护的濒危物种，帕里拉鸟也有法律地位，即作为原告飞到联邦法院提起诉讼的权利，并以塞拉俱乐部和杜邦协会作为代理人。"1995 年，马里兰州和北达科他州的两个联邦地区法院根据以上论述，认定了动物的诉权。但大多数联邦地区法院并不认为第九巡回上诉法院在帕里拉鸟案（四）中承认了动物的诉权。在鲸鱼社区诉布什案②中，二审法院也是第九巡回上诉法院，原告代理人要求法院就帕里拉鸟案（四）中判词的约束力作出说明。对此，第九巡回上诉法院认为帕里拉鸟案（四）中的判词不能作为确认动物诉权的先例。③

因此，在美国，在现有法律框架下，并没有承认自然物诉讼上的原告

① 1979 年，塞拉俱乐部、国家杜邦协会、夏威夷杜邦协会、一名塞拉俱乐部和夏威夷杜邦协会的会员与帕里拉鸟作为共同原告，在夏威夷联邦地区法院起诉夏威夷土地与资源管理局。原告认为，《濒危物种法》禁止美国管辖之下的任何人在美国及其领海范围内剥夺任何濒危物种。原告认为被告的行为构成了《濒危物种法》禁止的对濒危物种的剥夺（taking），要求法院发布禁令，禁止被告养殖野生绵羊和山羊。一审法院支持了原告的请求。1981 年，联邦第九巡回法院维持了原判。之后，被告清除了野生绵羊和山羊，却代之以欧洲盘羊，并认为，由于食性不同，更换后的盘羊对帕里拉鸟栖息地的影响很小。于是，塞拉俱乐部等与帕里拉鸟作为共同原告于 1986 年再次提起诉讼，认为夏威夷土地与自然资源局的行为仍然构成对帕里拉鸟的剥夺，又获得支持，1988 年，第九巡回上诉法院维持了原判。这四个诉讼分别称为帕里拉鸟案（一）、（二）、（三）、（四）。

② 2002 年 9 月 18 日，"鲸鱼社区"在夏威夷联邦地区法院单独以自己的名义提起诉讼，原告的成员包括海洋鲸类等大约 80 种海洋动物，塞拉俱乐部（Sierra Club）自任代理人，被告是时任美国总统布什和时任国防部长拉姆斯菲尔德。原告的诉讼请求是：根据《濒危物种法》，海军使用主动低频声纳应当事先同国家渔业署进行协商，并向渔业署申请使用许可，是否许可应根据《海洋哺乳动物保护法》决定。同时，依据《国家环境政策法》，被告还应对使用低频主动声呐对海洋动物造成的损害进行环境影响评价。在渔业署作出最终决定和完成环境影响评价之前，被告应命令海军暂时停止使用低频主动声呐。2003 年 2 月 9 日，被告动议管辖法院驳回诉讼。夏威夷联邦地区法院并未审理实体问题，于 2003 年 3 月 7 日以原告不适格为由裁定驳回诉讼。2004 年，原告向联邦第九巡回上诉法院上诉。上诉法院认为，如果国会和总统意图赋予动物诉讼资格，它们会、也应当明确规定在制定法中。如果《行政程序法》《濒危物种法》《海洋哺乳动物保护法》和《国家环境政策法》都没有动物诉权的明确规定，就应认定制定法没有赋予鲸鱼诉讼资格。

③ 参见谷德近《美国自然物诉讼的实践功能——以因环境侵害而受损的自然物的法律地位为中心》，《政治与法律》2009 年第 12 期。

主体资格和法律关系主体资格。纵观各国法律和判例，我们很难得出赋予环境或环境要素以法律主体或诉讼主体资格的结论，赋予环境或环境要素以法律主体资格在现行法律框架下面临巨大的障碍。

（二）通过环境公益诉讼救济环境权利

自美国的公民诉讼开环境公益诉讼先河以来，许多国家进行了环境公益诉讼实践。环境权利诉讼具有浓厚的公益色彩，而社会弱势群体进行环境诉讼的困难与诉讼所具有的公益色彩形成了巨大反差。为了解决这个问题，美国等国家逐渐改变了传统的诉讼资格限制，转而允许没有直接利害关系的个人和组织为了环境公共利益而参与到公益诉讼中来，或者直接提起公益诉讼，这一制度在美国被称为公民诉讼。而在印度，这类诉讼则被称为"社会行动诉讼"。20 世纪 70 年代以来，印度最高法院开始逐渐奉行积极的司法能动主义，积极扩大对生命权、人格尊严权等公民和政治权利的解释，从而使其扩大到包括环境权利在内的经济和社会权利，积极创造条件开展公益诉讼，采取灵活可行的司法救济方式。司法能动主义理念引领的印度环境公益诉讼的目的就在于让社会弱势群体有机会和能力利用法院来保护其环境权利。但考察全球环境公益诉讼的发展现状，我们很难得出环境公益诉讼在环境权利损害司法救济中发挥了预想中的积极作用的乐观结论。

以我国为例，近年来，环境公益诉讼的理论基础和制度设计成为学界和实务界普遍关注的问题。2007 年，贵阳市中级人民法院环境保护审判庭、贵阳市清镇市人民法院环境保护法庭的成立，更是强化了人们对环境公益诉讼的进一步关注。2008 年 5 月，无锡市中级人民法院环境法庭成立；2008 年 12 月，昆明市中级人民法院环境保护审判庭成立。2009 年，我国首例由环保社团提起的环境民事公益诉讼——中华环保联合会诉江苏江阴集装箱有限公司环境污染侵权案以调解方式结案；第一例环境行政公益诉讼——中华环保联合会诉贵州省清镇市国土资源局不履行收回土地使用权法定职责案以中华环保联合会撤诉方式结案。2012 年《民事诉讼法》修改的第 55 条规定："对污染环境、侵害众多消费者合法权益等损害社会公共利益的行为，法律规定的机关和有关组织可以向人民法院提起诉讼。"

但是，环境公益诉讼的发展并非一帆风顺，而是一波三折。1996 年《水污染防治法》第 55 条规定意味着造成水污染危害的单位应承担排除危害的法律责任。这暗示，没有直接受到损失的普通公民也可以要求造成水污染危害的单位排除危害。2008 年《水污染防治法》第 85 条表明，只有因水污染受到损害的当事人，才有权要求排污方排除危害。这意味着普通公民在环境法上没有权利要求排污方排除危害。因此，普通公民丧失了提起环境公益诉讼的机会。2008 年修订的《水污染防治法》在一定程度上构成了"推进环境公益诉讼"的障碍。2010 年 6 月 29 日，最高人民法院印发了《关于为加快经济发展方式转变提供司法保障和服务的若干意见》（以下简称《若干意见》）。《若干意见》坚持政府是环境公共利益的唯一代表。由于最高人民法院没有接受公民可以代表和主张环境公共利益的环境权利理论，《若干意见》没有指示法院受理公民及其团体提起的环境公益诉讼。2012 年《民事诉讼法》第 55 条规定限定了提起环境公益诉讼的主体，只能是法律规定的机关和有关组织，并不包含个人。赋予公民以原告资格不仅能补充行政执法所存在的不足，而且还可对环境行政状况进行有效监督。同时，"有关机关"表述含糊，行政机关是否包含其中，检察院是否包括其中，当国家机关成为公益诉讼的原告时，如何分辨国家机关同时具有的行政管理和民事主体的双重身份，这都需要进一步的理论研究。《民事诉讼法》第 55 条规定的环境民事公益诉讼起诉主体是机关和有关组织，《环境保护法》第 58 条规定的环境公益诉讼起诉主体是社会组织，均将自然人排除在环境公益诉讼主体之外；检察机关的主体资格则语焉不详。《民事诉讼法》对环境民事公益诉讼的程序没有做可操作性的规定，对社会公共利益的界定不明，《环境保护法》第 58 条亦没有对环境公共利益做清晰界定。《民事诉讼法》第 55 条和《环境保护法》第 58 条的规定对于环境公益诉讼的实施恐难取得公众的预期效果。

而考察同期的环境公益诉讼司法实践，不难得出这样的结论——我国的环境公益诉讼实践处于停滞不前状态。多数环境公益诉讼案件被挡在法院门外，有的案件即使胜诉，也不是真正的环境公益诉讼案件。已有的试验性质的环境公益诉讼案例，都是在突发性环境事件发生后，在地方政府的强力推动下，才得以进入司法程序的，甚至某些专为环境公益诉讼而设的环保法庭无案可审，以致"巧妇难为无米之炊"。学者和实务工作者纷纷从不同视角对这一现象进行了深入剖析并提出各种对策。

第二节　环境权利可诉的国外实践

一　南非经济和社会权利可诉实践及其对实现环境权利可诉的意义

（一）1996 年南非《宪法》对环境权利及其可诉性的规定

南非《宪法》在内容和规范方式上都吸收了现代人权和宪法发展的许多最新成果。《宪法》的"权利法案"中有些规定很具突破意义。《权利法案》第 24 条的环境权条款规定："每个人都有居住在无害于身体或者健康的环境中的权利"。第 38 条规定，任何个人和组织在"权利法案"规定之权利受到侵犯或者威胁时，都可以为自己和组织成员乃至公共利益提起诉讼。该条款明确规定"权利法案"规定的所有权利包括环境权利可以请求司法救济；同时扩大了宪法权利诉讼的当事人范围，从而使环境公益诉讼成为可能。

（二）南非经济和社会权利可诉性实践

"苏布拉姆尼案""格鲁特布姆案"和"治疗行动运动案"为研究者展示了使用这类条款的可能性与方法，并且为环境权利可诉性实践提供了范本。

高资源要求性是经济和社会权利的主要特征之一，从一定意义上说，证明了此类权利的可诉性，即解决了该类权利的可诉性瓶颈。对于可以"在其可利用资源的范围内""逐渐实现"的住房权条款的可诉性程度，南非宪法法院的基本立场可以表达如下：

第一，具有高资源要求性的权利规范不具有可以直接获得住所的请求权。宪法法院旗帜鲜明地表态，对法院而言，因为很难掌握确切的信息，所以划定这种优先权的特殊人群是困难的。但宪法法院的立场并不表明立法机关和行政机关不可以这么做。

第二，这种权利条款给国家施加了"在其可利用资源的范围内采取合理的立法和其他措施逐渐达到这项权利的实现"这种即刻实现的积极义务。这种逐渐实现的条款产生了一个要求国家在其可利用资源范围内设计协调一致的政策的权利。这种权利是可以根据宪法直接提出请求的。

第三，对于国家所采取的立法和其他措施，法院可以根据合理性标准进行审查。法院在一定程度上确定了享有权利（也就是保障资源优先供给）的优先性顺序，确定这个优先性顺序的主要根据就是需要的紧迫性程度，这就意味着无论如何不能把那些处于危机状况中的人排除在外。

（三）"格鲁特布姆案"① 对实现环境权利可诉的意义

很多学者对"格鲁特布姆案"的判决给予高度评价。南非学者桑德拉·利本堡说："格鲁特布姆案的判决第一次解释了国家在实现社会—经济权利方面所负的积极义务的范围，同时也详细论述了法院在实施社会—经济权利中的作用。"但是，南非宪法法院在"格鲁特布姆案"案中，对于逐渐实现的经济和社会权利进行司法审查所采用的是一种高度妥协性的方法。这是根据南非的国情所不得已的妥协，也正是本案的局限所在。

首先，宪法法院并未接受"最低核心义务"概念，因而不承认"权利法案"中的经济和社会权利给国家施加了一种对穷人提供基本水平服务的最低核心义务。说明它只关注抽象政策层面所反映的集体利益，而没有将个人的利益放在中心。其次，宪法法院的判决方式和执行机制存在严重不足。南非宪法法院要求"在其可利用的资源范围内设计和实施一个综合而协调的政策以逐渐实现充分住房权"，该命令没有确定行为的期限，法院也没有试图继续监督命令的执行。虽然宪法法院判决指示由南非人权委员会负责实施法院的命令，但一年后，南非人权委员会却对判决执行情况语焉不详。

南非宪法法院有限度地解决了受到资源内在限制的、逐渐实现的权利规范是否可以进行司法审查以及如何进行司法审查的问题。尽管存在有目

---

① 格鲁特布姆案是南非共和国政府等诉格鲁特布姆案（Government of the Republic of South Africa and Others v. Grootboom）的简称，基本案情为：一个由 390 个成年人和 510 个儿童组成的原住在沃拉斯的穷人群体，因不堪忍受居住地恶劣的条件，而集中搬迁到一块由私人拥有的空闲区域，其中有一位成年人名叫艾琳·格鲁特布姆（Irene Grootboom）。搬迁后不久，由于政府的强行驱逐，他们又不得不搬到同一区域的一个运动场。但是，应私人土地所有者的要求，政府又命令他们离开居住地，且在命令的最后期限届满前一天，用推土机强行铲平了他们的临时住所，所有家当被损坏殆尽，使他们陷入居无住所的悲惨境地。于是，以格鲁特布姆为首，他们集体请求开普敦地区的高级法院发布紧急命令，要求政府立即向他们提供临时性住所，直到他们能够获得永久性住房为止。南非开普敦地区的高级法院根据南非《宪法》第 28 条第 1 款第 3 项有关儿童社会经济权利的规定，判决政府应该给予那些有孩子的家庭临时住房。南非三级政府（中央、省级和地方政府）因对判决表示不服而向南非宪法法院提出上诉。此时，南非人权委员会和社会法律中心两个机构作为该案的"法庭之友"参与诉讼，并要求将格鲁特布姆等人的请求扩大到《宪法》第 26 条（即获得住房权）。他们认为，社会所有的成员，包括没有孩子的成年人都有权获得住房，因为《宪法》第 26 条的规定使国家担负了最低限度的核心义务。

共睹的不足，但从总体上看，"格鲁特布姆案"所确立的原则和方法为环境权利的司法保护提供了一个具有可操作性的比较清晰的指引。该案的意义不在于证明包括环境权利在内的社会权的可诉性，而在于证明了缺乏规范基础的社会权的可诉性。在宪法规定环境权利的情况下，该案的判决对于环境权利司法救济具有指引意义。

二　对环境权利可诉性的承认——拉丁美洲的立法与司法实践

拉美许多国家在宪法中直接规定公民的环境权利，并且由宪法法院或普通法院对受损环境权利进行直接救济，这相当于直接承认作为宪法权利或具体法律权利的环境权利的可诉性。

厄瓜多尔 1983 年《宪法》第 19 条第 2 款确认了环境权利。1990 年的石油厄瓜多尔案影响甚大，石油厄瓜多尔即厄瓜多尔国家石油公司，计划在该国亚书尼国家公园开采石油，环保人士向宪法法庭起诉，控告政府和国家石油公司侵犯了全体居民享有的健康环境权利。法庭判决认为，在国家公园开采石油的计划违反了《宪法》第 19 条第 2 款。在 1993 年的一起案件中，厄瓜多尔环境公益律师事务所认为在博特卡泼国家公园内的采矿活动违反了《宪法》第 19 条第 2 款的规定，宪法法庭支持原告的请求，判决认为在国家公园内的采矿活动导致环境退化影响了居民的环境人权。

三　司法能动主义与印度的环境权利可诉实践

（一）印度对两类权利可诉性的区别对待

在制定国际人权公约的过程中，印度以反对经济和社会权利的可诉性立场而著称，但实践中，印度并没有像一些西方国家那样轻视经济和社会权利及反对该类权利的可诉性。1950 年的印度《宪法》就明确规定了许多经济和社会权利，特别的是，该权利法案将公民和政治权利与经济和社会权利分两部分分别进行了规定。在其《宪法》的第三部分"基本权利"中规定了公民和政治权利，在第四部分"国家政策的指导性原则"中则规定了大部分经济和社会权利。对于基本权利部分，印度《宪法》规定，所有违反这些权利的立法都是无效的，这些宪法权利如果受到侵犯，都可以获得法院的司法救济。而对于作为"国家政策的指导性原则"的经济和社会权利,《宪法》则明确规定,这些权利是不可以通过法院强制实施的。因此,印度《宪法》明确对这两类权利的可诉性做了区别对待。在印度《宪法》制定后,尽管经济和社会权利条款的重要性经常被强调,但由于这些条款只被视为政府行动的基本指导原则,并且被认定只能通过具体的立法予以实施,因此,印度最高法院曾经长期恪守权利的二分法,直到20世纪70年代末,才通过不断扩大解释公民和政治权利的方式间接实现对经济和社会权利的保护。印度最高法院的这种做法在印度国内也仍然是一个颇有争议的问题。

（二）司法能动主义引发的环境权利可诉司法实践

自1977年后,印度最高法院逐渐倾向和接受能动司法,开始将一些宪法原则规范赋予基本权利的法律效力,开启了印度公益诉讼的新时期。在环境领域,《宪法》并未明文规定环境权利,对其属性也未作法律明示,法院将《宪法》中的环境保护原则与公民和政治权利相结合,从生命权中推导出环境权利。印度《宪法》第21条规定了生命权。最高法院在两个方面扩展了这一权利:（1）任何影响到人身自由的法律都应当是合理的、公正的;（2）法院承认了被《宪法》第21条所隐含的权利。最高法院通过解释使生命权包含了一项清洁环境的权利。"法院通过特别命令保护泰姬陵免于腐蚀性的空气污染,清除恒河流域的工商业污染,设法解决德里和其他大城市的空气污染,保护印度的森林和野生生物和清除城市垃圾。实际上,在现在的印度,很少有免于司法监督的环境管理领域。"① 印度的环境权利可诉性实践是以公益诉讼的形式表现的。但是,在这一发展过程中一系列问题逐渐显现。城市固体废物管理案集中体现了对环境权利展开司法救济所无法回避的问题。

（三）城市固体废物管理案对环境权利可诉性的双重意义

1. 城市固体废物管理案暴露的环境权利可诉性实践中的问题

该案发生在1996年,公民佩特依据印度《宪法》第21条向法院提出了一个生命权和环境健康权的诉讼请求。在该案的处理中,法院秉持司法能动主义的理念,介入了传统上属于立法和行政机关的权力领域,结果力不从心,反而促发了对环境权利可诉性的广泛质疑。城市固体废物管理案暴露了法院参与环境公共事务管理的不足。相比较传统诉讼,法院在环

① 吴勇:《印度环境公益诉发展中的问题与启示》,《南亚研究季刊》2010年第4期。

境权利救济过程中要直接介入环境公共事务的管理，要求法院具备有效解决环境问题的能力。但在城市固体废物管理案中，法院的行为受到强烈质疑。其主要问题包括：

第一，法院所主导的《市政固体废物管理与处理法案》（以下简称《固废法》）允许垃圾焚烧使用发电技术处理废物，而这些废物是贫穷的垃圾回收者重要的生产资料，由于城市固废中有含量达 20%—50% 的惰性气体，焚烧也是不经济的，并且焚烧过程中产生的有毒废气可能诱发一些恶性疾病。与发达国家不同，印度的垃圾回收技术非常落后，但委员会坚持推广废物能源化，导致这种废物处理方法获得了法律许可。

第二，法院主导的《固废法》规定的家庭垃圾分类规则无法在垃圾回收过程中贯彻实施。《固废法》鼓励源头控制，但在印度水土不服，不能执行。

第三，《固废法》无法得到执行。有效的执行需要快速反应、财政和组织能力，但就印度国情而言，这三个条件都不充分。通过法院发号施令进行的无限的环境监管使得该行为本身变得不可行。司法监管环境事务对政府资源造成巨大压力。在城市固体废物管理案中，司法过程持续了 11 年，法院颁布了近 50 个命令，但预期结果却并未达到。

2. 城市固体废物管理案对环境权利可诉发展的启示

印度的社会和经济权利的司法救济所涉及的往往是广泛的政治、社会和经济问题，这些问题在很多国家不是通过司法救济途径解决的，而在印度，最高法院对此拥有管辖权。司法机构在运用公共利益关系管辖权时可能触及自身的宪法权限的极限，开始介入政策制定，而这是代议机构的排他性权限领域。同时，法院也进入行政权力领域。当法院发现行政机关不作为时，可以运用命令改进行政管理，甚至建立各种委员会以司法管理取代行政管理。印度的一些学者称为"司法过度主义"或"极端的司法能动主义"。在城市固体废物管理案中，法院并非判决政府运用行政权力控制污染，而是将自身变成环境保护机构。印度环境权利可诉性的司法实践，引发了如下问题：法院以司法管理取代环境管理，法院成为不适宜的环境公共政策形成场所，这与法院的司法功能存在强烈冲突，而扩张的司法管辖权受理了过多的公益诉讼（包括环境公益诉讼），导致滥诉的发生。

在由公民和政治权利推导出环境权利后，根据能动司法理念由法院主导实现环境权利可诉，印度最高法院的实践对于推进环境权利可诉性的进一步发展具有重大意义；但是，这一过程充分暴露了前述对环境权利可诉性的质疑：法院的司法实践的政治合法性是否具有充分说服力，法院是否有能力实现复杂的环境权利的救济，法院对环境权利进行司法救济是否应有必要的限度。如果不能对上述问题提供合理的解决方案，则无法消除对环境权利可诉性的广泛质疑，进而必将阻碍环境权利可诉实践的进一步发展。

四　美国的环境公民诉讼与环境权利的间接司法救济

（一）美国的环境公民诉讼制度

美国通过 1970 年的《清洁空气法》和 1972 年的《清洁水法》首创了环境公民诉讼制度。其后，《防治船舶污染法》《综合环境反应、责任和清除法》等十几部法律进一步明确引入和发展了环境公民诉讼制度。自 1995 年以来，联邦系统的法院审理了很多环境公民诉讼案件，既遵守了"遵循先例"的原则，又形成了很多先例。联邦最高法院每年接到几千例环境公民诉讼上诉案件，但是受理的只有几十件，州最高法院亦如此，环境公民诉讼在缓慢地推进。

美国环境公民诉讼制度具有如下特征：

第一，司法机关对环境权利可诉奉行司法克制主义。在环境权利的救济上，联邦和州法院奉行司法克制主义，尽量克制对司法权的行使，而对代议机关表示相当的尊重，对涉及政治和公共政策的问题持保留态度，而将相关问题留待代议机关行使权力。

第二，美国的环境公民诉讼是对环境权利的间接救济，其目的是保护环境、维护公民和其他法律主体的环境利益、财产利益和人格利益，促进其他法律主体合法、合理地行使自己的权利和权力。因为美国联邦宪法并不承认环境权利，环境权利并无可诉性，法院不能对环境权利进行直接救济，只能通过对人身权利和财产权利的救济实现对环境利益的保护，达到对环境权利进行间接救济的目的。

第三，原告从公民和公民团体向城市、州和联邦扩展。城市、州和联邦基于自己的职责或利益越来越多地充当公民诉讼的原告，这些主体是以"公民"身份作为原告或者与社会团体、个人一起作为原告，对联邦环境保护局提起公民诉讼的。

第四，受案范围方面有限定。"根据救济方式和法院职能一致的原则，法院认为，环境公民诉讼只能对可以通过救济令救济的案件提起，不能对可以通过普通法诉讼提起的侵权赔偿之诉提起。"①

第五，风险预防原则应用于环境司法实践。在诉讼请求方面，法院不仅支持对认定的损害进行救济的申请，还支持对于可能存在的损害被告事先提起测定研究的救济申请。

（二）环境权利间接救济模式的作用与局限

美国的环境权利间接救济模式说明，在现有二元权利保护体制下，因为权利之间存在的相互依赖性和不可分割性为通过公民和政治权利保护环境权利提供了可能性，即使在宪法并未承认环境权利及其可诉性的情况下，依然可以通过公民和政治权利的法律实施机制，在一定程度上给予环境权利以间接司法救济。在国际人权法学界，通过公民和政治权利的实施机制对经济和社会权利进行保护的方法通常被称为"一体化方法"。通过这种方法，可以为缺乏有效实施机制的环境权利实现司法救济提供一种可行的路径。实践中，在南亚，通过援引《宪法》中的生命权条款救济环境权利；在欧洲，通过援引《欧洲人权公约》第6条获得公正审判权和第8条隐私和家庭生活的权利救济环境权利。此外，通过援引财产权也可实现环境权利的司法救济。还有一种更间接的方法，即把不可诉的环境权利视为限制公民和政治权利的法律原则或公共利益，从而使环境权利不会因为保障公民和政治权利而受到损害。如德国《基本法》规定确立的社会国家原则。

间接救济模式虽然在一定程度上为环境权利提供了司法保障，但其局限性亦非常明显。这一模式之下，只有在环境利益受到侵害，被诉诸法院的情况下，环境权利作为法律原则或者社会公共利益才进入司法程序，有望获得司法保护。实际上，此时的环境权利只是客观性规范和原则性规范，既不具有使权利主体可以直接提出要求的主观性，在内容上也相当模糊，这种方式不能直接充分保护主观性权利，只能间接保护环境权利所指向的客观利益。

---

① 吕忠梅等：《理想与现实：中国环境侵权纠纷现状及救济机制构建》，法律出版社2011年版，第258页。

本章小结

　　环境权利的法律化，即从应有权利向法定权利的转化过程中面临理论和现实的双重困境。环境权入宪具有价值合理性和现实必要性。将环境权利以宪法规则的方式规定在基本权利部分是行之有效的办法，在宪法司法化的国家，应明确环境权利的可诉性，只有明确可诉性，权利人才能直接要求法院提供司法救济。

　　环境基本法应对具体环境权利给予全面的概括性规定，应明确权利主体、客体、内容。在基本法对具体环境权利做整体性规定的前提下，私法性环境权利和公法性环境权利分别由不同的法律来规定。民法无法充分保障环境权利。公法上的环境权利的设置应主要通过环境基本法和环境单行法及行政法来完成，在法律明确公法上的环境权利的前提下，规定国家的环境义务。

　　在环境权利实现屡临困境的情况下，一些国家的宪政实践通过修宪或制定新宪法赋予环境权利可诉性，或通过法院对基本权利条款的解释使环境权利获得一定程度的可诉性。代表性的国家有南非、印度、美国等。南非视环境权利为公法权利而承认其可诉性，具有标志性的"格鲁特布姆案"证明了缺乏法律规范基础的包括环境权利在内的社会权的可诉性。印度视环境权利为国家政策指导原则，通过司法解释承认其可诉性，而给予间接司法救济。印度法院在由公民和政治权利推导出环境权利后，根据能动司法理念由法院主导实现环境权利可诉，对于推进环境权利可诉的进一步发展具有重大意义。但是，同时产生这些问题：法院的司法实践的政治合法性是否具有充分说服力，法院是否有能力实现复杂的环境权利的救济，法院对环境权利进行司法救济是否应有必要的限度。美国的间接救济模式虽然在一定程度上为环境权利提供了司法保障，但其局限性亦非常明显——只有在环境利益受到侵害，被诉诸法院的情况下，环境权利作为法律原则或者社会公共利益才进入司法程序，有望获得司法保护，这种方式不能直接充分保护主观性权利，只能间接保护环境权利所指向的客观利益。

第四章　环境权利可诉性的理论思考

第一节　对环境权利不可诉论的研析

一　对"权利二分法"的进一步质疑与国家环境义务层次

（一）对"权利二分法"的进一步质疑

环境权利可诉性否定论首要的理论基础是"权利二分法"。这一理论认为，在"消极权利"和"积极权利"的二分法下，消极权利对应的是国家消极的不干涉的义务，积极权利对应的是国家的积极作为义务。消极的不干涉义务是真正的法律权利，而国家的积极作为义务并非真正的法律权利。

从权利的历史和哲学基础上看，抽象人权之下的各类具体人权应该是一体的，任何一项人权的实现既有国家的消极义务又包括国家的积极义务。[①]《公民和政治权利国际公约》和《经济、社会和文化权利国际公约》对两类权利的不同规范方式经常被作为这种划分的一个例证。但是，在两个公约中，两类权利与"消极/积极"的划分之间也不是一种绝对的对应关系。根据《公民和政治权利国际公约》的规定，"政治权利"，即投票和参与公共事务的权利是一项消极权利，但也包含积极权利因素，因为这一权利的实现需要严重依赖国家采取组织选举等行动，并且提供选举和参与公共事务所需要的条件和设施。反之，我们也可以在《经济、社会和文化权利国际公约》中发现很多带有自由权性质的权利。如第6条工作权就包含着择业的自由权，而第8条规定的组织和参加工会的自由权

---

① Sandra Liebenberg, "The International Govenant On Economic, Social and cultural Right and its Implications For South Ffrica", *South Journal on Human Rights*, Vol. 11 (1995).

也包含类似结社自由这种公民权利。这说明，简单地将两个公约中的两类权利按照"消极/积极"的模式进行划分至少是不确切的，至少有一部分公民和政治权利与经济和社会权利一样是积极的，因而也消耗资源，同样，至少也有一部分经济和社会权利像公民和政治权利一样是"消极的"，因而也不需要消耗太多的资源。以清洁空气的享用为例，在一个未被污染的环境中，人自由地呼吸清洁的空气，无须消耗国家资源的自由权，是消极权利，但是在现代社会，在环境危机愈演愈烈的情况下，空气被普遍地污染，人们享有清洁空气的权利的实现就有赖于国家的积极行动，国家为治理空气污染，需要动用大量社会资源，此时，环境权利就成为积极权利，因此，环境权利既需要抵御国家权力的侵害，更需要国家提供积极的保护，环境权利是一项含有自由权因素的社会权。

（二）义务层次理论

前述对应环境权利的国家义务既有消极不作为义务，也有国家积极作为义务。从这一点看，公民和政治权利与经济和社会权利似乎并没有区别，但坚持传统权利二分法的人还可以进一步论证自己的观点：公民和政治权利虽然存在需要政府履行积极义务的一面，但这并不能否认他们仍然存在消极的一面，即政府负有克制的义务，而经济和社会权利则不然，它们始终都是一种积极的权利。而义务层次理论则认为，两类权利在义务层次上并不存在任何区别，因为无论经济和社会权利还是公民和政治权利都包含不同的义务层次，即使经济和社会权利也包含相应的消极义务。

1. 义务三分法

美国的亨利·舒是比较早提出义务层次理论的学者之一。他指出，安全权和生存权是两类基本的权利，但对两类权利的二分法导致人们区别对待两者。根据二分法，生存权是一种积极的权利，而安全权则是一种消极的权利，二者的区别是作为与不作为，生存权所对应的义务是以某些方式作为，而安全权相对应的义务则是不能以某些方式作为，因此，生存权是积极的权利，而安全权则是消极的权利。他认为，这种积极/消极的二分法太过于粗略，事实上，安全权比人们想象的要积极得多，而生存权也比人们通常想象的要消极得多。在一个组织化的社会中，安全权实际上不仅包括不受他人干预的消极权利，而且还包含要求保护人身权不受侵犯的积极权利，二者不可分割。同样，生存权虽然通常被认为是一种积极的权利，但它实际上也包含相应的消极义务。亨利·舒认为："生存权的实现至少需要实施两类截然不同的行为。第一类行为是，当那些匮乏的人没有希望获得必需品时，根据生存权的确需要他人提供必需品；① 第二类行为是，当个人能够自己获得生存必需品时，生存权所需的就是保护那些人不受其他人或机构对其生存的威胁。② 保障生存权并不一定要求国家采取比保障安全权更多的行动，不管安全权还是生存权都同时具有积极的一面和消极的一面。"他指出，权利二分法太过简单，那么，是否否认二分法就意味着权利之间不能做任何区分了呢？他认为，人们很难对权利作出区分，但却可以从义务的角度进行区分。并没有任何一种权利是和某种特定义务相对的。那种认为某种权利只具有一个对应义务的观念是不对的，实际上任何一种权利都需要多种义务的履行才能得到充分实现。他把与每种基本权利相对应的义务分为三类：a. 避免个人被剥夺的义务；b. 保护个人不受他人剥夺的义务；c. 帮助被剥夺者的义务。③

　　与权利相对应的义务被分为三个不同层次后，积极/消极权利二分法的问题所在就非常明晰。认为安全权是消极权利的观点实际上是认为仅有第一个层次的义务，即不可剥夺的义务与之相对应，而认为生存权是积极权利的观点则是认为只有第三个层次的义务即进行帮助的义务与之相对应。这种二分法没看到每项权利的实现都需要其他层次的义务，无论安全权还是生存权都包含消极的义务和积极的义务。对于权利的充分实现而言，这些义务具有相互依赖性。

　　2. 义务层次论的发展

　　1989 年，菲利普·阿尔斯顿和阿斯布佐恩·艾德主编的《作为人权的食物权》一书基本接受了亨利·舒的义务层次论。艾德将亨利·舒的义务层次论的术语做了适当的改变，将三个层次的义务分别称为尊重的义务、保护的义务和实现的义务。艾德认为，国家对包括食物在内的经济和社会权利所负有的三个具体义务层次分别是：

　　第一，尊重个人所拥有的资源，尊重个人依照自己的意愿寻找工作的自由，尊重个人最大限度地使用个人知识并采取适当行动的自由，以及尊

---

① Henry Shue, *Basic Rights: Subsistence, Affluence and U. S. Foreign Policy*, Second Edition, Princeton University Press, 1996, p. 39.

② Ibid. , p. 40.

③ Ibid. , pp. 52—53.

重个人单独或与他人使用必要资源从而满足自己需要的自由。

第二，积极保护个人不受其他更加武断或霸道的主体，尤其是更加强大的利益集团的侵犯。

第三，国家对经济和社会权利所负有的第三层次的实现义务包括两个方面，一个是促进的义务，即积极增加可以享受经济和社会权利的机会；另一个是提供的义务，即当其他的义务都没有充分实现时积极提供这种机会。①

这一理论最终被联合国经济、社会和文化权利委员会所采用。在1999 年所发布的关于《经济、社会和文化权利国际公约》第 11 条适足食物权的"一般性意见"中，经济、社会和文化权利委员会首次使用义务层次理论来说明各缔约国在保护食物权时所负有的各种义务。其中"……适足食物权给各缔约国施加了三个层次的义务：尊重的义务、保护的义务和实现的义务。实现的义务依次包括促进的义务和提供的义务"②。

义务层次论说明，经济和社会权利也有消极的面向，这种义务并不需要消耗太多的资源，因而也并不需要各缔约国逐渐实现，这至少说明实现这个义务层次的经济和社会权利可诉的障碍并非不可逾越。更为重要的是，义务层次论还说明，从义务层次上看，经济和社会权利与公民和社会权利之间不仅不存在不可逾越的鸿沟，而且彼此还具有极大的相似性。因此，如果公民和政治权利具有可诉性，那么经济和社会权利毫无疑义地也应具有可诉性。

（三）国家环境义务层次

环境权利既有积极面向，也有消极面向；对应的环境义务既包括积极义务，也包括消极义务。借鉴义务层次理论，可以把国家环境义务分为三个层次，即尊重义务、保护义务和给付义务。环境权利对应的国家环境义务经历了从尊重—保护—给付的发展过程。尊重义务，是国家不妨碍和干预公民享用环境利益；保护义务，是国家积极采取措施保障公民免受第三人环境侵害；给付义务，是国家积极增加公民可以享受环境权利的机会和

---

① Eide, Asbjon, "the Human Right to Adequate Food and Freedom from Hunger", in *the Right to Food in Eheory and Practice*, by Food and Agriculture Organization of the United States, Rome, 1998, p. 4.

② Committee on Economicf, Social and Cultural Rights, "General Comment 12, 1999, Annotation", in *HRI/GEN/1/Rev.* 6, 12, May, 2003, p. 65.

提供这一机会的义务。尊重义务是国家的消极义务，保护和给付义务是国家的积极义务，国家环境义务经历了一个从消极义务到积极义务的嬗变过程。

1. 从尊重到保护的国家环境义务

在生态危机全面爆发之前，环境权利是利用环境资源满足生存本能需要和创造物质财富的自由，国家履行消极的尊重义务保障人民对环境的利用。但是，在国家消极不作为的法律背景下，生态危机愈演愈烈，导致严重的权利冲突，生命权、财产权与环境权利发生激烈的冲突。早期的末端治理开启国家的积极义务，随后，以污染防治为核心的环境法律逐渐发展，国家对环境权利的义务随之演变成积极义务，即国家须通过积极作为以预防、排除和救济环境污染或生态破坏对私人环境权益的侵害，换言之，国家对环境权利的义务表现为保护义务。其客观依据是自然规律的客观性，即环境容量的有限性和自然资源的稀缺性，环境的有限承载能力为人类活动设置了极限边界，人类必须对自身的行为加以约束。这一阶段的国家环境保护义务涵盖了污染防治和生态系统保护、规划建设、制定环境标准等，其法律责任包括行政处罚、限期治理、停产整顿等。

2. 从保护到给付的国家环境义务

当代环境法的发展，正处于一个国家积极促进环境义务实现的崭新阶段。其具体表现是：

第一，国家积极增进环境公益。环境法在生态利益与经济利益同质同源、共生互动基础上，体现利益增进功能。国家扩大环境利益供给，通过利益增进为多元利益冲突的协调寻求出路，扩大利益供给，增进全体公民的环境利益。如政府进行退耕还林、植树造林、防沙治沙等给付行为，保障人与自然和谐的基本条件。

第二，国家通过利益的再分配保障和增进弱势群体的环境利益。弱势群体更有可能成为环境问题的受害者，这已成为普遍共识。国家通过政策倾斜、财政补贴、经济刺激等手段矫正环境不公。例如行政补偿机制的构建。行政补偿机制是政府基于福利行政之理念，"在无法确定责任人或责任人没有赔偿能力的情况下，将以环境税、环境费等税费方式征集的基金补偿给环境侵权受害人，以求受害人获得适当补偿的及时性与迅速性，但仍保留向责任人追偿的权利的制度"①。还有西部大开发、三江源自然保护等，是国家对欠发达地区和重要生态保护区的补偿，也是国家给付行政的一种。

二　"权利成本"批判与"昂贵"的环境权利

（一）"权利成本"批判

史蒂芬·霍尔姆斯和凯斯·桑斯坦在《权利的成本——为什么自由依赖于税》中表达了其核心观点：所有的权利都是积极的权利，权利都是非常昂贵的，自由的维护需要高额的资源做保障。该书指出："显而易见，权利依赖于政府，这必然带来一个逻辑上的后果：权利需要钱，没有公共资助和政府支持，权利就不能获得保护和实施。"②　"权利是昂贵的，因为救济是昂贵的。实施权利是费钱的，特别是统一而公平的实施；到了法律权利还没被实施的程度，那它就是空有其名。简而言之，几乎每一项权利都蕴含着相应的政府义务，而只有当公共权力调用公共资金对玩忽职守施以惩罚时，义务才能被认真地对待。没有法律上可实施的义务，就没有法律上可实施的权利。"③　史蒂芬·霍尔姆斯和凯斯·桑斯坦认为，既然所有的权利都是积极的权利，都意味着政府对权利的实施提供了财政上的承诺，那么所有的权利也都是昂贵的权利。对于一个贫穷而无能的政府而言，即使权利全部是"消极的"，也无法提供有效的保护。因此，将权利做"积极/消极"这样的划分是完全错误的，它们在需要政府履行积极义务这一点上都是积极的权利，并且在需要政府提供财政支持这一点上，都是昂贵的权利。权利的成本并不与权利的类型化存在必然联系。一项权利是"昂贵的"还是"低廉的"并不取决于该权利是公民和政治权利还是经济和社会权利。公民基本权利的成本取决于国家作为权利相对人履行义务的难易程度。如果权利的保障一定要和实现权利的成本捆绑，那么极有可能导致国家以某项权利的成本昂贵为名剥夺人民实际上应该享受到的基本人权，在逻辑上，基于权利实现之成本而否认基本权利的论证是经不

---

① 钭晓东：《论环境法律责任机制的重整》，《法学评论》2012 年第 1 期。

② ［美］史蒂芬·霍尔姆斯、凯斯·桑斯坦：《权利的成本——为什么自由依赖于税》，毕竞悦译，北京大学出版社 2004 年版，第 3 页。

③ 同上书，第 26 页。

起推敲的。权利成本理论忽略"权利"本身而过分夸大"成本"。"只有当个人遭受的侵权通过政府公平而可预期地得到了矫正，个人才能在法律而不是道德意义上享受权利。"① 权利的救济是法治社会的不证自明的公理，对环境权利的保障，其重心在于"救济"而非过于考量"成本"。

（二）"昂贵"的环境权利

环境权利法律化的精髓在于当该权利受到侵犯时，国家应该为此提供救济。对于认为环境权利救济成本过高而对该权利的救济持反对意见的观点，可以用贝克在《风险社会》中的一段话来反驳："阶级社会的驱动力可以概括为这样一句话：我饿！另一方面，风险社会的驱动力则可以表达为：我害怕！焦虑的共同性代替了需求的共同性。"② 此时，环境法的目的就不是配合私法去实现社会和个人财富的增值，而是通过一定的法律规制手段，减小社会的风险，增强社会乃至生态系统的安全。环境问题的特殊性首先在于环境破坏的毁灭性，人类活动所造成的环境污染和生态破坏往往具有长期性、潜伏性与不可逆性，最终结果是将人类引向全球生态危机，彻底毁灭人类自身。而良好环境是满足人类基本需要的前提条件，人类的基本需要主要表现为生存、健康和发展。人类只有在适宜环境中健康地生存、发展才有意义。究其实质，生态危机是对人性尊严的损害，只有承认环境权利并对其进行救济，才能够从根本上保障人性尊严不受侵害。承认环境权利并对其进行救济可以有效保障生命权、健康权、生存权及其他基本权利，同时环境权利也是对人的本质的进一步认知。对环境权利的救济所带来的客观效果是整个生态系统安全的增加和人与生态系统和谐的重归。以环境权利的救济成本昂贵为由而拒绝对其进行救济，其最终代价将会昂贵至人类无法承受，因为对环境权利救济的无视将最终导致人类赖以生存的生态系统的毁灭，随之而来的是人类的毁灭。

（三）对利益限制中心主义的修正

环境法中存在大量为实现环境权利而设置的国家环境义务和对私法主体的其他利益进行限制的环境义务和其他义务，这些都是环境权利的成本。人类非理性的利益追求是导致生态危机的重要原因，环境法通过设定

---

① ［美］史蒂芬·霍尔姆斯、凯斯·桑斯坦：《权利的成本——为什么自由依赖于税》，毕竞悦译，北京大学出版社2004年版，第26页。

② ［德］乌尔里希·贝克：《风险社会》，何博闻译，译林出版社2004年版，第57页。

公民和法人义务的方式对目的各异的利益需求作出调整，限制不当利益追求是正当的，但是立足于义务本位或义务重心的强行规定与被动服从，不仅不能从根本上解决环境危机，反倒极有可能增加环境权利的成本，环境权利事与愿违地成为真正的昂贵的成本。我们必须反思利益限制中心主义对生态危机解决的有限功能。

生态危机带来的生存困境，引发了人们对环境利益与经济、社会等利益平衡的反思。环境利益与经济利益何者优先的惯性思维方式，使得环境权利的实现与其成本付出陷入两难困境。欲走出困境，必须实现研究视角转换。应对生态危机，需要限制非理性的利益追求，并且为此相应付出成本。但是，多元利益并非有我无你，利益的同生共进是自然和社会规律的逻辑结果。因此，在环境权利实现的过程中，除了采取限制性规制限制某些利益特别是经济利益的同时，还要引入相应的自由选择与促进性规制，"必须改变传统的思维惯性，在填补规制环境破坏的法律规则、运行环境利益的限制性规则基础上，突破以利益限制为中心的桎梏，促进环境法利益调整机制的'利益—利益增进'转向。而当前环保产业化发展的许多实证，也为环境法调整机制之'利益增进'功能的发挥提供了有力的注脚"①。

三　权利一体化与环境权利的间接救济的实践意义

环境权利不可诉论者认为，实践中即使在缺乏相应保护机制的情况下，也可以通过私法的实施机制实现环境权利救济，这说明环境权利可诉并无必要。笔者认为权利一体化和环境权利间接救济恰恰说明环境权利与公民和政治权利不仅不存在泾渭分明的界限，而且还相互渗透和不可分割。

人权的相互依赖性和不可分割性不仅是联合国一再强调的一项政治原则，而且在很大程度上反映了两类权利之间业已存在的真实关系，这使得通过公民和政治权利司法保障机制保障环境权利成为可能。两类权利的相互依赖性和不可分割性主要表现如下：

第一，在规定不同权利的法律中，经常存在一些权利重叠的现象。如

---

① 钭晓东：《生态文明、风险社会与环境法功能进化》，http：//www.chinalawinfo.com/LawOnline/ArticleFullText.aspx？ArticleId=53688。

我国的《物权法》扩充了民法中物的概念，根据该法第 46—48 条的规定，所有权的客体，即民法上的物，不仅包括土地，还包括矿藏、水流、海域、森林、山岭、草原、荒地、滩涂等生态环境组成要素。这为通过公民和政治权利保障机制保护环境权利提供了法律依据。

第二，公民和政治权利自身也存在一些类似于经济和社会权利的因素。公民和政治权利与经济和社会权利一样，都可以分为尊重、保护、实现三个层次的义务，两类权利在各个层次上的义务在很多方面都存在相似之处，因此，保护了公民和政治权利，在一定程度上也就保护了环境权利。印度《宪法》第 21 条规定了生命权，印度最高法院通过司法解释扩张了生命权的含义，使得生命权包括了清洁环境的权利。在"《博帕尔毒气泄漏灾难（求偿处理）法》效力案"中，法院认为，"根据我国人权的范围，自由权、对于不受污染的空气和水的权利受到宪法第 21 条、第 48 条 – A、第 51 条 – A、第 51 条 – A（g）条的保障"[1]。

第三，环境权利作为公民和政治权利的限制。很多公民和政治权利的行使或实施会影响到环境权利的保护，如财产权和企业经营管理权的行使对生态环境的破坏，这使得通过对公民和政治权利行使的限制来保护环境权利成为可能。即使环境权利本身不具有可诉性，只要其价值能够得到公民和政治权利实施机构的承认，在公民和政治权利的行使可能影响到对环境权利的保护时，环境权利可以作为一项法律原则构成对公民和政治权利的限制。德国的实践引起广泛关注，德国的《基本法》没有详细规定经济和社会权利，但第 20 条和第 28 条都确认德国立法的基本原则是"社会国家原则"或"社会法治国原则"。这个原则旨在在公民和政治权利与经济和社会权利之间保持一定的平衡，在对公民和政治权利进行保护的同时使其受到"社会国家原则"的限制。德国宪法法院根据这个原则对公民和政治权利的行使进行了限制，从而间接实现了对某些经济和社会权利包括环境权利的司法保护。

第二节　对环境权利可诉性的争论

对环境权利不可诉论的反驳能够充分论证环境权利的可诉性吗？答案

---

[1] 转引自吴卫星《环境权可司法性的法理与实证》，《法律科学》2007 年第 6 期。

令人遗憾，环境权利可诉性实践是在强烈的质疑中进行的，其所取得的成果远未达到人们的期望，因此，我们需要围绕环境权利可诉的难点，为环境权利可诉性的证成提供坚实的基础。

一　环境权利规范的模糊性

（一）环境权利规范的模糊性是环境权利可诉的首要难点

虽然"消极/积极"问题和权利成本问题是论证环境权利可诉性的两个非常重要的因素，但二者只有在权利规范模糊的情况下才会突出成为一个问题，在权利规范清晰的情况下，它们实际上不构成决定环境权利是否可诉的实质性因素。现在的问题恰恰在于，在一些国家，立法者已经在其宪法中承认环境权利，制定了环境权利的宪法和法律规范，但同时却缺乏对这些权利的清晰界定，司法机关不得不在缺乏坚实法律基础的情况下直接面对这些权利。在缺乏法律明确规定的情况下，司法机关的能力受到人们的质疑是顺理成章的事情，并且人们完全有理由进一步怀疑法院直接实施涉及资源分配问题的权利是否侵犯了立法或行政机关的权力。

但事实的诡异在于，在权利规范模糊的情况下，不仅经济和社会权利存在可诉性问题，公民和政治权利同样会存在这样的问题，但人们并未据此否认公民和政治权利的可诉性，而是以此为由否认经济和社会权利，原因何在？可能还在于经济和社会权利的天然模糊性。下面通过国家环境义务的分层次分析来逐渐深入解决这一问题。

（二）环境权利规范模糊性与国家环境义务

国家环境义务可分为三个层次，即尊重的义务、保护的义务和给付的义务。虽然履行每个层次的义务都需要耗费一定的资源，即付出一定的成本，但实现三个层次义务的资源是逐渐增加的，换言之，三个层次的义务所对应的权利要素的成本是逐渐增加的，权利的成本越高，其内容就越不容易确定，规范的清晰度相应降低，规范的模糊性逐渐增强，可诉的难度就越来越大。

国家义务的尊重、保护和给付三个层次，清晰地显示了国家针对不同情况承担的不同义务。"尊重义务，是指国家自身不妨碍和干预公民自由的义务；保护义务，是指国家必须采取措施预防、制止、惩罚第三人侵害的义务；给付义务，是指公民通过自身努力不能达到基本权利的最低要求时国家予以救助的义务。"①

1. 尊重义务

尊重义务是基本权利主观面向对应的国家义务，对应基本权利的防御权功能，主要是消极权利。尊重某项权利，意味着该项权利已经存在，并被实际上享有。在未被污染的环境中，清洁水权、清洁空气权自然存在，是无须政府采取积极行为就已经存在的权利，实际上被人们享用，对应这一权利的国家义务在法律上表现为国家发布一般性的禁止性命令，如禁止超标排污，禁止砍伐生态性公益林等，由于禁止性命令概括性地禁止几乎所有污染和破坏行为，因此给予法院的指令是比较明确的。环境权利规范的这一义务层次一经明确，法院适用法律时面临的政治合法性和司法能力质疑的可能性就大为降低。这种尊重义务相对于保护义务和给付义务所耗资源是最少的，为实现尊重义务消耗多少资源是政治问题，而不是法院有权限和能力关心的法律问题。

2. 保护义务

保护义务是基本权利作为客观法直接决定的国家义务，是积极义务。保护义务产生的前提是某种存在的利益或权利被剥夺或处于危险或可能的风险中，这意味着其所保护的对象也必然是某种本来已经存在的东西。环境权利对应的保护义务要求国家采取积极的保护措施，对于侵犯环境权利的行为进行惩罚和作出积极的保障。履行保护的义务需要较高的成本，因为对权利保护的义务就是对权利进行救济的义务。在法律对政府和公民的尊重环境权利的义务作出明确规定的情况下，法律会对违反这种义务而受到的惩罚作出相对明确的规定。但是，如果法律对保护义务的范围语焉不详，对有关保护措施的适当性和充分性的争议会不可避免地产生。以我国生态损害救济法律规定为例，我国的生态损害司法救济立法不足，表现为：我国法律对生态损害缺少明确的规定，对生态损害的赔偿范围没有明确规定，对生态损害的权利请求人没有明确规定，《侵权责任法》重视事后救济轻视事前预防等。在立法者对保护义务内容规定不明确，并且履行保护义务还需要消耗一定资源的情况下，法院适用这种权利规范的难度以及谨慎程度就会增加。与尊重义务相比，保护义务的可诉性明显降低。

---

① 龚向和、刘耀辉：《基本权利的国家义务体系》，《云南师范大学学报》（哲学社会科学版）2010年第1期。

3. 给付义务

所谓给付义务，是指"国家以积极作为的方式为公民提供某种利益的义务"①。给付的内容可以是物质性的利益，可以是法律程序，也可以是服务行为。给付义务与基本权利的防御权功能所对应的消极义务是完全不同的义务形式，消极义务要求国家不去干预人民的自由，让每个人都通过不受限制的自我奋斗去谋求富足的生活。但是，人们自己的努力未必使他们都能获得物质上、经济上的满足，各种原因会造成贫富不均，一些人无法保障自己的生存。在这种情况下，国家提供物质上、经济上和程序上的给付就显得比要求国家不干预更为重要。国家履行给付义务在很大程度上就是为了保障所有个人都能获得符合人的尊严的最低生存条件，使人们在任何情况下都能维持起码的生活水准。

给付义务即国家积极为公民提供环境利益的义务，其核心是环境利益的增益。增益性功能的核心在于利益最大化与损失最小化，在于利益增进，"环境法恰好是'两害相比取其轻'，是强调损失最小化。损失最小化至少应包括两个原则。一个是最大的最小损失原则，是最小损害原则，还有一个是最小的最大补偿原则。环境法永远坚持一个最终底线原则，即把握损失的底线"②。国家的环境给付义务就是要预防和治理环境污染、生态破坏、公地悲剧等问题，大力促进环境保护的正外部性，以增进环境利益。因此，国家履行环境给付义务必然涉及财政再分配。对于环境权利来说，给付层次的义务是显而易见的。根据尊重义务和保护义务，环境法仅有保持现有环境权利和利益的功能，但在生态利益与经济发展的多元利益冲突中，国家必须承担积极义务以治理污染和改善环境，通过履行给付义务来增进环境利益才能为多重利益冲突的协调寻求出路，才能走出生态危机，实现全社会环境权益的增益。国家履行给付义务所耗资源远高于履行尊重义务和保护义务，即国家环境给付义务对应的环境权利的层次是成本更高的权利，相应的，规定给付义务的法律规范的模糊性要远远高于尊重义务和保护义务，其可诉性程度亦最低。

（三）环境权利规范模糊性的成因

为什么给付层次的环境义务一般都会非常模糊？如果能够解释这个问

---

① 张翔：《基本权利的受益权功能与国家的给付义务》，《中国法学》2006 年第 1 期。
② 李启家：《论环境法功能的拓发展——兼议中国第二代环境法的发展前景》，《上海法治报》2009 年 3 月 11 日 B05 版。

题，实质上也就解决了环境权利规范模糊性的成因。

1. 环境权的模糊性

环境权具有主体范围的不确定性，内容的不具体性和客体的不可控性（详细内容见第三章第一节）。

2. 环境权利表达方式的模糊性

很多情况下，环境权利不能以"手段和目的方法"的方式予以表达。这就意味着它通常只是规定权利所要达到的目的是使权利主体获得适宜的环境，但如何达到这一目标的手段或者没有规定，或者规定了也仍然模糊不清。出现这种状况的原因是，达到适宜环境的手段可以有很多种，但适当手段的选择通常只能根据具体的情况才能最后确定。例如，立法中确立清洁空气权并无太大的障碍，但对于清洁空气的具体标准（我国的空气质量标准的变化堪为很好的例证）、治理已污染空气采取的具体方法、资金来源、产业发展限制等却不是可以轻易界定的。

3. 国家的积极环境义务的多维性

环境保护义务和给付义务是积极义务，这意味着国家应该采取的积极行为是非常多维的，很难在一条宪法规范或几条法律规范中进行详细规定。积极的环境给付义务要求国家向人民提供环境利益。这种利益大致可分为两类：一类是程序性利益或者相关服务，例如对公民环境权利的保障提供司法救济；另一类是物质性利益或者相关服务，例如治理环境污染，保护生物多样性，提供生态补偿等。但是二者之间并无绝对界限，有时候给付内容究竟是物质利益还是程序利益很难区分。

4. 环境权利的高成本性

高资源要求性意味着允许国家逐步实现环境权利的保护义务和给付义务，这又意味着各个国家机关在履行这项义务时拥有很大的自由裁量权。以生态补偿为例，在法律有明确规定的前提下，国家有义务采取积极措施实施给付义务保障这项权利的实现是毋庸置疑的，但究竟哪个及哪级的国家机关应该何时、采取何种措施保障这项权利的实现却并不是很清楚，不是立法者不愿做详细的法律规定，而是客观上立法者很难作出详细的规范。此外，特别是在发展中国家，在资源有限和利益多元的情形下，哪个人群享有优先权的判断，对司法机关行为的合法性和司法能力亦是一个巨大的考验。在环境权利规范缺乏具有操作性的明确的法律基础的情况下，如果由司法机关来直接决定这种需要耗费大量资源的问题，那么法院的政治合法性和司法能力将会首当其冲地成为人们怀疑的目标，界定内容不确定而又有较高成本的权利规范在传统上首先归属立法机关，并且实施最有利于环境权利规范的最适宜机构也是行政机关，而非司法机关。

（四）环境权利规范的模糊性与环境权利可诉性民主正当性缺乏和司法能力限制

从根本上说，民主正当性缺乏与司法能力限制首先来自环境权利的规范模糊性。如果司法机关不得不在环境权利规范比较模糊的情况下适用法律，那么它的民主正当性和司法能力限制问题将会非常突出。由于保护义务和给付义务层次的环境权利具有很高的资源性要求，而且还是要求国家采取措施的积极权利，因此，司法机关根据这样的权利条款对立法机关和司法机关的行为进行司法审查时，就意味着其可能要对涉及财政分配和政策内容的选择问题作出决定，而财政分配以及政策选择问题通常被认为是属于政治机关——立法机关或行政机关的事项。如果这种事项由司法机关处理，这不仅侵犯了其他国家机关的职权，而且也超出了司法机关的能力范围。

既然解决了环境权利规范的模糊性问题就可以从根本上解决民主正当性和司法能力限制问题，那么，努力使环境权利规范具有清晰性就是解决问题的最佳路径。但是，环境权利的人权属性妨碍了权利规范清晰性的实现。环境权利既可以由宪法进行规定，也可以由普通法律进行规定，但其人权属性决定了它们应该获得宪法的承认而不应只是普通法律。但环境权利的宪法基本权利地位意味着其权利规范的模糊性尤为突出。如果仅是普通权利，立法机关在其职权范围内可以对其内容进行详细规定；而对于宪法权利而言，既不能太模糊，亦不能太具体。"太模糊了很难对决策者和司法机关提供确定的指引，太具体了则可能导致过度琐碎或僵化。"① 这进一步说明，作为一种人权规范，保护义务和给付义务层次的环境权利在很大程度上不得不成为一种模糊的权利。

二 环境权利可诉缺乏民主正当性

反对环境权利可诉的观点认为，环境权利的可诉性必然导致民主正当

---

① Cecil Fabre, *Social Rights Under the Constitution*: *Government and the Decent Life*, Oxford University Press, 2000, pp. 156 – 157.

性危机和违背权利分立原则，因为环境权利的可诉性违背了司法权设置的原意。环境权利的可诉性实质上是通过司法机关的裁判来保障其高度的资源依赖性。立法机关被认为是民意的代表，因此当涉及政治决策，尤其是关系到国家预算和财政支出的重要决策应由立法机关作出，立法机关通过法律的制定，承认环境权利，并成为履行国家环境义务的首要主体。而环境权利通过法院实现往往需要一定的资源分配或财政基础，这种情况下，法院的裁判很可能与立法机关发生冲突。同时，立法权被认为是立法机关的权力，司法机关如果对其消极不作为进行审查，即司法机关"要求"立法机关积极立法，必然威胁立法权限。司法权并非民主选举产生，具有一定的中立性质，这种性质意味着法院不能代表更多的民意，因此，其更适宜做消极权利的捍卫者，而不是积极权利的倡导者。通过司法机关救济环境权利面临着侵扰民主原则的可能。例如，在生态损害行政补偿中，如何征收环境税、环境费，如何设立基金，如何分配基金，如何保障权利人获得适当补偿的及时性，如何向责任人追偿等，这类决定本应由立法机关或行政机关作出，特别是在涉及预算、财政或税收等问题时。因此，有人认为，法院救济环境权利是反民主的。"使法院不起政策制定或立法的作用，在加拿大社会似乎是必要的。"①

以印度的环境公益诉讼实践为例，印度法院秉持司法能动主义，已发展成为一个"政策形成场所"。印度环境公益诉讼涉及的事项是政治、社会、经济和环境问题，这些复杂的事项在其他国家通常不是以司法机关作出裁判的方式来解决的，而在印度，则是由最高法院来决定。司法机关在运用公共利益管辖权时可能到达它的宪法权限的极限，开始介入政策制定，而这本是立法机关的排他性权力。但是，由于缺乏制度权限和民主责任，司法在进入政策制定领域时应尽可能审慎，环境权力应主要在环境立法过程而不是在环境司法过程中行使。印度城市固体废物管理案从反面验证了司法机关进入政治领域所引发的后果。"在这样的情况下进行司法干预，通常会带来复杂的后果，因为不是所有的当事人都会到庭。考虑到纠纷中那些受影响的当事人有限的参与，法院不能确保判决结果覆盖的程度和广度。"② 法院将自身发展成环境保护机关而不是裁判行政机关在其法

---

① M. Jackman, "the Protection of the Court", 20 *Ottawa l. rev*, 257（1998）.

② 吴勇：《印度环境公益诉讼发展中的问题与启示》，《南亚研究季刊》2010 年第 4 期。

定职责内治理污染，这种情况必将破坏三权分立架构的稳定、破坏正常的环境管理秩序，甚至可能损害环境权利。

三　环境权利可诉受环境司法能力制约

这一观点的持有者认为，法院对环境权利的司法裁决将突破司法的限度，损坏司法机关在宪政体制内的权威和功能。环境权利的可诉性在司法能力限制方面的考量包括：（1）法院缺乏处理和裁决环境权利的信息资源；（2）司法机构缺乏相应的环境技术和环境法律专家衡量保护环境权利的程度；（3）法院无力成功地形成环境公共政策；（4）法院缺乏必要的手段和救济途径最有效地保护环境权利。[①] 根据这种观点，司法机关并不掌握一个国家的社会资源状况，没有能力取代环境权利决策者——立法机关和执行者——行政机关。司法机关在救济环境权利方面的主要问题体现如下：

（一）司法机构难以应对环境权利保障与生态和社会发展的多中心任务

多中心的情势是指司法决定将会对之产生复杂的影响并超越当事人和事实条件。南非宪法法院的奥李根大法官指出，法院裁判的有预算意义的争议属于典型的多中心的问题。环境权利司法救济涉及广泛的利益关系，无论是违宪审查，还是环境行政公益诉讼和环境民事公益诉讼，其影响远远超越当事人本身。在中国，环境权利的司法救济与各种各样的地方保护主义处于明显或隐蔽的冲突之中。如果企业与个人之间发生生态损害纠纷，可能受害者众多，侵权范围广、强度大，尤其是某些污染企业的经济效益较高，如果法院判决污染企业停产，将其查封，则当地的经济发展会受到影响，进而演变成影响当地社会稳定的问题。即当公民主张环境权利的行为和法院提供司法救济的行为，上升为经济发展与环境保护的利益博弈时，环境地方保护主义的"有形之手"就正当其时地伸出来了。进一步深入分析，生态损害的根源之一即在于政府环境规制不力，特别是地方政府对环境保护重视不够，对污染行为放任自流，甚至实行地方保护，长期对企业的违法行为默许甚至纵容，导致企

---

① 参见秦前红、涂云新《经济、社会、文化权利的可司法性研究》，《法学评论》2012 年第 4 期。

业愈发肆无忌惮，从而导致生态损害的发生，引发严重的经济和社会后果。一些地方政府在处理环境与经济的关系上，片面强调营造宽松的发展氛围，使一些工业园区和企业环境监管处于失控状态，一些地方只顾自己经济发展，不顾他人环境保护，跨界污染纠纷日增，在涉及项目审批、排污收费、行政处罚等环境执法过程中，许多地方政府不适当地干预环保部门的执法等。如果环境权利人主张环境权利，法院对受损环境权利进行救济，无论是环境行政诉讼还是环境民事诉讼，都是典型的多中心问题，将涉及复杂的政策选择，辐射出深远的社会和经济意义。法院不适合作出多中心的决定，这是因为司法裁判的若干特征阻碍法院成功地完成环境权利争议的司法裁判。

（二）法院缺乏处理环境权利争议必备的信息和专业知识与技能

环境侵害源于人们的开发和利用行为超过了生态系统的承载能力，这一侵害不同于传统侵权，导致司法救济面临操作上的诸多困难，如因果关系难以认定，赔偿对象和赔偿标准难以明确，法律性质、构成要件没有规定，责任形式难以确定等。环境司法中常见的困难，如按照司法的环节分类，包括环境案件受理难、审理难、判决难以及执行难。按照审判的技术规则分类则包括诉讼主体资格确定难，因果关系认定难，当事人取证难，举证责任分配难，损害评估难，诉讼时效认定难等。在对环境权利损害予以司法救济时，损害不是由当事人事先约定或者以其他方式确定，而是由法官根据案件具体情况决定损害赔偿。法官们在裁判时不能回避的障碍是，如何评价受损的生态利益，使其价值能技术性地外在量化。如果被保护的生态利益价值处于非确定化状态，就会给稳定地实施法律带来困难，如果法官缺乏相应的信息和知识，则会进一步加剧困难。

第三节 环境权利可诉性的论证

一 环境权利规范模糊性的破解

国家环境义务经历从消极到积极的发展，这实质是国家环境义务从尊重到保护再到给付的嬗变，国家环境给付义务要求国家增加环境公益和通过再分配方式保障和增进弱势群体的环境利益，例如，为保障公民的清洁空气权，国家需要投入大量资金治理雾霾（在我国，治霾还是国家的客观义务，公民尚未以清洁空气权为诉求要求国家承担这一义务），这意味着环境权利的高资源性要求，高资源要求性随之带来的是社会资源的再分配和具体政策的选择问题，如果立法机关和行政机关不能在其职责内履行义务以保障环境权利的实施，司法机关就应该要求其采取相应措施履行国家环境义务，此时司法机关的行为是否侵犯了立法机关和行政机关的权限，这就是政治合法性问题。

（一）司法机关对环境权利提供司法救济不会破坏三权分立

1. 权力制衡原则的新发展

经济和社会权利可诉性肯定论者认为，经济和社会权利为现代法治国家提供了一个新的民主合法性准则——能够更有效地保障公民福利的政府才具有更高的正当性和合法性。权力制衡原则已经不再是立宪主义时代立法、行政、司法各自分立的模式，而是一种协作型的权力分立模式。联合国 1985 年第 7 届预防犯罪和罪犯待遇大会通过了《关于司法机关独立的基本原则》，根据该原则，"司法机关应对所有司法性质问题享有管辖权，并应拥有绝对权威就某一提交其裁决的问题按照法律规定是否属于其权限范围作出决定"①。"每一个会员国应履行向司法机关提供充足资源的义务，以使其能够适当地履行其职责。"② 司法机关的一项主要义务是审查宪法或法律是否获得实施。在权力分立模式下，国家应该向司法机关提供充足的资源，确保司法机关能够有效行使其司法职能。

2. 司法权的扩张

现代国家的一个显著特征是行政权的扩张，行政权从传统上的管理职能扩展为包括行政立法和行政司法在内的广泛权利，同时，立法权和司法权也在一定程度上突破了传统观念认可的界限，向原来属于其他权力的领域扩张。司法机关通过判例和司法解释，在事实上行使了立法职能。质疑者认为环境权利具有高资源要求性，涉及资源的重新配置，司法机关无权

---

① Principle 3, Basic Principles on the Independence of the Judiciary, Seventh United Nations Congress on the Prevention of Crime and the Treatment of Offenders, Milan, 26 August to 6 September 1985, U. N. Doc. A/CONF. 121/22/Rev. 1 at 59 (1985).

② Principle 7, Basic Principles on the Independence of the Judiciary, Seventh United Nations Congress on the Prevention of Crime and the Treatment of Offenders, Milan, 26 August to 6 September 1985, U. N. Doc. A/CONF. 121/22/Rev. 1 at 59 (1985).

处理此类事务，以此否认环境权利的可诉性。但是，任何权利都是有成本的，司法机关在对某些公民和政治权利进行司法保障时，也常常给立法机关和行政机关施加具有高资源要求性的积极义务，因此，实施权利就意味着分配资源。社会资源的分配并非只是立法机关和行政机关的权力，司法机关也同样应当参与其中。如果立法机关和行政机关确定的是资源分配的整体框架，那么司法机关的权限则是对某些部分进行再次的调整和重新配置。

3. 司法机关对环境权利提供司法救济是法律解释职责的延伸

司法机关对立法没有充分规范的环境权利的直接救济，实际上是司法机关对法律进行的"漏洞补充"或者"法的续造"，是司法机关的法律解释职责的延伸。司法机关通过司法解释和创造判例所体现的立法性职能在现代社会是获得普遍认可的权力，司法机关在实施某些积极的公民和政治权利时也经常给立法和行政机关施加具有高资源要求性的积极义务。

（二）环境权利可诉的政治合法性疑点

环境权利的实现需要国家提供大量的资源做保障，但国家的资源是有限的，需要立法者在掌握大量信息基础上通过立法确定社会中具有不同层次需求的权利主体实现权利的先后顺序，根据不同的情势决定有限资源的分配，因此，对可利用的有限资源进行分配在很大程度上是立法者的裁量范围。而立法裁量在很多国家是免于司法审查的，公民不能基于分配政策的不合理而寻求司法救济。

下面以雾霾治理为例，考察环境权利的实现将会如何涉及国家的财政再分配。雾霾是空气污染的重要原因，虽然我国未在法律中明确公民的清洁空气权，但是国家的治霾行为是一种保护环境的客观义务。2013年9月，国务院正式发布《大气污染防治行动计划》，成为我国史上最严的大气污染治理计划，为治理雾霾提供了基本原则和相应的措施。2013年10月14日，财政部公布消息，中央财政将安排50亿元资金，专项用于北京、天津、河北、内蒙古、山西、山东六个省份的大气污染治理，以解决京津冀地区持续被雾霾笼罩的问题。按照公共财政要求，解决雾霾等大气污染问题，也是财政资金功能和作用不可分割的重要组成部分，是公共财政职能的充分体现。而发达国家雾霾治理的经验也说明，治理雾霾的问题不在技术上，而主要在于成本分摊方面。环境治理的基本原则"谁污染，谁治理"看上去似乎简单明了，其实是一个边界很不清晰的原则。比如，政府制定的环境标准和环境监管行为是否得力？企业是不是严格按照环境标准生产和排污？消费者对不同的产品是否可以选择？所以，"谁污染"至少在宏观层面很难界定，因此，污染治理成本需要比较公平的分摊。当然，也正是因为这种含糊性，公平分摊其实也很困难。环境治理的成本分摊还需要符合现阶段基本国情，它不是简单算账收费，而需要兼顾其他社会目标。成本分摊常常由此而变得非常复杂。此时，疑问自然产生，国家是否有宪法上的义务通过增加财政预算治理雾霾？国家通过哪种渠道增加治霾财政预算？在大面积多地区存在雾霾的情况下，国家是否有义务将全部治霾费用确定优先顺序？国家是否有宪法义务调整能源结构？这些都涉及国家的财政再分配。按照一般观点，由法院对这些问题作出决定是非常困难的，这主要是立法和行政机关的权限。清洁空气权的实现受到"可利用资源"的内在限制，资源的缺乏很容易成为环境权利不能得到保障的正当理由，因此，对于政府作出的广泛财政分配决定，法院进行司法审查无疑将会面临困境。

（三）环境权利可诉的政治合法性重塑

司法机关在环境权利司法保障中的政治合法性难题的恰当解决之道应该是"尽力在政治与权利之间寻求平衡"①，或者说，是要在实现对环境权利的司法救济与维持司法的政治合法性的跷跷板上捕捉瞬间的平衡。所以南非宪法法院大法官佐治·扎克·雅可波说："政策制定领域当然是属于经民选产生的政治代表们的权限范围，法院无权干涉，但当决策者超越权限侵犯权利时，法院必须作为，我们需要确定这个合理的界限在哪里。"② 环境权利可诉的政治合法性的具体内容如下：

1. 司法机关有权对实现环境权利涉及的可利用资源进行审查

环境权利的保障是典型的"多中心问题"，无论资源是否充裕，将资金用于一种需要的满足就必然影响政府有义务满足的其他需要，南水北调如此，生态补偿如此，治理雾霾如此，司法机关可能很难就这种选择的合理性问题作出决定。但是，存在困难并非意味法院在某些方面就无可作

---

① D. M. David, "the Case Against the Inclusion of Socio - economic Demands in a Bill of Rights Except As Directive Principles", *South African Journal on Human Rights*, 1992, Vol. 8, p. 490.

② Judge Zac Yacoob, "panel discussion: enforcing socio - economic rights: the potential and linits of the judiciary?" *DER Review*, Vol. 1, No. 4, 1999.

为。司法机关的使命就是行使宪法和法律规定的职责，而环境权利实施本身就意味着在获得实施所需的国家资源上具有优先性。倘若政府没有优先保障这种资源的取得，那么司法机关要求立法机关和行政机关保障实施这个权利所需的资源的供给应该是正当和合法的。

实践中，在印度，司法审查几乎进入了环境管理的所有领域。印度法院已经发展为一个"政策形成场所"。司法机关参与环境立法和环境政策的形成，其程度可能达到自身的宪法权限的顶点。

2. 合理性标准——审查国家履行环境立法义务的标准

司法机关审查立法机关履行宪法义务遵循什么标准？南非新《宪法》第 27 条是关于医疗、食物、水和社会保障的条款，其中第 2 款规定，针对上述权利，"国家必须在其可利用范围内采取合理的立法和其他措施以逐渐达到上诉每一项权利的实现"。这类权利规范因为具有较高的资源性而不得不规定为比较模糊的"逐渐实现"条款，因此，资源的匮乏更容易成为权利不能得到保障的正当理由，司法机关在对这类权利进行审查时应遵循什么标准呢？南非的"格鲁特布姆"案提供了可资借鉴的样板。宪法法院认为，判断国家是否履行了宪法施加的积极义务的关键问题是，国家采取的立法及其他措施是否合理，此即合理性标准。在风险社会中，大量的环境公共政策是"决策于未知之中"[1]，此时，司法机关面临的问题是，针对政府的决策风险，如果公民及相关主体以环境权利为由提起诉讼，法院是否有权力进行司法审查？进行审查的标准是什么？在我国，这些问题具有重大意义，因为近年来，我国的环境群体性事件主要是公众针对可能发生的风险的"事先预防型"集体行动。由于科技的迅猛发展和风险判断的高度专业要求，立法机关很难对环境风险规制予以详细的规定，只能对环境风险规制进行框架性规定，这加剧了环境权利规范的模糊性，增加了国家侵害环境权利的可能，弱化了国家的环境给付义务，例如南水北调中线工程的巨大生态隐患，立法机关除了进行框架性的环境风险规制外几乎无所作为。而南非宪法法院在判例中确立的合理性标准为法院对风险性环境决策的司法审查提供了可资借鉴的参考。

3. 环境权利司法保障中司法机关的强制性命令权力

"格鲁特布姆案"中，南非宪法法院判决所下的命令被广泛视为是一

---

[1] 叶俊荣：《环境政策与法律》，中国政法大学出版社 2003 年版，第 23 页。

种"宣告性命令",即"至少宣布政府的政策违宪的命令",而非"监督性命令"或"强制性命令",即明确而具体地告知政府如何作为的命令。在"治疗行动运动案"中,南非宪法法院指出,宪法要求国家必须"尊重、保护、促进和实现'权利法案'规定的权利",因此,法院有权力审查政府在制定和实施政策的过程中是否履行了宪法义务,把法院针对政府所发布的命令区分为宣告性和强制性的命令是没有多少意义的,因为即使一个针对政府或国家各个部门的简单宣告性命令也将对国家政策和财政预算产生影响。因此,宪法法院认为,法院在执行宪法中规定的权利方面享有广泛的救济性权力,这种权力既包括宣告性命令,也包括强制性命令。宪法法院在判决中说:"适当的救济本质上是保护和实施宪法所需的救济,根据个案的具体情况,这些救济可以是针对一个权利的宣告、禁止令、命令书以及确保宪法规定的权利获得保障和实施所必需的其他措施。如果确有必要,法院甚至必须创造出新的救济形式以保障和实施这些非常重要的权利。"① 宪法法院引用美国、英国、德国、加拿大、印度等国的一些案例说明,强制性命令是各国法院都普遍使用的一种救济方式。南非宪法法院在对"治疗行动案"的判决中,既宣布了宣告性命令,也发布了强制性命令。宣布政府关于艾滋病毒母婴传染的政策没有遵守宪法规定的义务,因此命令政府立即取消对反转录酶病毒药物使用的限制;为防止艾滋病毒母婴传染,法院要求政府立即允许并促进对反转录酶病毒药物的使用,如果必要,政府还应提供专门顾问培训和指导反转录酶病毒药物的使用,并采取合理措施扩大公共卫生部门测试和咨询资源的使用以促进和加快反转录酶病毒药物的使用。南非宪法法院的司法实践说明,在对经济和社会权利进行司法救济时,法院并不仅限于发布宣告性命令,还可以根据个案情况,行使灵活的救济性权力,包括命令性权力。

在印度,司法机关直接行使命令性权力。在城市固体废物管理案中,法院、原告、联邦政府律师、城市发展部、森林与环境部共同组成了以巴曼为首的委员会,该委员会提交了最终报告递呈法院,2000 年,法院要求的法定机构根据巴曼委员会报告采取措施。据此,森林与环境部修改了《市政固体废物管理与处理法案》(以下简称《固废法》),在《固废法》

---

① Minister of Health and Others v. Treatment Action Compaign and Others,2002 (5) SA 721 (CC),para. 102.

修订后，法院要求相关城市的行政机关对巴曼委员会报告的建议进行回应。印度法院比南非法院走得更远，甚至在环境公益诉讼中参与规则的制定，即直接就环境公共事务处理行使权力，实质上进入了传统上属于立法机关和行政机关的权力范围。

二　实现环境权利可诉的政治合法性的解析与重塑

宪法权利规范的模糊性不能成为其不具可诉性的理由。考察立宪史和当代各国宪法，基本权利的模糊性甚至堪称宪法文本的普遍特征。即使是公民和政治权利在宪法中的规定也是模糊的，但是这并未成为否定公民和政治权利可诉性的理由，相反，正是司法机关在规范模糊的情况下的司法裁判活动证实了司法保障基本权利的作用。

（一）对环境权利规范结构的分析与环境权利规范的法律效力的分类

1. 环境权利的规范结构

与其他权利规范一样，环境权利规范具有的三个维度：（1）客观性维度，指权利所具有的客观性；（2）主观性维度，意味着权利与权利主体的意志紧密相连；（3）规范性维度，指权利背后都有规范作为依据，或者说权利是由规范予以确认的。在这三个维度中，权利的规范性维度是根本的，因为其不仅是权利及其权威性的来源，而且权利所具有的客观性和主观性都来自规范的确认，权利所具有的主观性和客观性也是权利规范所具有的主观性和客观性。规范的不同种类以及规范的具体内容都将直接影响权利的主观性和客观性程度，进而影响权利实现的程度和方式。德国法学家罗伯特·阿历克西将宪法性经济和社会权利进行了结构性分析，他认为：第一，根据规范的法律效力可以将宪法性经济和社会权利规范分为具有法律拘束力的规范和不具有法律拘束力的规范；第二，规范可以分为规定主观权利的规范和只是约束国家行为的客观性规范，主观性权利就是权利主体可以提出要求的权利，客观性规范是仅规定了国家义务却不能由权利主体提出实施这种义务要求的规范；第三，规范可以确认确定或者初步确定的权利或义务。确定的权利或义务由法律规则进行规定，而法律原则确认的只是初步确定的权利或义务，法律规则是清晰的，而法律原则比较模糊，只有相关国家机关权衡其他法律原则后才能确定权利义务是否适用于某一具体情况。①

2. 环境权利规范法律效力分类

我们借助阿历克西的宪法性经济和社会权利规范结构理论分析环境权利规范的效力。②

第一种类型的权利规范具有法律拘束力，权利具有主观性，权利和义务是确定的，权利具有可诉性，权利主体不仅可以向义务主体提出权利主张，而且还可以要求国家机关予以强制执行。这一规范形态的权利是完整的权利。如果环境权入宪，并且权利义务内容明确，其可诉性是由宪法明确规定的，不会发生因规范模糊而导致的可诉性疑虑，这是环境权利的理想状态，但环境权的入宪与司法保障现状与此有很大差距。

第二种类型的权利规范具有法律拘束力，但提出要求的主体享有的具体权利内容最终取决于国家机关（包括法院）根据个案进行的解释。在环境权入宪的国家，环境权利虽以主观权利形式存在，但具体内容不详细，往往以原则规范的形式存在，因为原则规范的模糊性而导致权利的可诉性存疑。如果将环境权利的原则性规范转化为规则性的规范，那么就可以使原则性权利从模糊走向清晰，与权利相应的义务也可以从不确定走向确定。这种类型的环境权利的可诉性是最复杂的。

第三种和第四种权利规范不具有可要求性，但因为相对的义务是确定或初步确定的，因而该义务的实施受到法律强制性保障，权利保护的客观利益受到一定程度的保障。在这种情况下，环境权利主体不能直接寻求司法救济，只能根据其他保障机制寻求利益保障。环境权利的间接司法救济模式是实现这种不具有可要求性的环境权利的保障途径之一。在我国的司法实践中，可以依据《宪法》第26条"国家保护和改善生活环境和生态环境，防治污染和其他公害"的规定请求环境权利的司法救济。

第五种到第八种权利规范都缺乏制度化的法律保障机制，不能经法律途径要求包括司法救济在内的法律机制保障。例如，因气候变化引起的环境权利救济请求就属于此种情况。气候变化诉讼案件在世界各国大量出现，这类诉讼普遍面临一个法律障碍：法院可否对这类受损权利进行司法

---

① Robert Alexy, *A Theory of Constitutional Rights*, New York: Oxford Uniwersity Press, 2002, pp. 336 – 339.

② 参见黄金荣《司法保障人权的限度》，社会科学文献出版社2009年版，第72—76页。

救济。在美国，气候变化诉讼一开始就面临所谓的政治合法性的困扰。美国发生的典型的气候变化诉讼包括马萨诸塞州诉环境保护署案、康涅狄格州诉美国电力能源公司案、科菲诉墨菲石油公司案、齐瓦利纳案等，综观这些判例，可以认为气候变化引发的环境权利纠纷还未上升到法律问题的高度。①

（二）明确国家对积极环境权利的立法义务

保护义务层次和给付义务层次的环境权利要求国家履行积极义务，而这两类权利往往以上文第二种类型的权利规范形式存在于宪法文本中，保护义务和给付义务层次的环境权利的实现需要国家提供大量的资源做保障。而一个国家中的资源是有限的，需要立法者在掌握大量信息基础上通过立法确定社会中具有不同层次需求的权利主体实现权利的先后顺序，根据不同的情势斟酌决定分配资源的时机和方式，对这些有限的资源进行合理的分配。因此，对可利用的有限资源进行分配在很大程度上是立法者的裁量范围。而立法裁量在很多国家是免于司法审查的，公民不能基于分配政策的不合理而寻求司法救济。但是，对可利用的资源进行分配并非立法者任意裁量的事情。宪法在对立法者授予权力的同时也科以义务。特别是对那些已经加入《经济、社会和文化权利国际公约》的国家的立法者来说，更是如此。实践中，如何明确国家对积极环境权利的立法义务是一个困难的问题，"最低限度的核心义务"理论、"即刻实现的义务"理论和"立法不作为"诉讼有助于明确国家对积极环境权利的立法义务。

1. "最低限度的核心义务"理论

《经济、社会和文化权利国际公约》第 2 条规定，各缔约国对经济和社会权利的实现须承担一种"逐渐实现"的义务。各国可以根据其经济发展状况、资源可资利用程度等，自主决定或裁量其义务履行的步骤、方式和方法等。很多人担心"逐渐实现"的义务的规定极有可能导致国家经济和社会权利给付义务裁量的绝对性和无约束性。英国学者威廉·韦德指出："在建立在法治基础上的制度中，无约束的政府自由裁量权是自相矛盾的命题。真正的问题是，自由裁量权是过宽还是过窄，法律界限应在

① 参见杜涛《在政治与法律之间——气候变化诉讼中的政治问题理论》，《北方法学》2013 年第 5 期。

哪儿划定。"① 为了解决经济和社会权利实施所面临的困难和挑战，联合国经济、社会和文化权利委员会在1990年第五次会议通过的《第3号一般性意见：缔约国义务的性质》中提出了"最低核心义务"的概念。这一概念是对"逐渐实现"的义务的反思，它承认经济和社会权利的某些要素为国家创造了一种立即实现的义务，这种义务不受"逐渐实现"的义务的限制，并以此作为评估政府义务的基础。该理论认为，尽管权利的内容非常广泛，权利设定的目标也有高低之分，但每项权利都有一个核心的基本内容，"是以每项权利都必须产生一个绝对的最低要求，如果没有这一最低要求，那么缔约国将被认为违反了由它产生的义务"②。委员会提出：各缔约国应用"一切适当方法，尤其包括立法方法"履行公约第2条所载的义务。委员会还特别指出："每个缔约国都有责任承担最低限度的核心义务，以确保使每项权利的实现达到一个最基本的水平。因此，如果在一个缔约国内有任一较大数目的人被剥夺了粮食、基本初级保健、基本住房或最基本的教育形式，该缔约国等于没有履行公约下的义务。如果不把公约看作是确立了此种最低限度的核心义务，那就等于使其基本上失去了存在的理由。……如果一个缔约国将未履行最低限度的核心义务归因于资源缺乏，那它就必须证明已经尽了一切努力、利用了一切可以利用的资源优先履行了那些最起码的义务。"③ 根据上述意旨，参加公约的国家有最低限度的核心义务。如果某个参加国没有承担该最低限度的核心义务，以确保使每项权利的实现达到一个最基本的水平，则该缔约国没有履行公约确定的义务。在此种情况下，缔约国的公民可以要求国家有所作为。"作为一项一般原则，在个人或群体由于不可控的原因而无法利用可利用的手段自行实现有关权利时，缔约国就有实现或提供公约规定的某项具体权利（的义务）。"④ "最低限度的核心义务"理论使经济和社会权利的含义直接从模糊走向确定，只要没有履行该义务，就意味着对相关权利

---

① ［英］威廉·韦德：《行政法》，徐炳等译，中国大百科全书出版社1997年版，第68页。

② Phillip Alson, "Out of the Abyss: the Challenges Confronting the new U. N. Cmmittee on Economic, Social and Cultural Right", *Human Rights Quarterly*, Vol. 9, 1987, p. 351.

③ Committee on Economic, Social and Cultural Rights, "General Comment No. 3, 1990", in *HRJ/GEN/I/Rev.* 6, 12 May, 2003, p. 16.

④ Ibid. , p. 46.

保障的违背。除非有特殊情况，否则资源限制不能成为不即刻保障经济和社会权利的理由。

最低核心义务适用于尊重义务、保护义务和给付义务，但其对给付义务的意义最大。最低核心义务的要求大大降低了经济和社会权利的资源要求性，从而在很大程度上降低了实现这些权利的难度。根据最低核心义务，给付层次的国家环境义务的保障不以普遍的、高水平的保障为目标，只是要求国家应该优先保障最基本的环境权利，如清洁水权、清洁空气权。"最低限度的核心义务"理论为解决环境权利的模糊性，清晰界定环境权利提供了可资借鉴的理论基础。

因此，立法者如果没有进行环境立法，制定合理的环境政策，公民则可以根据宪法中的相关条款请求立法者履行法定职责，以保障公民环境权利的实现。具体来说，公民可以请求立法机关制定相关的环境法律，建立和完善各种环境法律制度，为公民环境权利的实现提供法律保障。就我国的现实情况而言，当前的"合理的环境立法"和"合理的环境公共政策"的立足点是提高环境立法和环境公共政策的质量，将可持续发展的立法理念贯穿于全部法律原则和法律制度。一方面，国家应积极通过公法规范预防、排除和救济污染行为和破坏行为对环境权利的损害，其具体内容涵盖污染防治和生态保护、规划建设、制定环境标准等，其法律责任包括行政处罚、限期治理、停产整顿等；另一方面，国家应积极通过相关制度增进环境公益，扩大环境利益供给，通过利益增进为多元利益冲突的协调寻求出路，扩大利益供给；同时，国家应通过政策倾斜、财政补贴、经济刺激等手段矫正环境不公，增进弱势群体的环境利益。

2. "即刻实现的义务"理论

在那些规定公民享有经济和社会权利的国家的宪法中，在有关权利条款的表述方式上一般使用"尽最大能力……""努力……""逐步实现……"以及"改善"等词汇。这表明，公民的经济和社会权利的实现不是一蹴而就的，而是表现为一个动态的、逐步的过程。正因为如此，许多国家的宪法虽然写上了这些条款，"但在某种程度上只是将它们看作是

一个目标而非权利"①，或者把它作为"政府政策的指导原则"。在南非
"格鲁特布姆案"中，宪法法院对《宪法》第 26 条第 2 款中的"逐渐实
现"作了同委员会相同的解释，认为它科以了立法者即刻实现的积极义
务。如果立法者不履行即刻实现的立法义务，则权利受侵害的公民可以基
于"合理的政策请求权"请求立法者制定法律或采取其他合理的措施；
否则，公民就可以提起宪法诉讼，请求宣告立法者的不作为违宪。如果将
"逐渐实现"解释为立法者的即刻实现的立法义务，公民可以依据"合理
的政策请求权"请求立法者制定保障环境权利的法律，如完善环境侵权
机制，建立生态损害救济和补偿机制，建立环境损害预防机制，建立生态
补偿制度等；否则，公民有权提起宪法诉讼。

　　3. "立法不作为"诉讼的启示

　　环境权利规范模糊性的解决是一个立法问题，而立法问题的实质是立
法者如何履行立法义务。环境权利可诉的实现，最终还要落实到如何由司
法机关督促立法机关制定相关法律上来。这就导致了"立法不作为"诉
讼在司法活动中的出现。为经济和社会权利提供司法保障的"立法不作
为"诉讼，是指立法机关违反宪法所委托的义务，未对经济和社会权利
提供保障或者所规定之保障程度未达到应有的标准而引起公民对立法机关
的诉讼，其目的是促使立法机关及时、完整、适当地履行其立法义务。
"立法不作为"诉讼在理论和实践上发展最完善的是德国。德国 1951 年
公布的《联邦宪法法院法》创设了"宪法诉愿"制度，后来又通过对
《基本法》的修改（第 90 条 4a）规定，人民的基本权利在受到公权力侵
害时，可以通过提起宪法诉愿而请求宪法法院予以救济。

　　基于环境权利主体、客体、内容的不确定性以及各国的经济发展和环
境保护现状，即使在环境权入宪的国家，减少环境权利的模糊性从而实现
其具体化在很大程度上也取决于国家立法义务的履行，但是实践中，存在
大量的国家立法不作为的现象，国家对环境权利的立法不作为和环境权利
的未能充分实现有直接的因果关系。作为环境权尚未入宪的国家，我国的
环境权利立法不作为表现为立法机关对具体环境权利立法的缺失，其具体
表现形态是：（1）具体环境权利的立法漏洞，立法者未履行环境子权利

①　［美］凯斯·R. 桑斯坦：《为什么美国宪法缺乏社会和经济权利保障？》，http//www.
calaw. cn/search/default asp。

的立法义务，导致法律适用过程中的无法可依；（2）立法者虽然制定了法律保护具体环境权利，但对某些问题未做明确规定，导致司法机关在适用该法律时产生疑义，而立法机关又无法适时制定法律规范进行调整，因此需要立法机关排除此疑难；（3）立法者有意识地未做规定所形成的法律漏洞，立法机关基于情势变化的需要，对具体环境权利不做规定，从而为司法机关预留自由裁量空间。① 但是在我国，由于缺乏相关机构审查立法，我国立法机关的立法范围几乎是不受限制的，立法不作为几乎成为环境权利立法领域的常态，因此，具体环境权利缺乏法律规定，受损环境权利司法救济不能就成了见怪不怪的事情了。如何通过解决立法不作为，促使立法机关履行立法义务，从而降低环境权利的模糊性是当前迫切需要研究的问题。

三　环境司法能力的突破

（一）保障环境权利是司法机关的积极义务

从法院角度出发，司法机关在保障环境权利方面的限度除了受到政治正当性的约束外，更受到自身司法能力的约束。但是就司法的功能而言，保障人权和救济人权是其基本功能。环境权利是基本人权，司法机关当然负有救济基本人权的积极义务。宪法是以人权保障为根本价值的，对环境权利的保障不仅是立法机关和行政机关的义务，也是司法机关的积极义务。在权利规范非常清晰的情况下，司法机关适用权利规范的能力并不会成为引起争议的问题。关键问题在于，与其他经济和社会权利规范一样，环境权利规范常常因受到社会资源条件的限制而只能成为"逐渐实现"的规范。在这一背景下，司法机关准确适用与环境权利规范相关的法律规范的能力自然受到强烈质疑。

最低核心义务表明环境权利的保障并不以普遍的、高水平的福利性保障为目标，而是要求各缔约国应优先保障最低层次的环境权利，为清晰界定环境权利提供了建设性的思路，但是，哪一国家机关有权界定最低核心义务则是一个存疑的问题，即立法机关可以界定最低核心义务是当然的题中之义，但是司法机关是否有权界定最低核心义务？

---

① 参见刘国《立法不作为基本理论研究》，《江南大学学报》（人文社会科学版）2006 年第 1 期。

南非《宪法》关于"格鲁特布姆案"的判决可资借鉴，一方面，宪法法院拒绝接受最低核心义务的概念；另一方面，宪法法院又确认这种受到资源内在限制、逐渐实现的权利的可诉性。宪法法院认为，公民要求国家有所作为并不意味着可以直接要求国家提供最基本的住房、食物、医疗保健等方面条件，因为宪法中的相关规定并没有赋予公民这方面的请求权。不过，宪法法院同时指出，宪法赋予了公民个人一项要求国家在其可利用资源的范围内进行合理的立法、设计合理政策的请求权。① 比如，法律并未规定公民生存的适宜环境条件，而实际上他们基本的清洁空气权和清洁水权已遭到损害，在这种情况下，他们可以直接向行政机关请求给予最低保障，如果行政机关拒绝履行国家的环境给付义务，保障基本的清洁空气权或水权，他们可以直接向法院起诉，法院可以直接判决行政机关治理环境污染和生态破坏，以保障公民的基本的清洁空气权和清洁水权。这也应看作是国家承担环境给付义务的方式。

对于政府对具有科学不确定性的环境风险所采取的风险决策行为，司法机关应履行司法审查义务。因为环境风险具有潜伏性、后发性与不确定性，公民需要国家采取相应行动保护环境权利，政府应当实施风险预防措施。但是，国家的风险预防义务不应该也不可能将环境风险降至为零，国家的风险决策重点在于明确预防的范围和程度。行政机关的风险预防决策行为往往面临着有限的技术选择、昂贵的成本、替代风险的选择、替代风险的成本、各方利益的激烈争论等。如果公民认为自己的环境权利受到行政机关的风险预防决策行为的侵害，可以直接向法院起诉。法院应该对行政机关的风险预防行为进行审慎的司法审查。在对冲突的利益进行选取时，必然需要法院作出价值判断。应依据什么标准进行价值判断？这就是利益衡量的问题。法官遵循什么样的标准对生态利益和经济利益、当前利益和长远利益、局部利益和整体利益、当代人的利益和后代人的利益进行综合性衡量？政府应该对潜在风险进行干预，但必须在技术可能性、干预方法与实际效果间合乎比例的条件下才能实施干预行为。如果法院认为其有认定和维护某种可确定的公共利益的义务时，法院将会采取积极行为，对政府的风险决策行为进行司法审查，

---

① Government of the Republic of South Africa and Others v. Grootboom, 2001（1）SA 46（CC），para. 41.

那么司法自身的性质和功能就会发生相应的变化，环境司法将更富创新、更少保守，积极的环境司法将促进法官的造法功能与法院的公共政策形成功能。

（二）环境司法理念更新

1. 司法能动主义

印度是推行司法能动主义的典型代表，自20世纪70年代以来，印度最高法院逐渐奉行积极的司法能动主义，积极扩大对生命权的解释，通过对生命权的保护救济环境权利，积极创造条件进行环境公益诉讼。印度通过最高法院的判例逐渐扩大公益诉讼主体的范围，最高法院允许基于公共利益考虑，赋予个人或者组织根据具体情况代表特定人群提起诉讼的权利，如城市固体废物管理案的原告就是一位普通公民。最高法院首创书信管辖权制度，仅凭一封写给法院或法官的书信就可以成立一个公益诉讼，这意味着提起公益诉讼的人甚至不用准备一份正式的起诉书，只要代表社会弱势群体写一封非正式的书信就可以引起法院对该案的管辖。引入书信管辖权之后，印度最高法院又发明了事实调查委员会制度，对某些书信管辖权引起的案件，法院可以任命一些社会活动家、教授、研究人员、政府官员和司法官员及其他各种专家组成事实调查委员会，该委员会在对案件事实进行调查后将向法院提出报告或建议。事实调查委员会提交的报告通常被法院当成是初步的证据。此外，最高法院还采取了很多与传统不符的非同寻常的司法救济方式，力图促使政府采取积极措施保护社会弱势群体的权利。最高法院的这些措施增强了环境权利的可诉性。"印度法院认为自己是公共利益、社会福利和社会正义的改革者、发起者、倡导者和先行者"[①]，印度最高法院的环境权利司法救济实践使我们意识到，法院通过司法能动主义促进环境权利的司法保障是大有作为的。2014年江苏省高级人民法院对泰州市环保联合会诉常隆农化等6家企业案作出终审判决，判决被告赔偿1.6亿余元环境修复费用，被称为"天价环境公益诉讼案"。该案清晰地表明，在环境公益诉讼中法院不是单纯的纠纷解决者和

---

① P. L. Mehta and Neena Werma: *Human Right under the India Constitution*, New Delhi: Deep and Deep Publications PVT. Ltd. 1999, p. 77.

中立裁判者，还扮演着政策实施者的角色。① 面对地方政府的产业转型升级和生态保护政策，法院以环境公益诉讼的方式来实现服务大局、为中心工作提供司法保障的工作目标，在此过程中，法院的政策实施者角色非常明显。

2. 预防性理念

预防原则是环境法的基本原则之一，是指导环境法治的整体性法律原则，环境司法亦遵循这一原则。国家的环境预防义务包括危险预防和风险预防，针对明显的危害环境权利的行为国家应采取措施进行排除，对于可能使环境权利处于不确定的风险中的行为应采取适当的风险预防措施。按照预防性司法理念的内涵，环境司法制度安排体现出了迥异于传统司法制度的独特性，其表现包括：第一，证据标准认定问题，因为预防性司法措施相对于潜在危害的发生具有预判性，因此诉讼中的证据认定标准应与传统诉讼不同，高度盖然性应成为各类环境诉讼的证据认定标准；第二，对环境违法行为构成要件产生重要影响，损害之虞在一定情况下是构成环境责任的要件之一；第三，司法机关对于政府的风险决策行为进行司法审查。

3. 衡平性司法理念

实现基本权利的要义在于通过对基本权利的限制，在个人利益和公共生活之间作出最合适的利益衡量。作为部门法的一种，环境法的价值也是一种利益价值，环境法的任务在于确认、保障、衡平各种利益，作为实现环境法任务的最重要工具和途径的环境司法，其根本性的任务就在于审判过程中发现、认定、选择环境立法中所表述的各种利益关系，分析、权衡具体案件中各种利益的合法与否、位阶前后、权重大小，并不断求证、检视，在案件事实与环境法律法规之间循环往复，获得合法性支撑，最后保障各种合法利益的实现，并尽量使紧迫利益优先化、缺损利益填补化、总体利益最大化、损失利益最小化。其实，这就是法学中的重要方法——利益衡量在环境司法中的适用。要实现公平正义，从更为宏观的层面上来说，是实现社会博弈的整体平衡，通过协调利益的方式满足社会认同，故而法院不仅要依法裁判，还要关注社会效果，直至两者有机统一，做好司

---

① 秦鹏、陈幸欢：《环境公益诉讼中的法院角色、逆向选择与社会结构》，《西南民族大学学报》（人文社会科学版）2015 年第 5 期。

法过程中的利益衡量工作，充分发现并有效发挥利益衡量在审判活动中的价值，对审理该类案件尤为重要。利益衡量注重于在确定权利义务时努力考察社会事实本身，综合衡平相互冲突的价值与利益间的关系，而且其通过把各种价值化约为利益，克服了价值不可通约的难题。如此其更能够发现一个有效衡平各种价值，对当事人、对社会均具有相当正当性与可接受性的裁决方案，进而实现社会的和谐。① 在环境司法中，由于个案体现价值的多元性，法院必须从环境案件事实的不同法价值定性入手进行甄别、选择，这导致寻法和适用法律的多样性，因此，法官必将在对多样性法律规则作出调适的基础上推导出裁判结论。②

（三）环境公益诉讼促进环境司法能力的提高

宪法规定的人权救济途径并不是所有的人都有能力利用，而且就环境权利的特殊性而言，其司法保障常常涉及有关社会政策的合理性问题，涉及对政府政策的审查，常常具有强烈的正外部性，一个人或一个组织进行的环境诉讼，导致的政策或法律的改变的受益人大大超越诉讼当事人，而惠及更多的人甚至全社会，这就是"公益"的含义之一。环境公益诉讼允许没有直接利害关系的个人和组织为了环境公共利益参与或直接提起诉讼，这种对于诉讼资格的规定为通过公益诉讼的形式保护宪法环境权利和具体环境权利提供了机会。保护和给付义务层次的环境权利是一种积极权利，如果立法机关和行政机关在保护该层次的环境权利方面不作为，那么就意味着法院有可能命令其设计、资助、实施并且监督相关措施。此时，"法庭之友"参与诉讼就有着特别的作用。在"格鲁特布姆案"中，南非人权委员会和社会法律中心作为"法庭之友"参与诉讼，并间接要求法院适用《宪法》第26条，才最后使法院就需要"逐步实现"的经济和社会权利条款如何适用问题作出法律解释。对于环境权利而言，公益诉讼无论对于加强环境权利主体的诉讼能力还是对于加强法院的司法能力都具有重要作用，各种热心公益的社会组织和个人的参与在一定程度上增加了法院判决的民主决策性，通过公益诉讼，环境权利主体的诉讼能力加强了，法院的司法能力也增加了，当然大大增强了环境权利的可诉性。

---

① 参见王婷《论我国环境司法中的利益衡量》，博士学位论文，武汉大学，2011年。
② 参见郭武《环境保护法修订案之环境司法功能抽绎》，《南京工业大学学报》（社会科学版）2014年第4期。

　　印度在奉行司法能动主义理念的同时，积极在公益诉讼领域进行程序上的改革和创新。最高法院有时甚至还任命成立专门的监督机构，对政府执行命令的情况进行监督。当然，印度最高法院的司法能动主义实践已经远远超越西方法治传统，在国内外引起广泛争议也就不足为奇了。书信管辖权和事实调查委员会制度已超出传统当事人主义诉讼方式的限制，灵活的司法救济方式在一定程度上模糊了司法和行政职能。① 相较传统诉讼，"法院在环境公益诉讼里任务要繁重得多，不仅仅要定纷止争，还要明确某一类环境保护事务的方向、规则甚至具体方案，也就是说法院会直接涉入社会公共事务的管理。这要求法院具有设计有效解决办法的能力"②。例如，在台拉登采石案中，最高法院在作出关闭石灰石采石场的判决时需要考虑、平衡互相冲突的政策，包括发展工业的需求、保护环境的需求、维持当地就业的需求、保持重要的商业投资的需求之间的关系。③ 一方面，"印度的法院把自己看做社会公益、公共福利和社会正义的改革家、发动者、倡导者和先行者"；另一方面，反对者指责印度法院实行"司法专制"。城市固体废物管理案就集中暴露了这个矛盾。在最高法院主导下，2000 年修改的《市政固体废物管理与处理法案》（以下简称《固废法》），允许通过垃圾焚烧发电技术处理废物的做法引起广泛争议，规定的家庭垃圾分类规则过于僵化，《固废法》设置的截止日期形同虚设。导致这一状况的根本原因是法院介入传统上属于立法或行政机关的权限范围，导致对其政治合法性和司法能力的质疑。法院已经突破传统宪政体制发展成为政策形成场所，这是一个法院并不适合担任的角色。此外，书信管辖权导致司法管辖权延伸，带来过度的公益诉讼，导致滥诉的隐忧。

　　在这种情况下，印度学界建议最高法院制定一套有关约束和强化责任的公益诉讼指南。这些指南应包括如下内容：广泛的代表性，尤其是弱势群体应有充分的利益表达渠道；广泛的平等性，公益诉讼不要给一定的群

---

　　① 参见黄金荣《司法保障人权的限度——经济和社会权利的可诉性研究》，社会科学文献出版社 2009 年版，第 337 页。

　　② 吴勇：《印度环境公益诉讼发展中的问题与启示——以城市固体废物管理案为楔入》，《南亚研究季刊》2010 年第 4 期。

　　③ 参见栾志莛《印度公益诉讼制度的特点及其启示》，《北京交通大学学报》（社会科学版）2006 年第 3 期。

体，特别是弱势群体带来不利影响；有效性，即公益诉讼应带来对环境最
有利的、最负责任的、符合成本效益原则的解决措施；可持续性，公益诉
讼应促使长期的解决办法的形成。印度最高法院形成了受理公益诉讼案件
的内部原则，来指导审查是否满足公益诉讼的起诉条件：（1）申诉方的
身份证明；（2）申诉方提供的信息基本正确；（3）申诉方提供的信息不
是模糊和不确切的；（4）申诉方提供的信息应表明所涉及问题的严重性。
此外，法院还要考虑到，不允许任何人以败坏他人为目的的漫无边际的诉
讼，避免公众攻击一些具有合理性的行政决策。在处理这些案件时，法院
应该严格审查是否存在假借帮助解决大众的实际困难来达到其他目的的现
象，尤其防止政治压力集团不能通过行政或政治手段解决问题而将公益诉
讼作为掩盖自身目的和利益的手段。法院一旦受理了公益诉讼案件，除非
法院同意，否则不允许撤诉。法院在考虑是否同意撤诉时，要考虑公共利
益，并要确保撤诉不会导致滥用法律程序。显然，印度最高法院已经意识
到，滥用公益诉讼制度将会导致其成为一种无效的制度，成为普通的诉讼
方式的一种廉价的替代物，从而失去了其存在的真正意义。①

（四）环境司法专门化

1. 环境司法专门化的含义

环境案件具有很强的专业性，为了判断因果关系，确定损害范围和程
度，评估未来的生态影响，平衡多元的生态和经济利益等，法官需具备大
量的专门知识，包括环境影响、环境损害鉴定评估、生态修复、自然保护
等方面的专业知识，为了应对这一问题，各国采取了不同的对策。其中包
括推动环境案件审理的专门化。所谓环境案件审理专门化又称环境司法专
门化，是指为妥善处理环境纠纷而在司法领域进行的专门化设计和适应性
改革。环境司法专门化包括司法主体专门化、司法对象专门化、司法程序
专门化和环境司法理念专门化等。环境司法主体专门化即通过立法或者授
权将环境司法的职权赋予专门的国家机关，如前述各地设立的环保法庭；
环境司法对象专门化即将环境纠纷类型化，并把某些类别的环境纠纷案件
确定为环境司法主体专属管辖；环境司法程序专门化即为环境纠纷案件的
起诉、受理、侦查、提起公诉、审理、判决、执行等司法活动制定专门的

---

① 参见蒋小红《通过公益诉讼推动社会变革——印度公益诉讼制度考察》，《环球法律评
论》2006 年第 3 期。

程序法，如民事诉讼法中关于环境公益诉讼程序的规定；环境司法理念专门化即融合环境科学理论和环境司法实际，凝练升华出符合环境保护特殊要求和环境司法审判规律的基本原则和价值观，以此来指导环境司法审判活动。环境司法专门化是司法理念向生态司法转变并付诸实践的过程，它并非要把环境司法从传统司法中割裂开来，形成一个绝对独立、自我封闭的司法体系，而是根据环境日益恶化、环境纠纷持续攀升的客观实际而采取的理性因应措施。① 环境司法专门化是 20 世纪 60 年代末出现的司法现象。1969 年，新西兰环境法院和美国佛蒙特州环境法院先后成立，从而拉开了环境司法专门化的帷幕。随后，澳大利亚新南威尔士州"土地与环境法院"、澳大利亚昆士兰州"规划与环境法院"等相继诞生。根据美国学者乔治·普林（Gorge Puring）教授的有关研究，截至 2010 年，全球逾 40 个国家，其中包括美国、澳大利亚、新西兰、菲律宾、南非、科威特、印度、巴基斯坦、孟加拉国、比利时、巴西、日本、中国、泰国等，陆续建立 350 多个环境法院或环境法庭。印度等国更是制定相关法律，以解决环境法院（庭）设立的法律依据问题。②

2. 环境司法专门化的正当性

（1）环境司法专门化符合环境案件的特殊要求

环境案件的特殊性表现在：环境案件发生的原因和过程往往具有隐蔽性，一般不易察觉，证据收集相对困难，因而其损害后果的确定往往难以界定；环境案件中行为与后果之间的因果关系往往具有间接性，危害后果是否发生、何时发生、在哪些范围内发生等方面往往具有不确定性，因而侵权责任的因果关系往往难以认定；尽管环境案件的影响范围具有不特定性，但其整体的影响范围往往跨省、跨市等传统受案区域，受害人数众多，社会关注度高，因而程序繁杂、审理期限较长；环境法体系中包含有大量其他类型案件所不具备的环境标准、环境指标等技术性规范，这也增加了环境纠纷案件的审理难度。基于上述特殊性，建立专门化的环境司法体制，有利于妥善审理各类环境纠纷案件。

（2）适应解决日益增加的环境案件的客观需求

在我国，伴随环境问题高发的是环境纠纷的日趋增多。按照美国丹佛

---

① 峥嵘：《环境司法专门化的困境与出路》，《甘肃政法学院学报》2014 年第 4 期。
② 王树义：《论生态文明建设与环境司法改革》，《中国法学》2014 年第 3 期。

大学法学院教授乔治·普林的观点，倘若一个法院一年受理100个左右的环境案件，则应当考虑设立专门的环境法庭。环境案件逐年增多的原因主要有：一是整个社会本身处于环境问题高发时期，环境污染或破坏导致的环境案件不断发生；二是公民个人环境维权意识的普遍提高；三是环境公益诉讼的兴起和发展。

（3）方便诉讼，为纳税人节约时间及金钱，提供便捷的环境司法服务

环境案件由专门的审判机构进行集中审理，类似时下推崇的"一站式服务"，明显好处即为方便诉讼当事人，省去其诉讼奔波之苦。遇有环境纠纷且需诉诸法院的，当事人首先会想到环境法院或环境法庭，而不必劳神费力地考虑究竟当向何法院或何法庭提起诉讼，更无须考虑当向哪一级法院提起诉讼，非常契合现代"司法服务"的理念。

（4）推动公民主动寻求环境司法救济

设立专门的环境法院或环境法庭，表明国家或地方对环境纠纷解决的重视，可起到刺激、引导、鼓励人们利用司法途径解决环境纠纷，保护其环境权益的作用。设立专门的环境法院或环境法庭，表明法院已经做好为当事人提供良好环境司法服务的充分准备，鼓励人们遇有环境权利受损情况或发生环境纠纷时，积极寻求司法救济。

本章小结

从如下三个方面分析环境权利不可诉论：第一，通过义务层次理论反驳"权利二分法"。环境权利既有积极面向，也有消极面向；对应的环境义务既包括积极义务，也包括消极义务。国家环境义务分为尊重、保护和给付三个层次，经历了从消极义务到积极义务的嬗变过程。第二，在逻辑上，基于权利实现之成本而否认基本权利的论证是经不起推敲的，以环境权利的救济成本昂贵为由而拒绝对其进行救济，其最终代价将会昂贵至人类无法承受。第三，实践中，即使在缺乏相应保护机制的情况下，也可以通过私法的实施机制实现环境权利救济，说明环境权利与公民和政治权利不仅不存在泾渭分明的界限，而且还存在相互渗透性和不可分割性。

对环境权利可诉性的争论包括：第一，环境权利规范的模糊性。其成

因有环境权利天然的模糊性，环境权利的表达方式导致的规范清晰度的不足，国家的积极环境义务的多维性，环境权利的高成本性。第二，环境权利可诉缺乏民主正当性，司法权并非民主选举产生，具有一定的中立性质，通过司法机关救济环境权利面临侵扰民主原则的可能。第三，环境权利可诉受到环境司法能力制约，一是因司法机构难以应对环境权利保障与生态和社会发展的多中心任务；二是因法院缺乏处理环境争议必备的信息和专业知识与技能。

从三个方面论证环境权利的可诉性：第一，政治合法性的重塑。在权力制衡原则继续发展、司法权扩张、司法机关通过法律解释延伸职责的背景下，司法机关对环境权利提供司法救济不会破坏三权分立，解决政治合法性难题的关键是实现环境权利司法保障与法院救济的政治合法性的平衡。第二，环境权利规范模糊性的破解。通过宪法性经济和社会权利规范结构理论分析环境权利规范的效力，分析不同的环境权利规范的可诉性。借助"最低限度的核心义务"理论和即刻实现义务概念明确国家对积极环境权利的立法义务。分析"立法不作为"诉讼对司法机关督促立法机关制定环境权利法律规范的启示。第三，环境司法能力的突破。具体手段包括贯彻司法能动主义、推进公益诉讼和环境司法专门化。

第五章　环境权利可诉的有限性与实现

第一节　环境权利可诉的有限性

环境权利可诉的限度是指该权利的保障范围和保障程度。[1] 保障范围是德国宪法理论中关于基本权利保障的理论，一般分为主体范围和实体范围，主体范围针对基本权利适用于何者的问题，实体范围解决实体上触及公民基本权利的事项，本书研究的是环境权利可诉性的实体范围，即不同类型的环境权利的可诉性；保障程度则是指环境权利的保障深度，即与不同层次的环境义务对应的环境权利的可诉性。

一　环境权利可诉的范围

（一）环境权利的主观属性和客观属性之分与其可诉范围

基本权利的主观属性与客观属性的区别在于是否赋予个人以请求权。主观权利赋予个人以请求权，国家必须依据个人请求作为或者不作为。而基本权利作为客观价值秩序则一般不赋予个人以主观请求权，而仅仅对国家科以环境义务。"这种义务是一种'客观法上的义务'。易言之，由这个义务所衍生出的行为要求及命令，却并不能赋予人民可以直接要求立法者应该有所作为之请求权。"[2] "主观权利是建立一种'国家—个人'的法律关系模式，国家为特定行为的义务总是与个人的权利相对应的。而客

---

[1] 参见秦前红、涂云新《经济、社会、文化权利的保障路径及其选择》，《交大法学》2013年第1期。

[2] 彼得·巴杜拉：《国家保障人权之义务与法治国家宪法之发展》，载陈新民编《宪法基本权利之基本理论（上册）》，三民书局1992年版，第2页。

观法只是单纯地科以国家义务，并不存在相对应的权利主体。"① 客观法上的国家环境义务在宪法上通常表现为环境基本国策条款。最为典型的是德国《基本法》第 20a 条的规定："国家基于对未来世代所负之责任，在合宪秩序的范围内，通过立法、行政机关和司法机关根据法律与法，保护自然的生命基础。"宪法上环境基本国策条款的规范效力可以分为三种情况：第一，作为"方针条款"的环境基本国策，因其抽象性而难以确定其含义时，可以将其视为无法律约束力的"方针条款"。第二，将环境基本国策定位为"宪法委托"，使环境基本国策对立法者具有法律约束力。第三，将环境基本国策定位为"国家目标条款"，表明履行环境义务是独立的国家目的，对所有国家权力均有约束力，但是依据国家环境义务条款对司法机关的约束是有限度的，如根据德国《基本法》第 20a 条的规定，司法机关在审理公民的环境权利诉求时，仅是将国家环境义务条款作为其解释法规范的基准，而不是确认环境权利的依据。如宪法规定国家对某一环境权利负有义务，公民可以直接依据宪法规范向国家请求某种环境给付，如生态补偿，那么环境权利就是一项主观权利，而如果宪法仅仅规定生态保护是环境基本国策，则仅意味着国家应当建立生态保护制度，个人不能对此享有主观请求权，即表现为客观法的环境权利不具有可诉性，此时的环境权利只是客观规范。因此，具有主观权利属性的环境权利具有可诉性，单纯表现为客观法的环境权利则无可诉性。

（二）环境权利的规范形态与其可诉范围

将基本权利条款看作规则还是原则是区分主观权利和客观法的另一个标准。德国法上的这种思考模式来自美国的德沃金。德沃金在逻辑上区分了规则和原则：规则是完整的、无例外的、绝对的，而原则是不完整的、有例外的、相对的。规则形式的规范体现的是环境权利作为主观权利的属性，也就是说，国家应当为哪种行为或国家的环境义务是明确的、具体的、特定的，从而环境权利的权利人就有明确的请求对象。原则形式的规范体现的是环境权利作为客观法的属性，也就是说，国家在原则上有义务保障环境权利，但国家只是在可能的范围内尽可能地去实现权利，而应当以何种具体手段达到这一目标则由国家机关考虑实际情况自行选择。在

---

① Robert Alexy：《作为主观权利与客观规范之基本权》，程明修译，《宪政时代》第 24 卷第 4 期。

193 个联合国成员中，有 92 个在宪法中规定了环境权，表明个人有享用适宜环境的权利，国家有保障公民这一权利的义务，但这并不意味着国家必须制定相关法律去履行这一义务，此时的环境权利只是客观法，而客观法体现了原则规范的非确定性特质。如 1991 年的马其顿《宪法》第 8 条第 1 款规定，该国宪法秩序的基本价值，包括合适的城市与乡村规划和生态保护及其发展，但未对有关国家机关提出具体的落实要求，因此很难推导出具体的宪法义务，所以仅仅是宣示性的条款，公民不能据此对司法机关提出环境权利诉求。因此，规则规范明确可诉的环境权利具有可诉性，表现为原则规范的环境权利不具可诉性。

（三）环境权利指向的个人利益和集体利益之分与其可诉范围

主观权利的着眼点在个人与国家的关系，强调基本权利作为个人权利、个人利益的意义。而客观价值秩序理论则强调基本权利是整个社会共同体的共同的价值基础，强调将基本权利作为整体来保护，使得所有人的所有基本权利在相互协调之下达到整体效力的最大化。一种对环境权持怀疑态度的观点认为，仅强调环境的公共性，在法技术上无法将权利主体利益范围予以特定化，也就在实践中难以对环境权条款直接适用。环境权利指向的利益是否可以分割不是否定环境权的理由，环境权利指向的利益是否可以分割只是对环境权利进行分类的标准之一。按照这一标准对环境权利进行分类，当环境权利指向的是可以分割的个人的生态利益时（如清洁水权和清洁空气权）时，所体现的就是主观权利的面向；而当环境权利指向的是不可分割的生态利益（如生物多样性和全球气候变化）时，所体现的就是客观法的面向。这种可以分割的个人的生态利益应该获得法院的司法救济，即具有可诉性；而不可分割的生态公益则由国家承担客观义务。因此，指向可以分割的个人生态利益的环境权利具有可诉性；而不可分割的生态公益主要由国家承担客观义务，通常情况下不具有可诉性。

（四）作为客观法的环境权利的再主观化与其可诉性范围的发展

基本权利的客观属性与主观属性相互关联的另一个层面是，客观价值秩序可以向主观权利转化，也就是所谓的客观法的"再主观化"问题。客观法只是单纯地对国家科以义务，而国家在如何履行此项义务上有着充分的裁量权，这使得客观价值秩序欠缺真正的实效性。客观价值秩序理论是希望赋予基本权利以更强的实效性，然而仅仅科以国家义务，不赋予个人权利却使得这种有效性大打折扣了。这就产生了将客观价值秩序"再主观化"的必要。德国宪法法院的一些判决也已经承认从客观价值秩序中可以导出主观请求权。这意味着，因为环境权利的双重性质，可以从环境权利的客观价值功能中导出主观环境请求权，此时，环境权利的可诉性并非一成不变，而是随权利保护的现实需求发生相应的变化。

　　风险社会中，国家负有规制环境风险的义务，而环境风险并非一个"全有或全无"的问题，而是一个"人类可接受风险大小"的问题。这意味着环境风险不能全部消除，在国家规制环境风险的过程中充斥着成本效益的分析。为降低环境风险而采取的措施需要支付相当的成本。就立法和司法实践而言，这类国家环境义务对应的环境权利，其所具有的高资源要求性决定了这些权利可能被规定或解释为"逐渐实现的权利"，这是从客观法到主观权利的过渡形态，"逐渐实现"的环境权利的司法实施就成了解决环境权利可诉性问题的关键。南非宪法法院在"格鲁特布姆案"中，否认个人具有可以直接根据这些条款获得住房、食物和医疗等生存资料的请求权，但承认宪法赋予了个人"合理的政策请求权"。我们可以推导，在环境权利的司法保护中，对于逐渐实现的环境权利，个人确实很难通过请求获得直接的完全的权利救济，但是，这并不说明，个人没有任何请求权，因为合理的政策请求权就是这类权利包含的主观权利，由于对立法和政策具有可以即刻行使的请求权，个人在环境权利享有方面的可控性大大增强，这种请求权的存在使得环境权利的主观性大增，意味着其可诉性的增强。

　　有学者对客观法的再主观化确立了更为具体的标准，包括：（1）基本权利的司法救济确有必要；（2）请求权标的的内容可以确定；（3）必要的财政手段可以确定，且不侵害立法者的财政支配权。① 也就是说，如果某种风险规制措施对于环境权利的实现是必需的，而且该措施的内容非常明确，行政机关也可以自行解决经费问题，不需要立法机关另行拨款，那么个人对该项措施的请求就可以得到司法机关的支持，此时，环境权利的客观秩序价值就转化为主观性的环境权利，能够获得司法救济，即具有可诉性。客观的价值要想获得最终的有效性，还必须转化为主观权利。而权利的基本属性是请求，请求权的最终保障是司法救济。环境权利的主观

---

① 参见陈爱娥《自由—平等—博爱：社会国与法治国原则的交互作用》，《台大法学论丛》第 26 卷第 2 期。

属性与客观属性是相互区别但又相互渗透的。通过对二者的解释，环境权利的内涵被不断扩大，并且被不断地规范化，而这一扩大和规范化过程的结果就是权利的可诉范围不断扩大。

（五）主观化的限制与环境权利可诉范围

如前面介绍，南非宪法法院认为，对于受"可利用资源"内在限制而可以"逐渐实现"的经济和社会权利条款，国家负有即刻采取"合理的立法和其他措施"的义务，个人也具有相应的"合理的政策请求权"。换言之，对这类权利，国家承认其是客观法，对其负有客观义务；同时，承认其具有一定的主观性，在一定程度上是主观权利，这种主观权利就是"合理的政策请求权"，权利人可以通过法院要求政府立即采取行动制定保障经济和社会权利所需的立法和政策，但是，宪法法院否认个人可以根据这些"逐渐实现"权利条款获得对生存手段的直接请求权。而按照最低核心义务观念，根据对于保障个人生存所需的、最低限度的经济和社会权利应该给予保障，而不应受资源状况的内在限制。这是要求国家承认那些生存受到威胁的个人的基于主观权利的直接请求权，当然包括主观性环境权利的直接请求权。

如果由法院直接根据宪法规定的"逐渐实现"权利条款确认环境权利的最低核心义务，那么就意味着直接对可能产生财政预算和政策制定效果的问题作出决定，因此必然面临政治合法性和司法能力的质疑。法院的性质和能力限制使得它无法也不适于从事这种立法意味强烈的活动。这说明，环境权利的完全主观化面临客观现实的限制，然而，虽然实现宪法环境权利的完全主观化比较困难，但在普通法律层面实现其主观性并不存在实质性的障碍。而且这里所指的存在完全主观化困难的主要是给付义务层次和部分保护义务层次的主观权利所对应的国家的积极义务，对于尊重义务和部分保护义务所对应的义务，在宪法层面上的完全主观化并不成为问题。对于宪法中直接做了绝对性规定的条款，无论是消极还是积极的环境权利都可以顺利实现主观性。因此，环境权利的可诉受到客观现实的限制，依据宪法中直接做了绝对性规定的条款，环境权利的可诉范围不受限制，普通法律规定的具体环境权利的可诉范围明确，针对尊重义务和部分保护义务所对应的义务的可诉性明确，针对给付义务层次和部分保护义务层次的可诉性的完全实现存在困难，如何界定这类环境权利的可诉范围是未来司法实务和理论研究的重点。

（六）总结

具有主观权利属性的环境权利可诉，单纯表现为客观法的环境权利不可诉；规则规范明确可诉的环境权利可诉，表现为原则规范的环境权利不可诉；指向可以分割的个人环境公益的环境权利可诉；而不可分割的环境公益主要由国家承担客观义务，通常情况下不可诉。环境权利可诉范围是发展的，随权利保护的现实需求发生相应的变化，在主观属性与客观属性相互渗透的过程中，环境权利的内涵被不断扩大，并且被不断地规范化，这一扩大和规范化过程的结果就是权利的可诉范围不断扩大。环境权利的可诉受到客观现实的限制，依据宪法中直接做了绝对性规定的条款，环境权利可诉范围不受限制，普通法律规定的具体环境权利的可诉范围明确。

二　环境权利可诉的程度

国家对环境权利依次负有尊重、保护和给付的义务，不同层次的环境义务对应的环境权利的可诉性呈逐层递减的态势。

（一）尊重义务对应的环境权利完全可诉

国家的环境尊重义务是国家不干涉权利主体享受环境权利的消极义务，对应的是环境权利的防御权功能。国家应保证环境状况不继续恶化，不得使环境质量倒退。国家应采取污染控制措施和生态保护措施，对污染源进行管制，实行排污许可证制度，建立生态保护机制。环境权利的防御权功能与公民和政治权利的防御权功能并无实质差别，其对应的消极义务是直接的、自动生效的，受到侵害后可直接请求司法救济，尤其是实践中，尊重义务的相关法律规范很少存在规范模糊性的现象，法律一般明确规定不得超标排污和破坏生态环境，由于规范比较清晰，因此可以与公民和政治权利一样具有直接的司法适用性，个人也拥有直接的司法请求权。法律只要通过发布一般性的禁止性命令就可以对尊重义务层次的环境权利作出界定，禁止性命令概括性地禁止几乎所有的干涉行为，因此给予法院的指令是比较明确的，法院只要依法履行职责就可以实现这一层次的环境权利的可诉。

（二）保护义务对应的环境权利部分可诉

保护义务涉及国家、基本权利主体和实施侵害行为的第三人的三方关系，此处论及的可诉是指有关国家机关不依法履行保护环境权利主体免受第三人侵害的义务时，权利主体针对相关国家机关提出的诉讼，是公民与国家之间的关系。国家履行环境保护义务的前提是客观上存在环境侵害行为，环境保护义务涉及私人—私人—国家的三角关系，国家主要通过制定相关的私法规范（少数情况下需要制定刑法等公法规范）履行保护义务，是由国家对个人的基本权利进行保护。国家环境保护义务首先约束立法机关，立法者在立法过程中要平衡社会上冲突的利益，应努力使行政机关和司法机关能够直接适用这些法律。立法机关在履行环境保护义务时有很大的裁量空间，一是立法机关可以选择在私法领域还是公法领域保护环境权利；二是立法机关既可以向受害人提供直接保护措施，也可以直接对侵害方进行管制，既可以监督、限制或禁止环境侵害行为，还可以制定包括优惠性措施在内的引导性规范。① 在某些国家，例如我国，司法机关应该在促使国家履行环境义务方面起到重要作用，司法机关除了积极配合立法机关外，还应尽最大可能弥补环境立法的不足。目前，一方面，我国宪法未将环境权利规定为基本权利；另一方面，立法也未通过普通法律将环境权利具体化。因此，一方面，司法机关应通过直接适用宪法替代立法机关平衡环境权利主体之间的利益；另一方面，司法机关应依照环境权利的价值对不确定概念进行解释，以通过个案弥补环境权利立法保护的不足。

1. 第三人环境侵害的排除和救济层次义务对应的环境权利可诉

人权学者普遍认为这类义务是可诉的，"保护义务的重要组成部分在已有法律中得到清楚的说明。此类立法在司法审查时具有可操作性，也因而使得经济和社会权利属于内在固有地不可审判的论点失去意义"②。国际人权保护实践中已有这类判例。尼日利亚的社会和经济权利行动中心和美国的经济与社会权利中心向非洲人权和民族权委员会诉称，石油公司在欧格尼地区违反了国际环境标准，导致环境恶化，引起严重的健康问题，威胁食物来源，造成村民无家可归。政府既没有监督石油公司的行为也没有要求石油公司采取安全措施。因此，申诉人主张追究尼日利亚政府的责任。非洲人权和民族权委员会认为，由于政府没有防止污染和生态恶化导致欧格尼人的健康权利和清洁环境权利受到侵害，政府没有监督开采行为，并让非政府组织参与决定而忽视了政府保护公民财富和不得受非法剥夺的义务。因此，政府和非政府组织对庄稼的毁坏和污染违反了尊重和保

① 参见陈征《基本权利的国家保护义务功能》，《法学研究》2008 年第 1 期。
② 转引自刘耀辉《国家义务的可诉性》，《法学论坛》2010 年第 5 期。

护隐含的食物权的义务。非洲人权和民族权委员会命令尼日利亚政府必须保障欧格尼人的环境、健康和生活。[①]

　　如果保护义务有明确的法律规定，这一层次的环境权利的可诉性当然不会遇到太大的疑问，但是，在法律对保护义务规定并不明确的情况下，对相关保护措施的适当性和充分性的争议就不可避免。例如，环境权利的保障，不仅要求对已经发生的环境损害进行救济，同时也要求对预期的环境损害进行有效的预防，但是，综观各国宪法，对于国家这一针对预期的环境损害的保护义务的规定都语焉不详，从而导致人们对国家应采取的预防性的环境保护义务的必要性和充分性产生很大分歧。再如，根据宪法环境条款，公民有免受政府开发行为侵害的权利，但却很难推导出政府有保护公民免受他人环境侵害的义务。对于环境权利的保护义务来说，尽管规范的内容有其确定的一面，但某些含义的不确定性在一定程度上降低了其可诉程度。

　　2. 制度性保障义务、组织与程序保障义务对应的环境权利的可诉程度

　　制度性保障义务、组织与程序保障义务表现的是基本权利的客观法属性，是直接拘束立法、行政和司法的目标、原则和纲领性的义务，更多地具有政治和道德属性，因此，一般认为该类型义务对应的权利不可诉。但是，随着现代宪法理论的发展，这类权利的可诉程度表现出扩张的趋势。笔者借助纲领性环境权利规范的可诉程度发展实践对此进行说明。

　　纲领性环境权利规范是明确规定于宪法中的条款，虽然不能据此直接提起诉讼，但是亦不能全盘否定其在环境权利保护中的积极作用（即使这些作用是有限的），我们寄希望于通过对这些纲领性规定进行积极的解释发挥其在司法救济中的作用，从而在特定的制度条件下使环境权利的可诉获得一定程度的实现。

　　借助客观价值秩序理论我们将这些纲领性的环境权利条款解释为国家的环境保护义务，根据这种条款，国家对于环境权利的实现负有以各种方式保障和创造条件的义务。这些纲领性环境权利条款体现了如下几种客观价值秩序功能：

　　第一，"制度性保障"和"组织与程序保障"功能。根据宪法纲领性

---

　　① 刘耀辉：《国家义务的可诉性》，《法学论坛》2010 年第 5 期。

环境权利条款规定，国家负有建立相关环境保护法律制度、合理配置社会资源以实现环境权利保护与提供组织和程序保障的义务。例如，建立污染损害预防制度，建立环境影响评价制度，调整产业和能源结构以缓解化石燃料使用引发的大气污染，设置环保法庭等。

第二，纲领性宪法环境权利条款体现国家的环境保护义务。国家的环境保护义务要求国家运用各种方法消除公民环境权利实现中可能遭遇的阻碍，保障每个人都能享有不低于他人的基本权利。这项功能往往就直接表现为规定"国家保护……"我国宪法也体现了基本权利的这种保护功能，例如，《宪法》第 26 条第 1 款规定："国家保护和改善生活环境和生态环境，防止污染和其他公害。"这些纲领性条款要求国家对环境权利承担积极义务，保护环境权利实现，使社会各阶层都能够享用环境权利。

第三，我国宪法规定体现的环境权利的"第三人效力"。"基本权利的第三人效力就是把基本权利的义务主体模糊化，而只考虑其落实的问题。也就是说基本权利除了适用于个人与国家间的公法关系外，还可能适用于私人间私法关系，当然这种适用是要非常谨慎和小心的。"[1] 假如个人侵犯了他人的环境权利，国家有义务介入其中，为受损环境权利提供救济渠道。

（三）给付义务对应的环境权利可诉的程度

基本权利的给付义务是指"在公民和国家的关系中，国家以积极行为方式履行、体现社会法治国性质的义务，旨在实现公民的生存保障"[2]。给付义务包括抽象和具体两部分内容。其抽象部分与保护部分一样，对应的是基本权利客观法属性包含的制度性保障义务、组织与程序保障义务，普遍认为其不可诉。给付义务的具体部分对应的是基本权利的受益权功能，是要求国家提供和增进环境利益给付的权能，现代宪法逐渐承认了这一义务对应的环境权利的有限度的可诉性。

究竟如何界定具体层面的环境给付义务对应的环境权利的可诉程度？仍需借助最低限度的核心义务理论，该理论使经济和社会权利的含义从模糊走向确定，只要没有履行该义务，就意味着对相关权利的违反。最低核心义务适用于尊重义务、保护义务和给付义务，但其对给付义务的意义最

---

① 张翔：《基本权利的双重性质》，《法学研究》2005 年第 3 期。
② 龚向和、刘耀辉：《基本权利给付义务内涵确定》，《理论与改革》2010 年第 2 期。

大。最低核心义务的要求大大降低了经济和社会权利的资源要求性，从而在很大程度上降低了实现这些权利的难度。根据最低核心义务，给付层次的国家环境义务的保障不以普遍的、高水平的保障为目标，只是要求国家应该优先保障最低层次的环境权利。最低限度的标准是可以量化的，即根据立法机关制定的"最低限度"标准，结合个案的"最低限度"现实，由司法机关行使自由裁量权来完成环境权利的最低限度的量化。

例如雾霾严重侵害了公民对清洁空气的利益，但是霾的成因复杂，其解决与国家的产业政策和能源政策密切相关。由绿色和平组织与英国利兹大学研究团队作出的报告认为，过度依赖煤炭的能源供应结构对我国京津冀地区的PM2.5污染影响巨大。据报道，河北省2012年能源消费总量高达3.02亿吨标准煤，其中煤炭消费2.71亿吨，占能源消费总量的89.6%，高于全国平均水平近20个百分点。报告数据显示，燃煤对雾霾的贡献，占一次PM2.5颗粒物排放的25%。以行业来看，煤电厂和钢铁厂、水泥厂等工业排放源则是京津冀地区的主要污染源，因此，仅就京津冀地区的雾霾治理而言，就涉及我国的区域发展、能源政策、产业政策、税制改革等宏观层面的政治决策，而政治决策的广阔背景是区域发展不平衡、财政能力有限的现实。即清洁空气权的给付涉及财政分配、具体政策的选择，那么，资源的稀缺能否成为否定国家的给付义务的正当理由呢？根据应该承担维持人的尊严的最低限度的核心义务，确保清洁空气权的实现至少应达到一个最基本的水平——保障人体健康，在这一最低水平之内，给付义务不受现有资源限制而应该必须实施，即最低水平之内的环境权利可以请求法院进行司法救济，是可诉的。

三　超越环境权利可诉性的局限

（一）环境权利可诉性的局限

司法保护并不是环境权利保护的唯一有效方式，环境权利需要其他方式的保护。环境权利比公民和政治权利的实现更需要国家采取积极行动，特别是给付义务层次的环境权利的保护比公民和政治权利的保护的难度大得多。即使是逐渐实现的义务，司法对于个人合理政策请求权的保护的最终目的也依然是促使政府通过有效的立法和政策对这些权利进行集体保护。有学者指出："社会—经济权利的性质要求它们的实现模式不能只是局限于法庭程序那样的申诉型模式。尽管我们不能贬低法院在这个领域可能起的作用（我们已经指出印度最高法院所起的作用），但是，社会—经济权利的实现也要求采取诉讼以外的策略。"①

（二）环境权利可诉局限的原因

环境权利可诉的局限主要有两个原因：

1. 环境权利可诉范围最终取决于经济和社会发展水平

在一个社会中，人们实际享有的环境权利的根本决定因素不是法律和司法的保障，而是社会和经济的综合发展水平。美国既未在其联邦宪法中规定环境权利为一项宪法权利，也没有在司法实践中支持直接的环境权利诉求，但其环境质量良好，人民在事实上享有远远优于很多发展中国家的优质环境。而一些拉美国家虽然在其宪法中规定环境权利为基本权利，但事实上触目惊心的环境问题在这些国家时有发生。印度虽然奉行司法能动主义，通过对生命权的扩张解释救济环境权利，法院可以对行政机关发布命令性判决，但这种判决依然无法改变环境行政机关怠于行政执法的现状，人民的环境权利很难获得真正的改善。南非的山德瑞克 B. O. 哥图说："诉讼和能动司法，不管多么先进，其对社会进步都只能扮演有限的促进角色。"②

2. 法律的悖论③

法律和司法对环境权利有限保护的更深层次的原因是，法律上对环境污染和生态破坏的容忍，说明法律和司法的概念被有选择地用来解释、适用、保护现存的生产、销售和消费关系。

印度最高法院在案例中规定，每个公民都有基本的权利来使用没有受到污染的水和空气，哥伦比亚宪法法院在图鲁阿（Tulua）案中声明，健康的环境对人类的种族生存至关重要，这些规定通过对生命权的扩张解释，认为环境污染构成对人权的侵害或潜在侵害。但是，为了保护环境权利把开发和污染行为定为非法，会与工业利益冲突，还会与市场资源的有效分配冲突，在欠发达国家还会与社会发展目标冲突，作为现存的权利关

---

① Mario Gomez, "Social Economic Rights and Human Rights Commissions", *Human Rights Quarterly*, 1995, Vol. 17, p. 163

② Shadrack B. O. Gutto, "Beyond Justiciability: Challenges of Implementing/Enforcing Socio-economic Rights in South Africa", *Buffalo Human Rights Law Review*, 1998, No. 4, p. 99.

③ 参见［英］简·汉考克《环境人权：权力、伦理与法律》，李隼译，重庆出版社2007年版，第125—126页。

系的体现，法律和司法保护环境权利的能力受制于此。例如，1987 年，印度最高法院就下令关闭一些石灰石采矿场，因为采矿生产危害了当地居民的生命权。法官认为，环境权利高于经济利益。但是，我们依然不能否认，法律和司法保护环境权利的限度受到权力的结构性限制，即使高扬司法能动主义大旗，但是印度法院依然不会把普遍的经济和社会利益置于环境利益之上。

因此，法律和司法并不是保障环境权利的充分条件，因为社会经济利益的强大能力决定了法律和司法受限于自身，而不能充分保障环境权利。环境权利的充分保障最终依赖的是生产方式的革新、能源结构的调整和消费习惯的改变。

（三）超越环境权利可诉局限的思路

1. 环境权利立法裁量与司法救济的平衡

环境权利的性质决定它们的实现模式不能只局限于司法救济，在积极推进法院在环境权利保障中的积极作用的同时，也应该同时采取诉讼以外的策略。[①] 权利的核心在于保障其实现，而权利"永远不能超出社会的经济结构以及由经济结构所制约的社会的文化发展"[②]。环境权利的保障应以一定的社会物质条件为背景，因此，立法裁量模式与司法救济模式在环境权利的保障范围和保障程度上存在此消彼长的张力。[③] 社会经济权利的保障模式主要有三种，第一种模式是宣告型保障模式，这种模式下的社会经济权利不具有司法审查性，不能由法院提供司法救济；第二种模式是立法裁量[④]主导型，宪法规定社会经济权利，但赋予立法机关巨大的权力去保障它们；第三种模式是司法救济主导模式。从宪政史考察，宣告保障模式终将完成其历史使命，立法裁量和司法救济将成为社会经济权利保障的主要模式，当司法救济不力时，立法机关当然要延伸其对环境权利的保障范围和保障程度。

---

① See Mario gomez, "Social Economic Rights and Human Rights Commissions", *Human Rights Quarterly*, 1995, Vol. 17, p. 163.

② 《马克思恩格斯选集》第 19 卷，人民出版社 1963 年版，第 22 页。

③ 参见秦前红、涂云新《经济、社会、文化权利的保障路径及其选择》，《交大法学》2013 年第 1 期。

④ 立法裁量是指立法者关于法律内容（立法内容之裁量）具有决定权或立法者关于是否立法的决定权（立法制定之裁量）。参见李惠宗《立法裁量类型化试论》，《宪政时代》1990 年第 1 期。

2. 人权机构保护人权实践的有益启示

20世纪90年代以来，成立专门的人权机构来保护人权已经成为越来越多的国家的选择，这种国家人权机构通常拥有独立的宪法或法律地位、广泛的调查和监督人权保护的职权。以南非人权委员会为例，南非人权委员会对弥补法院司法能力不足具有重要意义，但其在监督经济和社会权利方面的独立职权亦不容忽视。南非宪法规定，南非人权委员会必须要求国家的相关机构向委员会提供有关它们在实现"权利法案"所规定的关于住房、医疗保健、食物、水、社会保障、教育、环境权利方面已经采取的措施的信息。同时，人权委员会还要求政府就经济和社会权利的实施问题向议会提交报告。相对于经济和社会权利的司法保障的刚性法实施机制，南非人权委员会的监督制度可以称为是一种"柔性法实施"机制。[1] 人权委员会这种"柔性法实施"机制所具有的效果，有些是司法保护机制可以达到的，有些则是司法机制力所不能及的。这种实施机制具有很强的政治色彩，既是国家机关的一部分，但又超出了传统的三权分立模式架构，既经常组织市民参与，但又不同于普通的民主参与和舆论监督模式，它其实"位于政府和市民社会的十字路口"[2]。人权委员会模式填补了司法救济、政治参与和公众监督等保护方式的不足。

3. 视角的转换：从环境权利救济到环境纠纷解决

环境权利救济带有纠纷解决的性质。纠纷是破坏社会秩序、不见容于社会秩序的一种社会状态。环境纠纷是"因环境资源的利用而产生的冲突和矛盾"[3]。就环境权利性质和内容体系而言，并非所有的"环境权利"受到损害都要予以司法救济。[4] 环境权利受到负面影响主要有三种形态：第一，被正当限制；第二，被其他权益压倒；第三，被侵犯。[5] 第三种情

---

① Danie Brand, "Combined Strategies for the Enforcement of Economic and Social Rights: the South African Model", in *Report of a Regional Seninar on Ecomomic, Social and Cultural Rights*, International of Commissions, 1999.

② Mohammad – Mahmoud Mohamedou, "The effectiveness of National Human Rights Institution", in Brigit Lindsnaes, Lone Lindholt and Krisitne Yigen (eds.), *National Human Rights Institutions: Aticles and Working Papers*, the Danish Centre for Human Rights 2000, p. 54.

③ 齐树洁、林建文：《环境纠纷解决机制研究》，厦门大学出版社2005年版，第1页。

④ 参见刘超《环境侵权救济的行为控制视角》，《云南大学学报》（法学版）2010年第1期。

⑤ 参见夏勇《权利哲学的基本问题》，《法学研究》2004年第3期。

形有寻求司法救济和惩罚性赔偿的正当性；第二种情形，如国家三峡工程建设导致的生态移民，政府对土地的合法利用等，不存在惩罚性赔偿，但必须给予权利人公平及时的补偿；第一种情形不存在救济和赔偿。从更广泛的角度而言，并不是所有的环境利益都能顺利实现。现实生活中的环境纠纷在很大程度上是社会主体在社会交往过程中通过不同的行为表达自己的利益需求、自身的价值取向，并因此产生矛盾。环境权利不可能完全通过司法途径进行保障，社会中普遍发生的环境利益纠纷恰恰暴露和显现出既有制度的缺陷和不足，其产生和存在源于现有制度设计、运作中的问题。[1] 这时，需要的不仅是对某种受到侵害的环境权利的救济，更重要的是政策、法律的调整和创新。

司法对于环境权利的保护最终仍然是促使政府采取有效的环境立法和政策对其进行集体保护，这正是司法自身的不足，而环境权利司法救济自身的不足恰恰是环境权利可诉性的局限所在。因此，对于环境权利的保障，在充分发挥司法机关的作用的同时，必须积极采取诉讼外的措施，这必然要求非诉机制成为诉讼机制的必要补充。

第二节　环境权利可诉的实现与宪法诉讼

承认环境权利可诉，意味着公民可以依据宪法和法律规定提起诉讼，请求司法机关履行相应的救济义务保障环境权利实现。"国家履行积极的救济义务意味着国家不仅对公民的救济权不得非法干涉和压制，如不得以各种方式阻挠权利人行使救济权，而且需要对权利人行使上述各种救济权提供条件。"[2] 所以，为了实现环境权利的可诉，国家必须建立健全环境权利的司法保障制度。环境权利可诉实现的根本路径是宪法诉讼。

一　宪法的司法化

（一）宪法司法化的含义

"所谓宪法的司法化，主要是指宪法可以作为法院裁判案件的直接

---

① 参见杨伟东《关于我国纠纷解决机制的思考》，《行政法研究》2006 年第 3 期。

② 贺海仁：《谁是纠纷的最终裁判者：权利救济原理导论》，社会科学文献出版社 2007 年版，第 217 页。

或间接的法律依据。法院直接以宪法作为裁判案件的依据，又有两种情形：一种是指法院直接依据宪法对国家机关权限（亦包括政党和选举等）有争议的事项进行司法裁决，亦即违宪审查；另一种情形则是将宪法直接适用于侵害公民权利的案件，包括政府侵害与私人侵害。"[①]

（二）宪法司法化的机制

强世功教授认为，所谓宪法司法化的概念隐含着两层不同的意义，既"违宪审查"（或司法审查）和"司法判断"[②]。违宪审查是指传统意义上的解决法律与宪法相冲突的违宪问题，涉及国家权力结构的根本问题；"司法判断"则是指法院将宪法作为司法判案的依据。

宪法纠纷有两类，相应有两种解决机制。法国宪法学者豪利奥（Hauriou）把宪法区分为调控国家机关权力关系的"政治宪法"和构成公民契约的"社会宪法"。[③] 德国宪法实施的实践很清楚地区别这一点，它把两种纠纷和解决机制大体分开，德国的违宪审查在理论上分为宪法审查和司法审查。宪法法院分别设立一庭和二庭来处理这两类不同的纠纷。因此，在德国，宪法实施包括两种机制：传统意义上的违宪审查，是基于维护宪政体制，主要用于解决国家机构之间权限的争议。这一机制可以是司法化的，也可以是非司法化的。另一种是司法审查，是基于公民基本权利被侵害而设立的一种宪法保障机制，所谓司法审查的含义是指这种涉及宪法公民基本权利的宪法保障机制必须要有司法化的手段实现，非司法性的手段难以保障公民基本权利的实现。这一基本权利救济机制又分为权利受到"国家行为"侵害的救济和受到私权侵害的救济。[④] 以美国为代表，这两种机制合为一体；以德国为典型，这两种机制分别运行；而以法国为代表，则只有宪法审查机制，而没有司法审查机制。[⑤]

二　宪法诉讼与环境权利可诉实现的根本路径

（一）宪法诉讼的含义

宪法诉讼是指宪法为保障受到国家行为和私权侵害的环境基本权利而

---

① 蔡定剑：《中国宪法司法化路径探索》，《法学研究》2005 年第 5 期。

② 参见强世功《宪法司法化的悖论——兼论法学家在推动宪政中的困境》，《中国社会科学》2003 年第 2 期。

③ 参见张千帆《西方宪政体（下册欧洲宪法）》，中国政法大学出版社 2001 年版，第 8 页。

④ 参见蔡定剑《中国宪法司法化路径探索》，《法学研究》2005 年第 5 期。

⑤ 同上。

设立的司法救济机制。环境权利作为一项基本权利，当其受到侵害时，应该获得救济，"基本权利受到侵害理应得到救济"①。

（二）通过宪法诉讼救济环境权利的限制

1. 穷尽救济原则

不能把宪法的司法化简单理解为公民可以直接援引宪法要求法院提供司法救济，通过宪法诉讼救济环境权利是有条件的，其中最重要的限制就是遵循"穷尽救济手段"原则。

穷尽救济原则适用于如下情况：第一种情况，当宪法保护的环境基本权利受侵害时，公民应通过法律赋予的行政、社会（如仲裁、调解等方式）、司法等各种手段寻求救济，最后采用司法手段时，也要在通过一审、终审等程序以后仍不能得到有效的救济，才可求助于宪法诉讼；第二种情况是宪法环境权利没有具体化，得不到普通法律救济时，只有在法律原则还不能解决问题时，再适用宪法；第三种情况是当环境权利作为新兴权利出现，尚未法定化时，通过宪法诉讼进行救济。

2. 回避政治问题

回避政治问题也是宪法司法化的一项原则，在环境权利可诉实现过程中，这不是一个正当性问题，而是一个现实性问题。"法律的政治建构性使得法律机关不可避免地回避人权侵犯及由资本主义政治经济运行所产生的环境恶化问题。"② 在西方，经济权力尤其对政治产生影响，企业因为是政府的财政来源，总是拥有支配性地位，这一私人资本利益高于环境保护的现实往往导致"通过法律概念——诉讼资格或地位，制度化于自由民主国家的法律体系中"③ 的结果。现行法律的关于诉讼资格的限制，使得对于气候变化、生物多样性破坏的救济处于求告无门的境地。在美国，气候变化问题至今没有上升到法律层面，这"反映了美国社会对待气候变化问题的两难状态"④。在宪法诉讼中，经济利益相对

---

① 李元起、郭庆珠：《论公民基本权利的司法救济原则》，载中国人民大学宪法与行政法治研究中心编《宪法与行政法治评论》第 2 卷，中国人民大学出版社 2005 年版，第 127 页。

② ［英］简·汉考克：《环境人权：权力、伦理与法律》，李隼译，重庆出版集团 2007 年版，第 83 页。

③ 同上书，第 88—89 页。

④ 杜涛：《在政治与法律之间——气候变化诉讼中的政治问题理论》，《北方法学》2013 年第 5 期。

于环境利益的优先地位，反映了司法试图回避政治问题而倾向于经济利益的现实。

具体从法院的介入程度看，应实行"司法最低限度主义"。司法限度主义被理解为"司法克制"的形式，"一个最低限度主义的法院解决它所遇到的案件，但它对很多事情并不作出裁定。它对在一个多元异质的社会中存在的合理异议很敏感。它寻求根据一个狭窄的理由裁决案件，避免清晰的规则和终局性的解决方案。其特点一是'窄'和'宽'，最低限度主义者更愿意对案件作出判决而不是制定宽泛的规则；二是'浅'和'深'，最低限度主义者尽量避免提出一些基础性的原则"[1]。

（三）宪法诉讼是环境权利可诉性实现的根本路径

环境权利可诉实现的根本路径是宪法诉讼，所谓"根本路径"是最基本最彻底最终的路径。"司法是权利的最终保障"，环境权利作为宪法基本权利，只有通过宪法诉讼，才能得到最根本的救济。[2] 环境权利宪法诉讼表现为三种形式：

1. 依据宪法明示条款保护环境权利

运用宪法明示性条款直接保护环境权利是环境权利最直接最主要的保护方式，即宪法条款明文规定环境权利受到侵害时，受害人可以直接向法院提起宪法诉讼。以宪法规范要素为标准，环境权利在宪法中的规范方式主要有两种：

（1）基本原则或国家政策确认环境权利的内容

将环境权利规定在基本原则或国家政策部分，在某种程度上反映了该国对于将环境权利作为一项基本权利的犹疑：一方面基于环境危机的紧迫性及国际立法潮流的压力，不得不在宪法中予以规定；另一方面又不愿赋予其较强的效力。特别是在宪法权利具有可诉性的国家，基本原则或国家政策通常被认为是促进立法，而非创设可执行的权利。[3] 采纳这种模式的有菲律宾、西班牙等国。如菲律宾《宪法》是在"基本原则和国家政策宣言"一节规定"国家保障和促进人民根据自然规律及

---

① ［美］凯斯·R. 桑斯坦：《就事论事——美国最高法院的司法最低限度主义》，泮伟江、周武译，北京大学出版社 2007 年版，第 1—23 页。

② 参见袁立《论社会权可诉性的宪政之路》，《河南科技大学学报》（社会科学版）2010年第 5 期。

③ 参见张一粟、陈奇伟《论我国环境权入宪的基本架构》，《法学论坛》2008 年第 4 期。

和谐的要求，享有平衡和健康环境之权利"，但实践中已突破了其不能适用的限制。在安托尼奥·欧波萨诉弗杰尼克（Antonio Oposa v. Fulgencio）案①中，原告诉称菲律宾原始森林正急剧减少，根据《宪法》第 2 条第 16 款赋予的"平衡和健康的生态"之宪法权利，请求法院予以干预。法院支持了原告诉求，认为该权利虽规定在"基本原则和国家政策宣言"中，但与在"权利法案"部分规定的基本权利具有同等地位。法院认为，诸如健康环境权等基本人权无须宪法明文规定即可适用，而将其写入宪法的目的在于强调其重要性，并为国家施加一项保障和促进这项权利的庄严责任。

（2）以规则形式规定在"公民基本权利"部分

以规则形式规定环境权利的国家往往将其规定在公民基本权利章节，如埃塞俄比亚《宪法》第 3 章"基本权利与自由"规定了环境权，并规定了生存环境受损时的求偿权。但在不同国家，其司法适用性具有明显差别，在宪法权利具有可诉性的国家，其"主观权利"与"客观法"的性质同样强烈；但在宪法不能司法化的国家，即使规定在公民权利章节，很大程度上其作用也仅仅是确立客观价值秩序。在一些宪法环境权利表现为规则要素的国家，其可诉性亦存在模糊的状况。如韩国《宪法》第 35 条规定："任何公民均享有健康、舒适的环境之权利，国家和国民应努力保护环境。环境权的内容和行使由法律规定。国家应促进居民生活质量，努力使国民享有舒适的居住条件。"与其他宪法权利规范相比，仍显得原则性较强，条件假设、行为模式及法律后果同样也不明确，行为模式对应的法律后果需要在普通环境法律中寻找。

2. 通过审判发现宪法中的默示性环境权利条款

宪法默示性环境权利是指宪法没有明确规定为基本权利，而是由法院承认的宪法文本与结构。默示性环境权利不是与宪法没有联系，相反，它们的存在能从宪法条文中找到依据。对默示性环境权利的保护，是一种发展视野下的权利保护观。默示性环境权利的认定依据可以来自司法推理、

---

① Juan Antonio Oposa et al. v. Fulgencio S. Factoran, Jr. et al., G. R. No. 101083 (Sup. Ct. of the Phil., 1993).

道德哲学实践、对传统道德观念的理解和民族精神等。① 如通过宪法的"概括性权利"承认环境权利并给予司法救济，使法院在不触动现行宪法条款的前提下纳入新兴基本人权。厄立特里亚《宪法》第 39 条规定"宪法中列举的权利不应排除由宪法精神及基于社会正义、民主和法治原则而引申出来的其他权利"。印度最高法院则在司法实践中视环境权利为国家政策指导原则，通过司法解释承认其可诉性，而给予间接司法救济，在著名的苏比哈斯·昆木·阿诉比哈尔邦（Subhash Kum Ar v. State of Bihar）案和城市固体废物管理案中，就是通过司法解释承认宪法中的默示性环境条款的法律效力的。这一模式虽然在一定程度上为环境权利提供了司法保障，但其局限性亦非常明显，只有在环境利益受到侵害，被诉诸法院的情况下，环境权利作为法律原则或者社会公共利益才进入司法程序，有望获得司法保护。实际上，此时的环境权利只是客观法而不是主观权利，既不具有使权利主体可以直接提出要求的主观性，在内容上也相当模糊，这种方式不能直接充分保护主观性权利，只能间接保护环境权利所指向的客观利益和维护客观价值秩序。

3. 宪法解释

（1）环境权利合宪解释的含义与意义

"合宪解释，是指以宪法的基本精神和基本规范来解释法律条文。"② 宪法解释包括两层含义，一是按宪法规定的解释程序和权限，对宪法条文的具体含义、精神作出说明，这种解释确保宪法的原意，"是解释所有法律文件的首要的和基本规则"③；二是宪法解释机关通过宪法性法律、决议等形式对宪法中没有规定的事项，予以增加、修改和补充。在环境权利普遍不具可诉性的背景下，通过建立一套完善、强大的宪法解释机制对环境权利提供司法救济具有重大的现实意义。

（2）环境权利合宪解释的宪法文本层面与国家政策层面路径④

---

① 袁立：《论社会权可诉性的宪政之路》，《河南科技大学学报》（社会科学版）2010 年第 5 期。

② 郭卫华主编：《"找法"与"造法"——法官适用法律的方法》，法律出版社 2005 年版，第 137 页。

③ ［美］约瑟夫·斯托里：《美国宪法评注》，毛国权译，生活·读书·新知三联书店 2006 年版，第 149 页。

④ 环境权利合宪解释的路径包括宪法文本层面与国家政策层面路径、民法层面路径和行政法路径，这里仅讨论宪法文本和国家政策路径，民法路径和行政法路径在后面两节讨论。

　　第一，对宪法中明示性环境权利条款作积极的广义解释。对明示性的环境权利条款做积极的广义解释是正当、必要的，解释主义者一般持有两个原则，即语义原则和实体原则。① 语义原则对环境权利的扩大解释基于现有的宪法文本，是对不确定的词语做正向的解释。例如，在健康与福利部诉 Woodcarb 公司案中，南非宪法法院认为该部有资格请求判决某锯木车间停止排放有毒气体，法院通过对临时宪法做积极的广义解释，承认公民"对健康和福利无害的环境权"受到侵害时向法院寻求救济的权利，法院认为，被告未经许可的排放行为侵害了其邻人享有的宪法位阶的健康环境权。②

　　第二，通过宪法解释引申出默示性环境权利条款。宪法解释通常被认为有平衡权利与权力的功能，通过解释引申出某些默示性权利，扩大受保护的权利的范围。在宪法解释"原旨主义"原则下，"发现"是以宪法条文为基础的"引申"。在我国，这种"原旨主义"宪法解释，能够扩大环境权利的范围，使之产生宪法效力。目前学界主张"环境权"入宪，③ 其实环境权利作为基本权利是可以在我国宪法上找到依据的，我国《宪法》第 26 条第 1 款规定："国家保护和改善生活环境和生态环境，防治污染和其他公害。"法院可以通过宪法解释引申出环境权利从而给予司法救济。

　　第三，通过宪法解释使环境权利成为国家政策的指导原则，对环境权利予以间接的保护。印度《宪法》提供了一种环境权利保障模式，把包括环境权利在内的经济和社会权利规定为不具有诉讼功能的"国家政策的指导原则"。印度法院对指导原则的适用是通过指导原则保障经济和社会权利的最佳例子。印度经验表明，完全可以通过宪法解释把环境权利作为国家政策的指导原则来保护环境权利，把环境权利作为国家政策制定与实施的一项原则，间接完成对环境权利的保护与救济。

---

　　① ［美］凯斯·R. 桑斯坦：《偏颇的宪法》，宋华琳、毕竞悦译，北京大学出版社 2005 年版，第 117 页。

　　② 参见张敏纯、张宝《非洲环境权入宪的实践及其启示》，《求索》2011 年第 4 期。

　　③ 吴卫星：《环境权入宪之实证研究》，《法学评论》2008 年第 1 期。

第三节　环境权利可诉的实现与环境公益诉讼

一　通过普通法律实现环境权利可诉

在通过宪法诉讼实现环境权利存在障碍的现实情况下，通过普通法律实现环境权利可诉在很多国家具有可操作性。例如在我国，宪法虽然没有明示经济和社会权利的具体化必须通过普通法律规定，但实际操作中，我国有关经济和社会权利的具体内容和保障方法几乎都是通过普通法律实现的。

（一）通过行政法实现环境权利可诉

通过行政法实现环境权利可诉的理由如下：

第一，行政法上的环境公权力是宪法环境权利的具体化。行政法与宪法都属于公法范畴，基本精神都是控制政府权力，保障公民权利，行政法关系本质上是宪法关系的延伸。在环境权利缺少宪法司法化的普遍实践的背景下，行政法应该担负起保护基本环境人权的责任。"行政法的规定让宪法可以在个案中得到贯彻，并变得有生命。"① 因此，从一定意义上可以说，行政法关于环境公权力的规范是抽象的宪法环境权利的具体化。

第二，行政法对环境基本权利的保障具有不可替代的责任。有学者指出："行政法院在当今或许是实施基本权利的最重要机关。"② "行政法的发展水平直接影响到宪法文本的实现程度，两者之间呈现出明显的比例关系。"③ 因此，行政法对环境基本权利的保障具有重要意义。

第三，行政机关是环境基本权利对应的国家义务的最重要的承担者。国家环境义务分为尊重、保护和给付三个层次。尊重义务要求国家以消极不作为的方式实现环境权利，要求国家不得破坏和污染环境，不得损害公民的环境权益。保护义务要求国家采取积极的措施避免来自第三人的侵害，保护义务主要对应的是国家的环境立法义务。给付义务即国家积极为

---

① 陈新民：《宪法札记》，中国政法大学出版社2001年版，第96页。

② ［德］弗里德赫尔穆·胡芬：《行政诉讼法》，莫光华译，法律出版社2003年版，第9页。

③ 金国坤：《依法行政环境研究》，北京大学出版社2003年版，第49页。

公民提供环境利益的义务，其核心是环境利益的增益。鉴于经济发展和环境保护是同源同质和共生互动的关系，因此环境立法应更多引入利益促进型法律规范，通过各种激励型、促进型法律规范，引导国家、社会和个体作出各种环境友好型行为，通过对环境的积极回馈，促进环境的有效供给，最终形成良好的人与自然和谐的秩序，以实现不同利益的平衡。因此，国家履行环境给付义务必然涉及财政再分配，作为以给付义务为核心的环境义务更主要地要依靠行政机关予以实施。

（二）通过私法实现环境权利可诉

通过私法实现环境权利可诉基于私法上的环境权利的独立性和相对性。环境污染和破坏行为侵害的权利有人身权利、财产权利和环境权利，侵权形态包括如下几种情形：直接侵害公民的财产权利或人身权利；在侵害公民的财产权利和人身权利的同时也侵害公民的环境权利；直接侵害公民的环境权利，即对环境本身的侵害。人身权利与财产权利的损害救济不能涵盖环境侵权救济，因为环境权利是独立于人身权利与财产权利并与人身权利和财产权利相并列的独立私权。一方面，依据私法上的环境权利，公民可以向企业或法院提出独立的诉讼请求。例如在特定的时间和地点，如果企业污染清洁的空气或水，那么公民可以依据私法上的环境权利要求该企业排除危害，治理污染，恢复生态平衡，而不以自身人身权利或财产权利的损害为理由要求企业承担责任的要件。另一方面，私法上的环境权利不是绝对的，私法上的环境权利纠纷涉及环境公共利益，因为环境公共利益是相对的，对环境公共利益的考虑程度也是相对的，因此私法上的环境权利也具有相对性，"私法上的环境权利并不是取消其他权利，而只是对其他权利施加的一个合理限制"①。

二　环境公益诉讼与环境权利可诉性的增强

环境权利宪法诉讼和行政诉讼具有两个突出的特征：一是几乎都涉及要求政府履行积极的国家环境义务的政策选择问题，这种政策选择的要求是对法院行为的政治合法性和司法能力的考验；二是所要保护的权利主体往往是生存环境受到威胁的社会弱势群体，而该类群体在经济、环境科学

---

① 王小钢：《以环境公共利益为保护目标的环境权利理论——从"环境损害"到"对环境本身的损害"》，《法制与社会发展》2011 年第 2 期。

知识和法律知识等方面均不占优势。因此，在环境权利诉讼中，一方是政治和资源上占优势地位的政府或经济上占优势地位的企业；另一方是处于种种不利地位的社会弱势群体，夹在中间的是在环境政策制定上能力非常有限的法院，在这种情况下，法院如何有效保护弱势群体的环境权利就构成了对环境权利诉讼的一个巨大挑战。为保持权利上的平衡并增强法院的司法能力，构建增强环境权利可诉性的相关制度就非常重要。环境公益诉讼是增强环境权利可诉性的重要手段。

（一）环境公益和环境公益诉讼的界定

1. 环境公益的界定

根据环境对人的生态服务功能，可以把与环境有关的人类利益分为三类。分别是人身利益、财产利益和生态利益。生态利益，是指环境因具有多种生态服务功能而蕴含的利益。由于环境属于典型的公共物品（具有较明显的非排他性和非竞争性），其承载的利益往往表现为公共利益，换言之，生态利益在本质上应属于公益的范畴，因此，也可以称为环境公益。从利益性质上看，环境公益是人们对环境"本身"的利益；从利益特性上看，环境公益具有公共性（为社会成员共同享有，具有较为典型的非排他性和非竞争性）等特征，属于客观、实在的公共利益。[①] 环境公益具有均享性、普惠性和自然人独立享受性。

2. 环境公益诉讼的界定

环境公益诉讼，是以环境权利为权利基础，以预防和救济环境本身的损害、维护环境公益为目的，由公民、环保非政府组织等相关社会团体及法律规定的其他主体提起的诉讼。环境公益诉讼旨在保障环境权利，而非为救济因环境污染和破坏而造成的人身权利或财产权利的损害。环境公益诉讼是通过司法救济受损环境权利的重要手段，但不是唯一手段；环境侵权诉讼通过救济与人身权利和财产权利重叠的环境权利的损害而间接实现对环境权利的救济。在一个比较完善的民主社会，多数人的利益包括环境公共利益通过普通的政治程序就可以获得比较好的保障，但在普通政治程序中不能获得充分代表的少数人的利益更多的是通过宪法规定的人权条款才能获得最后的保障。但是，宪法规定的人权救济途径并不是所有的人都

---

① 参见杨朝霞《论环境公益诉讼的权利基础和起诉顺位——兼谈自然资源物权和环境权的理论要点》，《法学论坛》2013 年第 3 期。

有能力利用的，一方面是因为社会弱势群体没有能力利用法律途径保障自己的权利；另一方面是因为环境权利的保障经常涉及相关社会政策和法律的合理性和合法性问题，在这种复杂条件的共同作用下，如果没有广泛的社会帮助，就很难确保社会弱势群体获得司法救济，这是设置环境公益诉讼制度的根本原因。

（二）环境公益诉讼与公众的广泛参与

"环境公益诉讼制度从根本上应对的是环境侵权行为的负外部性特征和环境侵权救济行为的正外部性特征。"[①] 这种外部性使得环境权利诉讼具有浓厚的公益色彩，而社会弱势群体进行环境诉讼的困难性与诉讼所具有的公益色彩形成巨大反差。为了解决这个问题，美国等国家逐渐改变了传统的诉讼资格限制，转而允许没有直接利害关系的个人和组织为了环境公共利益而参与到公权诉讼中来，或者直接提起公权诉讼，这一制度在美国被称为公民诉讼。而在印度，这类诉讼则被称为"社会行动诉讼"。司法能动主义理念引领的印度环境公益诉讼的目的就在于让社会弱势群体有机会和能力利用法院来保护其环境权利。公众参与的广泛性与深入性是考量环境公益诉讼效果的重要指标，环境公益诉讼扩大诉讼资格的意义之一就在于促使广大公众参与环境权利保障。

环境公益诉讼的原告应该主要是公民和环保非政府组织，公民作为原告参与环境公益诉讼可以表达更广泛的环境利益需求；环保非政府组织及相关社会团体在环境权利保障中发挥着不可替代的作用，有利于形成多元利益谈判的平台。南非《宪法》第 38 条规定，"作为一个群体或者一类人的成员或者为了他们利益而行为的人"，"任何为了公共利益而行为的人"，"为了自己成员的利益而行为的组织"，"都有权向一个合格的法院提出'权利法案'的权利受到了侵犯或者威胁"。这就明文规定环境公益诉讼的原告不受直接利害关系的限制，从而赋予任何人、某个群体、某类人、相关社会组织提起环境公益诉讼的资格。印度最高法院通过判例逐渐扩大公益诉讼的主体范围，20 世纪 80 年代初，印度最高法院明确规定："在个人或者某个确定群体因任何宪法权利或者法律权利受到侵犯而遭受法律上的损失或者伤害时……并且这个人或者这群人由于贫困、无助、残废或者经济上的不利地位而不能接近法院进行救济的，公众中的任何一个

[①] 叶俊荣：《环境政策与法律》，中国政法大学出版社 2003 年版，第 234 页。

人都可以向法院提出申请要求获得一个适当的指标、命令或者令状……"① 印度最高法院允许基于公共利益考量的个人或者群体代表自身不能提起诉讼的人提起环境公益诉讼。如城市固体废物管理案的原告就是一个普通公民，代表受到印度城市中心垃圾处理不当而受损的人群提起环境公益诉讼。

但是无论是在欧美发达国家还是在南非、印度这样的发展中国家，环境公益诉讼原告主体资格的扩大一直伴随着公众参与度不够的问题，具体包括原告代表性不足、环保非政府组织参与不足和各阶层平等性不足等，这都影响了环境权利可诉性的实现，是未来环境公益诉讼发展过程中必须正视和解决的问题。环保非政府组织和其他相关组织应该在公益诉讼中发挥越来越重要的作用。一种办法是环保非政府组织可以以自己的名义作为原告提起诉讼；另一种办法是环保非政府组织及相关组织可以以"法庭之友"的名义参与诉讼。在南非的"格鲁特布姆案"中，南非人权委员会和社会法律中心两个机构作为"法庭之友"参与诉讼，"法庭之友"作为具有独立法律地位的诉讼当事人参与诉讼。该案当事人援引的主要是《宪法》第 28 条第 1 款第 3 项，即儿童的住房权，而"法庭之友"则坚持将请求的根据扩大到《宪法》第 26 条，即住房权（其住房权包括环境权利的内容），才最终使法院就需要"逐渐实现"的经济和社会权利条款如何适用环境问题作出解释。"法庭之友"的参与一方面可以增强当事人的诉讼能力；另一方面确保法院在判决时可以拥有更广泛的信息和选择从而作出更能促进环境权利保障的判决，同时增强法院判决的政治合法性，增强法院判决的民主决策色彩。

本章小结

环境权利可诉是有限的。具有主观权利属性的环境权利可诉，单纯表现为客观法的环境权利不可诉；规则规范明确具有可诉性的环境权利可诉，表现为原则规范的环境权利不可诉；指向可以分割的个人生态的环境权利可诉；而不可分割的生态公益主要由国家承担客观义务，通常情况下

---

① P. P. Craig and S. L. Deshpande, "Rights, Autonomy and Process: Public Interest Litigation in India", 9 *Oxford Legal Study* 360 (1980).

不可诉。环境权利可诉的范围是发展的，随权利保护的现实需求发生相应的变化，在主观属性与客观属性相互渗透的过程中，环境权利的内涵被不断扩大，并且被不断地规范化，这一扩大和规范化过程的结果就是权利的可诉范围不断扩大。

环境权利的可诉受到客观现实的限制，依据宪法中直接做了绝对性规定的条款，环境权利的可诉范围不受限制，普通法律规定的环境权利的可诉范围明确。不同层次的环境义务对应的环境权利的可诉性呈逐层递减态势。尊重义务对应的环境权利完全可诉。保护义务对应的环境权利部分可诉。给付义务包括抽象和具体两部分内容。抽象部分普遍认为不可诉。现代宪法逐渐承认给付义务的具体部分义务对应的环境权利部分可诉。司法保护不是环境权利保护的唯一有效方式，环境权利需要其他方式的保护。

宪法诉讼是环境权利可诉实现的根本路径。通过普通法律实现环境权利可诉在很多国家具有现实的可操作性：一是通过行政法实现环境权利可诉；二是通过私法实现环境权利可诉。环境公益诉讼是增强环境权利可诉性的有效措施。

第六章　走向可诉的中国环境权利

第一节　中国环境权利可诉实现的难点

虽然立法机关和司法机关正在积极进行环境侵权和生态损害救济的尝试，但我国的现行体制并未将环境权利纳入司法救济领域，环境司法对环境权利的保障严重不足，环境权利的司法救济途径障碍重重。

一　中国环境权利可诉实现的现状

（一）环境权利纠纷解决的诉讼渠道不畅

在我国，大量环境权利纠纷不能进入诉讼渠道，导致受损的环境权利很难获得司法救济。环境权利损害的原因行为是人们在开发和利用环境资源过程中的环境污染与生态破坏行为，这种行为往往以环境为媒介，在作用方式上同时存在直接和间接两种方式，导致权利冲突情况十分复杂，特别是当行为对生态造成破坏，却无直接受害人时，情况就更加复杂。

现行环境诉讼机制仍沿袭传统三大诉讼分立的传统模式，虽然针对环境权利损害的特殊性而在一些理论构造和程序设计上有所革新，如无过错责任原则的适用、举证责任的倒置、诉讼时效的延长等，但在基本的进路上仍继续传统纠纷解决思路，与环境权利的公共性、整体性、普惠性和共享性难以契合，如果通过司法途径解决，仍然受制于传统诉讼机制的理念与制度构造，使得大量受损环境权利无法通过司法途径获得充分救济。

（二）私权救济方式对环境权利损害救济不足

我国的《民法通则》《侵权责任法》和《环境保护法》并无针对环境权利的直接规范，而是将侵害环境权利的行为表述为"环境侵权"，其规范表述是"污染环境造成他人损害"的行为，这一规范是法院受理侵害环境权利案件的最基本和最重要的法律依据，这就导致法院只能受理因污染所致的环境私益损害，而受理环境自身损害的案件则于法无据。"我国现行的环境侵权救济机制被定位成一种特殊民事侵权救济机制。"[①] 司法实践中，对环境侵权进行救济的实体法依据主要是《民法通则》《侵权责任法》和《环境保护法》。其中，《民法通则》第 124 条规定："违反国家保护环境防止污染的规定，污染环境造成他人损害的，应当依法承担民事责任。"《侵权责任法》第 65 条规定："因污染环境造成损害的，污染者应当承当侵权责任。"据此，在我国环境侵权相关法律规定中，环境侵权行为是由环境污染引起的特殊民事侵权行为，其所侵害的是民事权利，因此，对环境权利的司法救济是以私权救济为核心的制度设计，体现的是对环境私益的保护。环境权利的复合性[②]和环境侵权行为的特殊性[③]，决定了私权救济路径对环境权利司法保障的不适。环境权利具有公共性、整体性、普惠性和共享性，所以，环境权利司法救济除了救济私人环境权益的损害外，更重要的是要实现对环境公共利益的救济。上述思路下的以私权救济为核心的制度设计，难以契合环境权利的公权与私权的复合性，也不能应对环境侵权行为致害机理的多元性。

（三）通过环境公益诉讼救济环境权利面临困境

近年来出现了一定数量的具有相当影响的环境公益诉讼案例，但实际上依然处于点缀、装饰的作用，多数环境公益诉讼案件依然被挡在法院门外，有的案件即使胜诉，也不是真正的环境公益诉讼案件。已有的试验性质的环境公益诉讼案例，都是在突发性环境事件发生后，在地方政府的强力推动下，才得以进入司法程序的，甚至某些专为环境公益诉讼而设的环保法庭无案可审。

二　中国环境权利可诉实现的政治难点

（一）中国的"政治问题不可诉"

政治问题又被称作"不可诉问题"。"中国当下对政治行为、立法行为、国家决策行为、抽象行政行为、军事行为等和公民密切相关的行为都

---

① 刘超：《反思与超越：环境侵权救济的内在机制诉求辨析》，《中国地质大学学报》（社会科学版）2010 年第 2 期。

② 参见吕忠梅《环境法学》，法律出版社 2004 年版，第 106—119 页。

③ 参见张梓太《环境法律责任研究》，商务印书馆 2004 年版，第 45—66 页。

未建立法律上的可诉机制，从而使这些行为的主体可以任意操使法律、凌驾法律，使法律的应有作用难以发挥，这与法治国家只要有法律，便可依据其诉讼形成鲜明的对比。"① 在我国理论界，存在将国家行为混同政治行为的现象，这种混同影响了权利的可诉的实现。很多人认为，《行政诉讼法》第 12 条规定的人民法院不受理公民、法人、其他组织对国防、外交等"国家行为"提起的诉讼，国家行为就是政治行为。但也有学者认为，国家行为理论是国际法上的概念，是指"国家不能在其自身领土内裁决外国主权行为的合法性"，与政治问题是两个不同的法学概念。"国家行为理论与政治问题理论是两个不同的法学概念。相应地，《行政诉讼法》第 12 条所引入的'国家行为'概念并不对应英美法系的国家行为概念，而是包含了英美法系的国家行为和政治问题这两个概念。"② 二者的混淆，实质上扩大了不可诉的政治问题的范围。

（二）中国环境权利可诉实现与"政治问题"的阻却性

在我国，对环境权利的侵害很多来自政府行为，特别是一些地方政府对环境保护重视不够，对污染行为放任自流，甚至实行地方保护主义，长期对企业的违法行为默许甚至纵容，导致企业无所顾忌，从而导致严重的环境损害。重大环境损害的原因看似责任在企业实则根源在政府。政府所致环境权利损害的原因来自"政经一体化"体制导致的地方政府的环境保护职能的扭曲，中央政府与地方政府的角色冲突与利益博弈，地方政府对环保行政部门的权力渗透等。③ 政府的环境不作为与滥作为导致的环境权利损害更应受到法律的严格规制 。而这些政府行为根据我国《行政诉讼法》的规定，并不属于行政诉讼的受案范围，更不能以立法机关不履行环境权利立法义务为由请求司法救济。在我国，上述问题被视为政治问题，而政治问题被视为国家行为，因此，法院对涉及政府行政部门和立法部门裁量权的问题是不能行使管辖权的，政府的这类环境行政行为和立法机关的立法不作为是不可诉的。因此，在我国，有权机关针对环境权利的立法裁量权和环境行政执法行为属于"政治问题"，是阻却司法机关救济

---

① 谢晖：《独立的司法与可诉的法》，《法律科学》1999 年第 1 期。

② 参见陈承堂《可诉性理论适用的中国困境及其消解》，《政治与法律》2013 年第 10 期。

③ 参见吕忠梅等《理想与现实：中国环境侵权纠纷现状及救济机制构建》，法律出版社 2011 年版，第 135—139 页。

的事由，这是我国环境权利可诉实现的政治难点。

有一种观点认为，在我国，法律可诉性不足的根本原因不在于立法以及法律适用的技术，而在于司法管辖权的界定；行政权力的膨胀以及司法功能的狭窄，才是我国法律缺乏可诉性的根本原因。这实质上说明，我国环境权利可诉性实现的政治难点的另一种表述方法是环境司法独立缺位和定位不明。

环境司法的不独立主要体现为地方政府对环境司法的不当干预。政治层面的"压力型"体制的制度压力和现实生存压力，导致地方政府"任期内效益最大化"，直接催生了污染和环境冲突的动力机制，政府与企业结成坚实的政商同盟，"政商一体化"机制由此形成，更强化了环境权利主体的弱势地位。在诉讼过程中，法院不由自主地因为地方政府的干涉而更多考虑加害者对经济发展的推动作用，顺理成章地忽视受害人的环境权利。行政权力的膨胀，导致司法不能独立，当然无法充分贯彻司法最终解决的原则。

环境公益诉讼的发展给司法理念和司法定位带来巨大的挑战，司法能动和司法克制之间的平衡是难以掌控的。已有的环境公益诉讼实践明显地表现出我国司法机关（包括环保法庭）对待自身司法定位的审慎态度，所以对于环境权利救济不力也就不足为怪了。

三　中国环境权利可诉实现的法律难点

（一）环境权利立法缺失

我国环境立法取得了突出成绩，迄今已有 9 部环境保护法律，10 部自然资源管理法律，40 多部环境与资源管理的行政法规，100 余部环境行政规章，400 多部环境标准，1000 多部地方性环境法规，但始终未明确规定"环境权利"。一些环境法学者认为在我国虽没有明确环境权利，但从宪法可推导出环境权利，即使认为从宪法可以推导出环境权利，但依然不能否定我国环境权利立法上的缺失。

现行宪法虽然在一定程度上涉及环境权利的某些内容，但过于原则，不具有实体权利性质，限制了普通法律对具体环境权利的规定，使我国整个法律体系对环境权利的保护呈现出不明朗的态势，不可能实现对环境权利的充分保护。我国整个环境权立法体系呈现出的特点是预防和救济少、管制多，具有鲜明的政府管制型的特色，视环境权利的保护为一项国家职责，过多强调公民保护环境的义务，而忽视了公民的环境权利。在提供的救济途径方面虽然非常广泛，但在给环境相对人提供一个维护其合法权利的途径的同时，却忽视了受害公民的权利，从而导致公民环境权的落空。①

这表明，立法者依然停留在这一认识程度：环境权利并不是一项主观权利，没有相对应的确定义务，公民不能据此提出权利保护请求；根据法律，国家只对环境公共利益的保护具有客观义务，权利主体则不能据此提出实施这一义务的要求。在我国，宪法和普通法律并未明确环境权利，只有《民法通则》《侵权责任法》《民事诉讼法》《环境保护法》及一些环境单行法涉及环境侵权责任和环境公益诉讼制度，体现了保护环境权益的精神。根据宪法和法律推导，我国的环境权利尚不具有完全的主观性，但因为相应的义务是初步确定的，并且这种义务的实施是受到法律强制性保障的，所以环境权利所保护的客观性利益还是受到了一定程度的保障，这种情况下的权利主体缺乏可以直接寻求司法救济的可能性，权利主体对其利益所具有的直接控制力就非常脆弱，只规定了义务而不能提出要求的权利更像是受到规范确认和保护的利益而不是一种完善的权利，"缺乏主观性的权利在保护利益的机制上存在重大缺陷，因为不可提出要求的权利很容易蜕变为义务主体的一种恩赐和施舍"②，客观性利益虽然与主观权利一样都能保护一定的实质利益，但在利益的保护机制上相去甚远，换言之，我国宪法和法律未确认环境权利导致环境权利司法救济的法律基础缺失。

（二）宪法司法化难题

对于传统法治国家而言，宪法司法化和宪法权利的可诉性是一个不证自明的问题，其质疑的是具有高资源要求性的积极权利的可诉性，而在我国，宪法权利的可诉性依然是学者们争论的话题。

我国的制宪者关心的是宪法的政治功能，而不是其法律属性；宪法基本权利也主要被视为一种政治承诺，而不是法律保障；宪法权利被视为政策目标，而不是可以直接申请司法保障的权利。因此，传统社会主义国家试图通过法律以外的其他手段保障政策性的经济和社会权利，但这不是一

---

① 参见张力刚、沈晓蕾《公民环境权的宪法学考察》，《政治与法律》2002 年第 3 期。
② 黄金荣：《司法保障人权的限度》，社会科学文献出版社 2009 年版，第 79 页。

种现代法治意义上的保障。当政府违背对宪法权利的政治承诺时，几乎没有任何法律手段可以强制其履行。

在"实行依法治国，建设社会主义法治国家"的背景下，宪法的司法化逐渐成为法治热点。2001年，最高人民法院在"齐玉苓案"的批复中，肯定了法院引用宪法受教育权条款依法审判的法律依据，拉开了我国宪法司法化的大幕。但是，宪法司法化必然涉及对宪法的解释和法院对立法机关和行政机关行为的合宪性审查。而宪法解释和司法审查面临体制的巨大障碍。根据人民主权学说，国家的一切权力属于人民，人民通过人民代表大会制度行使权力，因此，在我国，国家权力最终统一于全国人民代表大会，行政机关和司法机关产生于最高权力机关并对其负责。在这种权力统一学说的主导下，我国宪法将解释和监督宪法实施的职权也都集中于立法机关，全国人民代表大会及其常委会负责监督宪法实施，全国人大常委会负责解释宪法，宪法未明确授权人民法院解释宪法及监督宪法实施。因此，宪法司法化的合法性本身引起质疑就是题中之义了。宪法理论要求由司法机关解释宪法并行使违宪审查权，但我国宪法并未赋予司法机关解释宪法和违宪审查的权利，导致现实中"宣称具有最高法律效力的中国宪法在司法实践中几乎没有任何实际的效力"①。

在立法缺失和宪法司法化障碍重重的背景下，我国迄今没有宪法环境权利诉讼就是顺理成章的结果了。

（三）两个层次的环境权利可诉障碍

在我国，不仅宪法环境权利可诉的实现存在巨大困难，就是普通法律上的具体环境权利也不能充分实现可诉。国际上，环境权利可诉性的争议一般集中于宪法环境权利，这主要是由宪法环境权利规范的模糊性所导致的；如果普通法律对具体环境权利及其可诉性作出详细规定，其可诉的实现将不会成为突出问题。但在我国，普通法律上的具体环境权利的实现也存在很多障碍。这种障碍，既有实体法律原因，也有诉讼体制原因。

1. 环境权利私法救济不足

按照通说，环境侵权是指因为人类活动造成的环境污染和破坏，以致

① 童之伟：《宪法司法适用研究中的几个问题》，载信春鹰主编《公法》第3卷，法律出版社2001年版，第329页。

危害公民的环境权益或危及人类的生存和发展的行为。无救济无权利，但在我国，大量的环境侵权不能进入诉讼渠道，公民的环境权利无法获得普通法律的充分救济。这源于对环境侵权的单一民事侵权性质定位，导致只能依循单一的私法路径救济受损的环境权利。

环境权利作为"一个由公权与私权、程序性权利与实体性权利所构成的内容丰富的权利体系"①，其救济已经远远超越私权救济机制所能包括的范围。"环境侵权行为所侵犯的环境权是一种典型的为弥补外部不经济性而发展的新兴权利，是国家运用各种手段和措施限制、禁止个人有害环境或社会公共利益的行为的法律依据，具有浓厚的公权色彩。"② 但在我国现行的环境侵权救济机制中，仍然将环境污染致人损害的侵权作为特殊侵权之一种，通过传统私法救济理论扩大化解释对其进行救济。实践证明，在这种环境侵权救济思路和制度框架下，环境权利的私法救济困难多多。"我们需要的不是简单地探讨如何对传统侵权救济法律制度进行具体化，而迫切需要的是，返回环境侵权行为本身，清晰认识和界定环境侵权行为的特殊性，从而揭示环境侵权救济的内在机制。"③

2. 环境权利行政法规范缺失

我国行政法没有对公法上的环境权利及其可诉性进行规范。当前，很大比例的环境损害来自政府行为，一类是政府工程的损害，如高速公路、高速铁路对生态多样性的破坏；另一类则是因国家权力的不作为或乱作为而受到的损害，如不履行保护公法上的环境权利的立法义务，这是对公法上的环境权利的侵害。而考察立法和司法实践，立法机关和司法机关依然坚持政府是环境公共利益的唯一代表的观点，实质是不承认公法上的环境权利是公民的主观权利，而认为保护环境公共利益是政府的责任，环境公共利益是行政法上的反射利益。

（四）环境公益诉讼立法的严重不足

我国环境公益诉讼制度正式入法的标志是 2012 年修订的《民事诉讼法》，该法第 55 条规定：对污染环境、侵害众多消费者合法权益等损

---

① 吕忠梅：《沟通与协调之途——论公民环境权的民法保护》，中国人民大学出版社 2005 年版，第 44 页。

② 同上书，第 43 页。

③ 刘超：《环境侵权救济的行为控制视角》，《云南大学学报》（法学版）2010 年第 1 期。

害社会公共利益的行为，法律规定的机关和有关组织可以向人民法院提起诉讼。就该法施行以来的实践分析，"由于该规定过于宽泛笼统，实践操作性较差，且缺乏相应司法解释予以细化，环境公益诉讼拓宽公民环境维权途径、加大环境保护力度的制度功能受到极大制约，难以有效发挥"①。2014年《环境保护法》第58条则在此基础上拓展了环境公益诉讼法律制度。第58条规定："对污染环境、破坏生态，损害社会公共利益的行为，符合下列条件的社会组织可以向人民法院提起诉讼：（一）依法在设区的市级以上人民政府民政部门登记；（二）专门从事环境保护公益活动连续五年以上且无违法记录。符合前款规定的社会组织向人民法院提起诉讼，人民法院应当依法受理。提起诉讼的社会组织不得通过诉讼牟取经济利益。"其进步主要表现为：进一步明确了环境公益诉讼原告主体资格，放宽了环境公益诉讼的范围。

但是，环境公益诉讼立法总体上呈保守性态势，这种立场直接导致环境公益诉讼的制度供给不足，其具体表现如下：

第一，环境行政公益诉讼缺乏法律依据。

根据《民事诉讼法》第55条的规定，环境民事公益诉讼已成为民事诉讼的一种形式；而因为对《环境保护法》第58条的理解不一，有人认为我国法律已规定环境行政公益诉讼，有人则认为法律并未明文规定环境行政公益诉讼，只有《行政诉讼法》明确对其作出规定，才能作为环境行政公益诉讼的法律依据。将环境公益诉讼做环境民事公益诉讼与环境行政公益诉讼的区分，是我国学者的普遍观点。美国是最早创设环境公益诉讼制度（称为公民诉讼）的国家，一方面，其法律并不区别环境公益诉讼的性质；另一方面，公民诉讼的内容在于借助法院的判决督促主管机关确实执行法定要求，性质上与环境行政密不可分。虽然依美国的现制，被告亦可能为私人的污染者，但诉讼的目的在于促使法定污染标准的实现而非污染事件的损害赔偿，而且主管机关亦可基于其职责参加诉讼，公法的意味颇浓，② 因此，环境公益诉讼至少应主要是环境行政公益诉讼，退一步讲，即使国家构建环境公益诉讼制度，其

---

① 王灿发、程多威：《新〈环境保护法〉规范下环境公益诉讼制度的构建》，《环境保护》2014年第10期。

② 叶俊荣：《环境政策与法律》，中国政法大学出版社2003年版，第248页。

重点也应该是环境行政公益诉讼，而现实情况则是，无论是立法还是司法，我国首先和重点构建的都是环境民事公益诉讼制度。而现实生活中，行政机关的违法环境行政决策、违法发放环境许可、怠于履行环境行政职责等行为对环境权利的侵害远超私权主体的违法行为的侵害。美国公民诉讼在于"促使法定污染标准的实现而非污染事件的损害赔偿"，表明各国建立环境公益诉讼制度的目的在于强化对环境行政机关的监管。2014 年《环境保护法》第 58 条规定的"污染环境、破坏生态，损害社会公共利益的行为"并未明确是否包括环境行政行为，如不包括，则环境公益诉讼将失去最主要的组成部分，第 58 条的意义将大打折扣。

第二，环境公益诉讼原告主体资格依旧模糊。

2014 年《环境保护法》虽然明确了提起环境公益诉讼的社会组织的条件，但对《民事诉讼法》中规定的可以提起环境民事公益诉讼的"法律规定的机关"没有进一步明确，也没有提及公民的环境公益诉讼原告主体资格，以目前立法机关和司法机关的保守主义立场预测，在法律规定的社会组织之外，法定机关的范围不会有太大扩充，而公民的原告主体资格继续存疑，直接的后果是将使环境公益诉讼的主体资格限制在很小的范围内，不利于环境权利的保护。

第三，环境公益诉讼具体规则缺失。

环境公益诉讼在管辖、原告主体资格、诉讼请求范围、举证责任分配、因果关系认定、诉讼费用分担、裁判效力范围等方面都有别于传统诉讼，需要有具体的规则，但无论是立法还是司法实践基本上都没有涉及相关具体规则。具体规则的缺失一方面为司法机关拒绝受理环境公益诉讼案件的司法不作为提供借口；另一方面则可能导致司法机关在审理环境公益诉讼案件时无法可循，引发管辖、原告主体资格认定、因果关系判断、裁判效力范围等方面的混乱。

第二节　中国环境权利可诉的实现

一　中国环境权利可诉困境的突围

（一）政治难点的破解

政治问题理论可追溯至马伯里诉麦迪逊案，在该案中，马歇尔大法官认为："政治性的问题，或者那些被宪法和法律授予行政部门负责的问题，决不能由本法院来处理。"① 但是，在 1962 年的贝克诉卡尔案中，布伦南大法官进一步限制了政治问题理论的适用范围："政治问题理论只能偶尔适用于那些属于民选机关管辖的明显的'政治问题'，而不是随意地适用于那些包含政治事项的案件。"② 贝克诉卡尔案推进了政治问题的司法化，这表明政治问题与法律问题的区分并非泾渭分明，随着可诉性理论的成熟，将国家行为混同于政治问题的困境将逐渐化解，政治问题的司法化范围将随之扩大。

（二）法律难点的破解

实现可诉最为困难的是经济和社会权利，对这类权利进行规制的法律主要是公法，与其形成鲜明对比的是，私法领域及私法权利基本不存在可诉性疑问。其根本原因是，经济和社会权利的主体是处于弱势地位的规制受体，而义务主体则是处于主导地位的规制机关，对这类权利进行调整的法律被称为现代规制性法律，这类法律在法的强制性、授权性和实现方面均体现着浓重的行政主导型特征。而在我国，立法中沿袭民法思维来构建环境权利损害救济制度，司法中亦依循民事诉讼思维考量环境权利的可诉要件，事实上阻塞了环境权利主体通过私人实施机制寻求公共利益司法救济的渠道。环境权利的客体是典型的公共物品，主体对权利的单独行使可能对很多人有益或有害，而"私人利用法院所产生的作用不仅体现在对受害者的救济这一被动方面，还体现在促进法之目标的实现这一积极方

---

① Marbury V. Madison. 5 U. S. 137 （1803）.

② Baker V. Carr. 369 U. S. 186 （1962）.

面"①。从根本上说，破解中国环境权利可诉实现的法律难点需要立法理念的提升："在消解我国可诉性理论适用困境的若干进路中，只有确立了鼓励或激励规制型法律私人实施的理念，法律可诉性的制度设计才有可能付诸实施，也才能以私人实施监督公共实施，并压缩公共实施的寻租空间，从而真正遏制行政权力的膨胀。"②

二　宪法诉讼——中国环境权利可诉实现的根本路径

我国宪法和普通法律尚未明确规定环境权利，近年不断有学者提出在修改宪法时增加环境权利条款。徐显明建议在宪法中载入包括环境权在内的十项人权，他认为："环境权的成立，可改造目前我国的环境管理体制。"③

（一）我国环境权利入宪的模式与宪法环境权利的可诉性

法的要素是构成法的基本元素，一般包括规则、原则、概念。以宪法规范要素为标准，环境权利在宪法中的规范方式主要有以下两种：一是环境权利表现为基本原则或基本国策，采取这种模式的有菲律宾、西班牙等国；二是环境权利表现为规则形式。表现为第一种形式的环境权利普遍不具备主观权利的性质，不具可诉性，公民或相关组织不能据此提起司法救济请求；表现为第二种形式的环境权利的可诉性更为复杂，在明文规定其可诉性的国家具有主观权利属性，可以据此请求司法救济，但在未明确其可诉性的国家，则仅具有客观价值秩序功能，不能据此请求司法救济。环境权利在一些国家的宪法中虽然表现为规则形式，但仍表现了较强的原则性，与一般法律规范相比，其条件假设与行为模式都非常模糊，甚至直接规定行为模式"由法律规定"，而法律后果同样也不明确，行为模式对应的法律后果同样需要在具体法律中寻找，自然其可诉性亦表现得相当模糊。

我国环境权利入宪应选择规则规范形式，而不是规定为纲领性目标或基本原则，避免政府借助立法行为来限制环境权利。在对宪法权利义务关

① ［日］田中英夫、竹内昭夫：《私人在法实现中的作用》，李薇译，法律出版社2006年版，第6页。

② 陈承堂：《可诉性理论适用的中国困境及其消解》，《政治与法律》2013年第10期。

③ 徐显明：《人权建设三愿》，载徐显明主编《人权研究》第2卷，山东人民出版社2002年版，第5页。

系架构的选择上，宜采纳公民基本权利、国家保障职责与第三人保障义务的模式。应对环境权利明确定义，即宪法环境权利是公民享用适宜的生态功能的基本权利。这一权利包含两个层面：一方面要求国家积极履行给付义务以保障环境权利的实现；另一方面公民可以以环境权利对抗国家和第三人，要求国家和第三人不得实施侵犯环境权利的行为。

（二）我国宪法环境权利规范的类型与可诉的程度

根据前述南非的经济和社会权利立法经验，我国环境权利立法的基本思想是：对于可以明确规定的环境权利的内容尽可能作出明确的规定，确实不能明确规定的，则利用"逐渐实现"条款进行规范。具体做法包括：（1）对应国家的尊重义务的是自由权意义上的具有防御性基本权利性质的环境权利，要求国家不得污染和破坏环境。（2）保护义务旨在使环境权利免受第三人侵害，[①] 意味着国家负有积极义务，应采取立法及其他措施预防、制止、惩罚第三人侵害环境权利。国家环境保护义务分为预防、排除和救济三个层次，涉及受害者、侵害者和国家三者之间的关系。这类义务比较容易界定，国家应即刻予以保障，如国家制定环境标准、进行规划建设、进行生态保护，通过行政处罚纠正企业的污染等负外部性行为等。（3）给付义务包括政府扩大环境利益供给以增进环境公益和政府通过行政给付增进社会弱势群体的环境利益。这类义务具有较高资源要求性且不容易界定，如生态补偿的权利，宪法可以要求"国家必须在其可利用的资源范围内采取合理的立法和其他措施以逐渐达到每一项权利的实现"[②]。前两类环境权利，其规范模糊性大为降低，在宪法中可以通过规则规范进行清晰表达，如果宪法明文规定，则具有直接的司法适用性，公民和相关组织可享有直接的请求权。第三类环境权利并不包含公民和相关组织直接依据宪法获得环境利益增益的请求权，但其仍然包含"合理的政策请求权"。

设置合理的宪法环境权利可以使宪法能够为司法机关进行权利救济提供良好的规范基础，对于上述第一种环境权利，与传统自由权并无很多区别，法院可以宣告政府行为无效并要求政府进行赔偿；第二种环境权利既

---

① 参见大沼保昭《人权、国家与文明》，王志安译，生活·读书·新知三联书店 2003 年版，第 21 页。

② 参见南非《宪法》第 26 条和第 27 条。

针对政府的具体行为，也针对政府的抽象行为，当政府没有满足具有直接请求权的环境权利时，法院可以宣告政府行为违宪，也可以要求政府履行宪法规定的积极义务；对于第三种环境权利，政府主要负有采取合理的立法和其他措施的义务，如果政府对此没有采取任何立法和其他措施，法院可以要求其立即采取立法和其他措施。

（三）国家对环境保护和给付义务的立法义务

宪法上所规定的基本权利的相对人是国家，国家需要履行相应的义务，对于环境权利而言，更是如此。要求国家在宪法环境权利的实现中承担积极义务。立法权相较其他权力而言，在积极权利的实现中处于优先的顺序，但是立法者所承担的义务内容具体为何，现代宪法学研究并没有给出明确的答案。在我国，对全国人大及其常委会是否制定、何时制定以及制定何种内容的环境权利规范没有从履行立法义务的角度来审视，而是把其看作是立法裁量的事情。此外，对那些迫切需要制定法律加以保障而全国人大及其常委会却并未履行该立法义务的环境权利，公民并没有宪法上的救济途径，这成为环境权利立法的技术障碍。

为更好地保障环境权利及其可诉的实现，我国应该引入联合国经济、社会和文化权利委员会提出的"最低限度的核心义务"以及南非"格鲁特布姆案"判决中提出的"即刻实现的义务"概念。因为我国于1997年10月签署了《经济、社会和文化权利国际公约》，并且全国人大常委会在2001年2月28日批准了该公约，这样我国就应履行该公约确定的"最低限度的核心义务"。

（四）建立中国的环境权利宪法诉讼机制

"西方国家宪法实施的途径走了一条从维护国家分权体制，到保障公民权利不受国家行为侵犯，再到救济公民宪法私权的发展之路。但是，我国的政治社会发展完全不同于西方国家，宪法实施的途径可能完全不同。"[①]西方国家宪法实施机制有两种，一种是宪法审查，是基于维护宪法分权体制的目的而用于解决政府机构之间的权限争议，可以是司法化的，也可以是非司法化的；另一种实施机制是宪法诉讼，是基于公民宪法权利被侵害而设立的宪法保障机制，这一权利救济机制分为受到国家行为侵害的救济和受到私权侵害的救济。

---

① 蔡定剑：《中国宪法司法化路径探索》，《法学研究》2005年第5期。

目前，我国政府有强大的国家权力，而公民仅拥有弱小的环境权利，这要求政府逐步减少对公民环境权利的不当干预，从而实现以弱势的环境权利约束强势的政府权力的目标，因此，宪法环境权利的司法救济应首先立足于环境权利的宪法诉讼机制的建立，而避开违宪审查机制的建立问题，这是切合中国实际的环境权利可诉性实现之路，"通过宪法的私法化走宪法司法化是推进中国宪法实施的现实之举"①。我国宪法司法化的最大忧虑是违宪审查制度与议行合一的人民代表大会制度的冲突，如果将违宪审查与宪法诉讼分开，则审查环境法律法规是否与宪法冲突、决定其效力有无的权力依然由全国人大常委会行使，而涉及宪法环境权利侵害（既包括公权也包括私权对宪法环境权利的侵害）和规章以下的一般性规范文件的合宪性审查则由司法机关行使管辖权。

就我国已有的宪法诉讼分析，多数情况下，"宪法是被法院作为与其他普通法律形式一样的法律规范来加以适用的"②。具体来说，可以分为三种适用方式：直接援引宪法社会权条款；仅表明宪法社会权的具体类型；笼统适用宪法的原则和精神。③ 如果环境权入宪，则法院可直接援引环境权利条款。就目前情况而言，应通过合宪性解释的形式予以适用。在司法审判过程中，法院进行合宪性解释时，在裁判说理部分直接援引宪法中关于环境权利的有关规定（即《宪法》第 26 条第 1 款的规定：国家保护和改善生活环境和生态环境，防治污染和其他公害），在判决主文部分最终援引法律依据时引用有关具体环境权利规范。因为，一方面，合宪性解释是法院适用法律的不证自明的要求，法律不能穷尽一切社会现象，滞后的法律对新生的环境权利的规范很难与社会现实需求保持一致，因此"法官在适用法律处理具体案件时必然要对所适用的法律进行理解并将在其判文中以解释的形式进行表示"④。另一方面，合宪性解释是法官应负的宪法责任，作为公权力主体的法官，无论其有无违宪审查的权力，其都有义务将宪法的基本决定和价值安排通过法律解释的技术贯彻于部门法的规范体系。

---

① 蔡定剑：《中国宪法司法化路径探索》，《法学研究》2005 年第 5 期。

② 莫纪宏：《实践中的宪法学原理》，中国人民大学出版社 2007 年版，第 619 页。

③ 参见邓炜辉《论中国社会权司法保障的路径及其限度》，《广西政法管理干部学院学报》2010 年第 1 期。

④ 董皞：《法官释法的困惑与出路》，《法商研究》2004 年第 2 期。

三 通过行政法路径推动中国环境权利宪法诉讼

中国没有违宪审查制度，没有宪法诉讼制度，没有建立真正意义上的宪法实施机制，短时间内不能期望通过宪法充分实现环境权利的保障，因此，探寻实现环境权利可诉的行政法路径具有非常重要的意义。

（一）中国实现环境权利可诉的行政法路径的可行性

1. 行政法律关系是宪法关系的延伸

宪法与环境法同属公法，其宗旨皆是控制政府权力，保障公民权利，行政法律关系是宪法关系在社会生活中的延伸与扩展。"行政法的规定让宪法可以在个案中得到贯彻，且变得有生命。"[1] 在中国宪法不具备诉讼功能的现实条件下，行政法应承担起保护基本权利的责任。

2. 环境保护主要依靠政府的环境行政行为

"世界各国的环境保护均主要依靠环境行政权力的运用"[2]，环境行政权力的产生源于环境公共利益的需求。环境具有公共物品属性，环境保护的公共性，环境决策的风险性，环境管理的系统性，环境保护与经济发展的天然冲突，都决定了环境保护主要依赖政府环境职责的履行。作为基本权利的环境权利在日常行政实践中获得充分尊重，并通过行政复议程序和行政诉讼程序得到保障，是环境权利获得有效保障的重要标志。在我国，国家环境管理失灵主要是行政机关的环境失责，环境问题非由单一的环境利用行为引发，与之相对应的环境对策亦并非仅限于事后救济，这需要行政机关秉持风险预防理念，以保护环境权利为宗旨，在对各种不同环境利用行为的决策中正确处理经济发展与环境保护之间的关系。

3. 政府是环境权利对应的环境义务的主要承担者

国家的环境义务分为尊重、保护和给付三个层次。国家环境义务的主体包括立法机关、司法机关和行政机关，但最重要的部门还是行政机关。环境权利的实现，主要是依靠行政机关以环境行政行为表现的对国家环境义务的履行。以实现义务为例，政府是实现义务的主要承担者，无论是最低限度的核心义务，还是逐渐实现的促进义务，都要求国家向人民提供涉

---

[1] 陈新民：《公法学札记》，中国政法大学出版社2001年版，第96页。
[2] 杜万平：《环境行政权的监替机制研究——对环境法律实施状况的一种解释》，载吕忠梅主编《环境资源法论丛》第6卷，法律出版社2006年版，第52页。

及财政分配的环境公共利益，这主要由国家行政机关承担。一方面，行政权不能超越法律的规定；另一方面，环境行政必须依法积极作为。当政府不作为或滥作为，侵害或不利于环境权利的实现时，公民可以以行政机关为被告提起环境行政诉讼。在我国，行政机关的选择性执法、运动型执法、环境行政不作为，对环境权利的保障具有相当的破坏力。面对频繁发生和大量潜伏的环境风险，如何有效防治环境风险和减少环境风险损害，是当前政府的重要任务。行政机关应依据法律制定相应的行政法规和规章，规范救助的具体程序。法律必须明确环境行政机关的具体职责，并为公民提供行政机关未履行职责而导致私人或公共环境权益受损的司法救济渠道。

（二）行政法上实现环境权利可诉的基本思路

1. 完善环境权利的行政立法

（1）环境行政立法应降低环境权利规范模糊性并明确行政法上的环境权利的可诉性。环境权利可诉性存疑的根本原因是规范的模糊性，作为国家的根本大法，即使环境权入宪，宪法也不可能对环境权利做具体详尽的规定，因此宪法环境权利规范的模糊性具有一定的合理性，如果行政立法能够对环境权利进行具体化，对其主体、客体、内容、是否可诉、可诉的程度和范围作详尽的规定，则宪法环境权利规范的模糊性将大为降低。环境权利的行政立法对宪法环境权利的具体化有重要意义，是实现环境权利可诉的行政法路径的前提。①

（2）确定行政法规范中环境权利的国家最低核心义务。根据最低限度的核心义务②要求各缔约国应确保使每项权利的实现达到一个最基本的水平，如果各缔约国没有履行《经济、社会和文化权利公约》确定的义务，其公民可以要求国家有所作为。南非宪法法院在"格鲁特布姆案"的判决中指出，宪法赋予了公民个人一项要求国家在其可利用资源的范围内进行合理的立法、设计合理政策的请求权。换言之，立法者如果没有进行环境权利行政立法，制定合理的环境权利保护政策，公民则可以根据宪法中相关的环境权利条款请求立法者履行法定职责，以保障环境权利的实

---

① 参见袁立《中国社会权可诉性的行政法之路》，《中共南京市委党校学报》2010 年第 2 期。

② 参见第四章第三节。

现。这里"合理"的立法应符合这样一些标准：采取的政策全面而且彼此协调；它即使只能逐步实现也至少能够促进权利的实现；政策比较平衡、灵活且没有违反平等原则；它满足了那些最需要的人的迫切需求。公民可以根据这些标准请求立法机关立法以保障公民最基本的环境权利需要。

（3）明确国家环境义务对行政权的规范功能。① 第一，要求行政机关执行宪法有关环境权利及国家环境保护义务规范和普通环境法律，现代行政权是行政主体因执行法律享有的权利，在行使环境行政职权时，环境行政主体是主动的、能动的，环境行政机关要能动地执行立法机关制定的有关法律，与立法机关、司法机关共同保护环境权利。第二，制定环境行政法规和规章，现代社会，各国行政机关不断得到立法机关的委托授权，在环境事务日渐繁复的背景下，环境行政机关制定环境行政法规和规章，能够与宪法和普通法律构成多层次的环境权利保护体系。第三，规范具体环境行政行为，应将政府部门在环境法律关系中的地位，由"权力主体"转变为"义务主体"；把政府对环境的监督管理职责由过去的"权力型规范"修改为"义务型规范"。②

2. 完善环境行政公益诉讼立法

环境行政诉讼对环境权利的保护、对宪政的推进具有重要意义。"世界上最早的宪法诉讼——美国宪法诉讼产生于行政诉讼的基础上，甚至其外形都是直接借用了行政诉讼司法审查的形式。"③

缺乏环境行政公益诉讼制度不可能从根本上改变当前的环境恶化趋势，应在拟修订的《行政诉讼法》中明确规定环境行政公益诉讼制度，受案范围应包括各级各类行政机关涉及公众环境权利和利益的抽象行政行为、具体行政行为，应清晰界定并逐步扩大环境行政公益诉讼的原告主体，笔者认为，环境行政公益诉讼的原告应以环保社团为主，公民个人为辅。应逐渐在环境单行法中增加环境行政公益条款，从而在特定类别的环境损害案件中开展环境行政公益诉讼。④ 最高人民法院和有关部门应尽快

---

① 参见陈真亮《论环境保护的国家义务》，博士学位论文，武汉大学，2013 年，第107—110 页。

② 参见张梓太《我国环境立法的误区及对策研究》，《环境导报》1995 年第 1 期。

③ 李文刚：《从行政诉讼到宪政》，知识产权出版社 2006 年版，第 150 页。

④ 参见李义松、苏胜利《环境公益诉讼的制度生成研究》，《中国软科学》2011 年第 4 期。

出台对《环境保护法》第 58 条的司法解释和行政解释，对行政机关非法环境许可审批、不履行环保法定职责的行为是否是"污染环境、破坏生态，损害社会公共利益的行为"作出解释。

3. 明确环境行政公益诉讼的司法救济强度

通过行政诉讼保障环境权利与保障公民和政治权利有明显的不同，对公民和政治权利的救济往往是法院禁止政府实施某种侵害行为或要求政府给予受到侵害的人一定的经济补偿，所涉权利往往是个体性的，所加诸行政机关的禁止性义务也是要求其立即履行，而对环境权利的行政诉讼，针对行政机关的环境尊重义务与公民和政治权利大体相同，而保护义务和给付义务则是要求行政机关制定某些环境政策或提供某种环境公共利益，所涉及的往往是整体性的政策问题，而行政机关的保护义务和给付义务通常不能立刻实现，需要一定的准备和实施时间。这就提出了一个通过行政诉讼救济环境权利的强度的问题。美国的马克·图斯奈特提出的对福利权的两种不同强度的救济措施理论颇有借鉴意义。这两种救济措施是弱度救济和强度救济。弱度救济措施要求政府在一个合理但不确定的时间内制定一个消除侵犯环境权利或进行环境利益给付的计划，一旦这个计划制定出来，法院就让步，允许政府自己实施该计划，同时法院还鼓励当事人在一个详细的方案框架内进行协商，达成一致意见后，由法院对此方案予以确认，对方案的实施情况，法院还必须进行监督，但是法院的监督往往采取较为灵活的方式。强度救济措施是法院详细要求政府官员在确定的目标内实施某种行为的强制性命令，并且这种目标的结果很容易测量，如有明确的数量标准等。该命令同样也提出了完成这些目标的最后期限。[①]

两种不同强度的救济措施对普通法律上的环境公法权利的救济各有利弊。弱度救济措施由于其开放性和宽松性，因而更能获得行政机关的支持和合作，但也极其容易导致行政机关拖延履行甚至不履行救济方案。强度救济措施可以在短时期内有效，迅速实现对环境权利的救济，但因为其强硬的立场，因而可能遭到强烈的反对，导致最后环境权利无法实现。在印度的城市固体废物管理案中，鉴于行政机关积极执行法院的命令或者怠于配合法院工作的现实状况，最高法院甚至自己建立机构促进预期的环境权

---

① Mark Tushnet, "Social Wetfare Rights and the Forms of Judicial Review", 82 (7) *Texas Law Review*, 1895 – 1919 (2004).

利司法救济得以实现，这是典型的强度救济，印度的一些学者甚至称其为"司法过度主义"或"极端的司法能动主义"。在该案中，印度最高法院不是指示行政机关运用行政权力控制污染，而是将自身演化成环境保护机构，法院通过临时命令和指示进行管理，变成了《市政固体废物管理与处理法案》的执行机构。印度的许多学者对此提出尖锐批评，认为长此以往，必将破坏宪政和分权体制。而南非宪法法院在"格鲁特布姆案"中的实践表明，弱度救济可能更适合通过行政诉讼救济公法上的环境权利。南非宪法法院对该案的判决体现了弱度救济的特征，通过该判决，"南非宪法法院既考虑了本国有限的财政预算，又通过要求国家采取合理的政策措施对处于迫切需要的公民提供了司法救济，同时还将属于立法机关和行政机关权限范围内的资源分配的难题排除在司法审查之外"①。南非宪法法院为环境权利的弱度救济提供了一个很好的先例。就国情考虑，我国环境行政公益诉讼对环境权利采取弱度救济更为现实。

四　私法架构下的中国环境权利可诉的有限实现

（一）民法中环境权利可诉的有限实现

1. 扩大对人身权利和财产权利的积极解释

对于与人身权利或财产权利存在重合的环境权利，可以通过对人身权利与财产权利做积极的扩张解释，沿用传统侵权救济机制救济。部分环境侵权行为，例如对日照权、眺望权等私权性质更强的环境权利的侵害，可以适用既有的侵权救济机制，以实现公民个人环境私益。可以适用特殊侵权行为救济中的特殊规则，包括无过失责任原则、举证责任倒置、因果关系推定、诉讼时效延长等。

2. 环境侵权救济机制创新

创新的环境侵权救济机制是在法律中明确私法上的环境权利的可诉性，承认环境权利是与人身权利和财产权利并列的民事权利，是实现环境权利可诉的前提。这类环境侵权行为主要是通过对环境本身的损害而侵害了不特定多数人的环境公益，是对局部环境的污染或破坏，主要针对的是对现行环境侵权救济机制已经不能应对的环境侵权行为，构建全

---

① 陈国刚：《论福利权的司法救济》，载柳华文主编《经济、社会和文化权利可诉性研究》，中国社会科学出版社 2008 年版，第 225 页。

新的、以保障环境公共利益为目的的新型环境侵权救济机制具有重大
意义。

3. 私法上的环境权利的可诉性的限度

私法上的环境权利可诉性实现的限制原因之一是"大部分具体环境
权利类型未被法定化"①，所以在实现私法上的环境权利的可诉性的过程
中，纠纷所涉利益的权利冲突的性质更为明显，既有具体的法定环境权利
之间的冲突，又有法定的或实然的环境权利与应然环境权利之间的冲突，
更有环境权利与民事权利的冲突，很多情况下，权利冲突已成为两种或两
种以上的正当权利之间的冲突。同时，环境侵权救济的对象是受到侵害的
法定权利，在法律明确规定的具体环境权利及其可诉的限度之内，当具体
环境权利未被法定化，即当环境权利立法缺失或规范模糊时，环境权利的
可诉性必然受到质疑。这种情况下，私法上的环境权利的可诉性既先天地
受制于环境权利冲突的性质又受制于未被法定化的现实，其可诉性的程度
受限。

（二）环境侵权救济的纠纷解决思路与私法上的环境权利的多元救济
方式

1. 环境侵权救济的纠纷解决思路

基于大量私法上的环境权利未被法定化以致可诉性受到限制的现实，
有学者提出以环境侵权救济转换为环境纠纷解决的视角来实现环境权利的
救济。②

环境侵权纠纷是一方主体在实现自身利益（包括经济利益和生态利
益）过程中，对他方主体环境利益进行侵害，从而导致的相互冲突、破
坏或者威胁社会秩序的状态。因为私法上的环境权利未被法定化，使得环
境侵权更多具有纠纷的性质，环境侵权救济也更多带有纠纷解决的性质。
环境纠纷的存在表明应允许多元利益（包括生态利益和经济利益）和不
同的价值观存在，社会中普遍发生的环境纠纷说明既有的私法环境权利及
其可诉性的制度设计之不足，也恰恰表明司法救济不是环境权利保护的唯

---

① 刘超：《反思与超越：环境侵权救济的内在机制诉求辨析》，《中国地质大学学报》（社
会科学版）2010 年第 2 期。

② 参见刘超《环境侵权救济的行为控制视角》，《云南大学学报》（法学版）2010 年第
1 期。

一有效方式,诉讼外的策略对于环境权利的实现必不可少。私法上的环境权利的可诉性是实现于环境纠纷解决中的,环境纠纷的解决将更注重利益的平衡。在立法明确私法上的环境权利及构建其可诉实现路径的同时,不能忽略实践中多元利益的平衡。

2. 私法上的环境权利的多元救济方式

应该建立诉讼机制与非诉机制并重的环境权利多元救济方式。私法上的环境权利的多元救济方式包括:

第一,当事人自行和解。这一方式的效果取决于个人环境伦理观的确立,而个人环境伦理观的确立是建立在普遍有效的环境教育和环境信息公开的基础之上的。

第二,非诉调解。环境权利纠纷非诉调解是指"不经过诉讼程序,在中立调解人的主持下,以国家的法律、法规、规章和政策以及社会公德为依据,在查明事实、分清是非和双方自愿的基础上,对环境纠纷双方进行斡旋、劝说,促使他们互相谅解,进行协商,自愿达成协议,以防止和解决救济及促进各方和谐的活动和制度"。① 调解具有程序的便捷性和处理过程的灵活性,灵活随机地进行沟通,谋求解决问题,有利于救济的迅速合理解决。例如在美国,非诉调解机制在解决生活公害纠纷、产业公害纠纷中起到了积极作用。非诉调解对于以生态利益为中心的多元利益的平衡具有重大意义。

第三,行政调解。行政调解是国家行政机关运用调解解决环境权利纠纷的方式,调解人一般是行政主管机关或其附设的专门的纠纷解决机构。例如日本的公害调整委员会拥有很大的行政权力,包括证据收集权等,可以强制进行检查、命令提出文件等,在一定程度上保障了环境权利纠纷解决符合有关法律规定,解决方案公平合理且不违反社会公共利益。

第四,仲裁。环境权利纠纷仲裁是仲裁的一种,遵循仲裁的一般规则。

第五,非政府组织的组织控制。非政府组织所公开宣布或实际实施的政策并不具有法律拘束力,但也能进行执法,如行业协会对其成员行为的控制,各种环保非政府组织未来将在环境权利纠纷的解决中起到越来越重

---

① 付健:《我国环境纠纷非诉调解机制研究》,博士学位论文,武汉大学,2011 年,第 47 页。

要的作用。

五　环境公益诉讼制度对中国环境权利可诉实现的推进

（一）完善环境公益诉讼立法

2012 年 8 月 31 日，第十一届全国人民代表大会常务委员会第二十八次会议正式通过新修订的《民事诉讼法》。该法第 55 条规定："对污染环境、侵害众多消费者合法权益等损害社会公共利益的行为，法律规定的机关和有关组织可以向人民法院提起诉讼。"这是我国立法首次对公益诉讼问题作出明确的规定，开启了我国公益诉讼的大门。2014 年 4 月 24 日，第十二届全国人民代表大会常务委员会第八次会议通过了新修订的《环境保护法》。该法第 58 条第 1 款和第 2 款规定："对污染环境、破坏生态、损害社会公共利益的行为，符合下列条件的社会组织可以向人民法院提起诉讼：（一）依法在设区的市级以上人民政府民政部门登记；（二）专门从事环境保护公益活动连续五年以上且无违法纪录。符合前款规定的社会组织向人民法院提起诉讼，人民法院应当依法受理。"这是我国环境立法对环境公益诉讼制度的具体规定。它将《民事诉讼法》第 55 条的规定具体化，从而使我国的环境公益诉讼从可能成为现实。《民事诉讼法》第 55 条和《环境保护法》第 58 条的规定，反映了环境权利保护的现实需求。在这两部法律修订以前，我国已有环境公益诉讼的司法实践。但是，《民事诉讼法》和《环境保护法》不能充分满足环境权利保护和环境公益诉讼的现实需求。因此，应进一步完善环境公益诉讼立法。具体包括：

1. 完善环境公益诉讼立法模式

环境公益诉讼一般分为环境民事公益诉讼和环境行政公益诉讼。对于环境民事公益诉讼，《民事诉讼法》第 55 条对其进行了法律上的明确规定。但《行政诉讼法》并未规定行政公益诉讼。环境行政公益诉讼针对的是行政行为对环境公共利益的侵害，而依据我国现有的法律，环境行政公益诉讼仍处于不确定的状态。这种不确定并不意味环境行政公益诉讼不重要。实践中，环境行政部门失职、渎职、滥用职权等行政行为造成的环境损害往往要比一般的民事主体造成的环境污染严重得多。《环境保护法》第 58 条中的"对污染环境、破坏生态，损害社会公共利益的行为"是否包含环境行政机关的违法行政行为，还有待具体的解释。法律应明确环境公益诉讼包含环境行政公益诉讼和环境民事公益诉讼两种形式。

2. 明确并扩大环境公益诉讼原告主体资格

环境公益诉讼的原告主体资格是立法中讨论最为激烈的问题。《民事诉讼法》中规定的可以提起环境民事公益诉讼的"法律规定的机关"的界定尚未明晰，《环境保护法》第 58 条则缩小了提起环境公益诉讼的社会团体的范围。理论上，检察机关、行政机关、社会团体、公民均具有原告主体资格。法律应明确并扩大公益诉讼的原告主体资格，检察机关、有关行政机关、环保社团、公民个人应成为环境民事公益诉讼的原告，环保社团、公民个人应成为环境行政公益诉讼的原告。

3. 健全环境公益诉讼技术规则

环境权利的特征决定了环境公益诉讼不同于普通的民事诉讼和行政诉讼，其诉讼管辖、诉讼程序、举证规则、判决的效力等均具有特殊性。应根据环境公益的特殊性制定特别技术规则。具体内容包括：针对各类主体规定起诉顺位；诉讼请求应包括禁止之诉、给付之诉、损害赔偿之诉、履职之诉等不同类型；在举证责任分担上，原告应当就存在污染环境、生态破坏行为和损害承担举证责任，并应就行为与损害之间存在的关联性作出说明，被告应该就法律规定的不承担责任或者减轻责任的情形及其行为与损害之间不存在的因果关系承担举证责任；明确预防性责任承担方式和恢复性责任承担方式。

（二）转变环境公益诉讼审判理念

在环境公益诉讼案件的审理过程中，法院应当更加关注公共利益的维护，关注遭受损害的生态环境的修复。

1. 既判力扩张

既判力也被称为实体的确定力或实质的确定力，指"确定判决之判断被赋予的共有性或拘束力"[①]，既判力的主观范围，又称既判力的主体界限，是指"既判力的作用及于什么人或者对什么人发生法律效力的问题，其实质是解决既判力所拘束的主体范围问题"[②]。我国现行法律法规及司法解释中，并没有既判力扩张的直接规定，给案外人的实体权利和程序权利带来了不同程度的损害。"环境公益诉讼实际的实施者虽或应主张

---

① 林剑锋：《民事判决既判力客观范围研究》，厦门大学出版社 2006 年版，第 17 页。
② 邓辉辉：《既判力理论研究》，中国政法大学出版社 2004 年版，第 163 页。

其与系争事件有相当的利益关系，但诉讼的目的往往不是个案的救济，而是督促政府或受管制者积极采取某些促进公益的法定作为，判决的效力亦未必仅局限于诉讼的当事人。"[1] 司法实践中，在无锡市锡山区检察院诉李某、刘某环境侵害公益诉讼案[2]中，该案在判决主文部分除作出一个特定行为给付的修复性裁判外，还确定了农林局的监督责任，明确该局对补种树木进行监管，而且还明确期限与被告的管护期间相同。这是一个适用既判力主观范围扩张理论的典型案例。

2. 强化恢复性司法要求

对生态环境的修复应当注重生态环境的一体修护。修复环境不仅要求土壤、水体、大气中的化学物质符合国家标准，同时还要使得生态资源得到有效恢复，生态系统恢复到良性的平衡状态。法院可以判决被告在指定的期限内自行采取有效措施，恢复生态环境，也可以要求被告支付恢复生态环境所必需的费用。如果遭受损害的地域已经没有恢复的必要，也可以责令被告异地恢复，实现生态环境的有效补偿。

六　通过环境司法专门化提高环境司法能力

（一）环境司法专门化是提高法院环境司法能力的有效手段之一

环境司法专门化，是指国家或地方设置专门的审判机关，或者在现有的法院内部设置专门的审判机构或组织对环境案件进行专项审理。环境司法专门化是20世纪80年代末以来出现的一种司法现象。到2009年，全球有约40个国家建立了270多个不同形式的专门环境审判机构或组织，对环境案件进行专项审理。环境司法专门化已成为全球环境司法改革的一种发展趋势。[3]

无论是环境权利损害的预防还是救济都具有十分强烈的专业性，例如，环境损害发生的机理、环境损害的认定、环境损害的评估、环境损害评估方法的科学性、环境损害评估标准的合理性、自然资源的价值和价格、自然资源的生态功能和生态价值、环境要素和自然资源生态功能的经

① 叶俊荣：《环境政策与法律》，中国政法大学出版社2003年版，第224页。
② 参见江苏省无锡市锡山区人民法院（2009）锡法民初字第1216号民事判决书。
③ 参见王树义《环境司法专门之必要性及可行性分析》，载王树义等《环境法前沿问题研究》，科学出版社2012年版，第349—357页。

济评价、环境要素和自然资源之生态功能的可恢复性、环境损害行为与损害结果之间因果关系的证明和认定、涉案自然资源之价格鉴证等，都具有相当的特殊性。这种特殊性决定了环境权利司法救济过程的复杂性，因此对案件的审理提出了特殊的要求。要求审理环境案件的法官应当具备必要的专业或专门性知识，甚至要求案件的审理具有某些特殊的程序，如前述的印度城市固体废物管理案中，就组织了专门委员会制定报告指导政府部门修改《市政固体废物管理与处理法案》。但是，对普通法院而言，这些要求的满足存在很大的困难。为了满足环境权利司法救济的特殊要求，应该改革传统的法院内部审判机构的设置模式，对审判资源进行科学合理的配置，其中包括实行环境司法的专门化，环境司法专门化是提高法院环境司法能力的有效手段之一。

世界上第一家环境法院是于 1980 年开始运作的澳大利亚新南威尔士州的土地与环境法院；1990 年美国佛蒙特州的佛蒙特环境法院是美国最早也是目前唯一的环境法院；菲律宾最高法院在 1993 年开始在一些环境犯罪比较猖獗的地区指定特定法庭审理违反森林法的案件，菲律宾最高法院还实施了一个促成环境案件审理专门化的"绿色法庭"，2008 年，最高法院指定 117 个法庭为"绿色法庭"，审理全国的环境违法事件和环境执行案件。

（二）我国环境司法专门化现状

在我国，环境司法专门化是对法院专设审判机构审理环境案件现象的学理概括，包含了组织载体的专门化、审判模式的统合化以及审判人员的专业化，实践中的主要形式是各级法院设置的"环保法庭"。截至 2014 年 8 月底，已有 24 个省份 320 余家法院设立了专门审判机构或组织，并在审理程序上实现了一定程度的集成化。尤其是随着最高人民法院环境资源审判庭的设立，可以预期，环境司法专门化实践将得到进一步发展。我国环境司法专门化历程大致可以分为三个阶段：第一阶段为 2007 年之前（萌芽期），这一阶段的典型特征是多与环保系统紧密联合，如辽宁省先后在沈阳市、丹东市、大连市等地环保局设立了十余个环保法庭作为派出机构，但此后由于无案可审，除铁西区和东陵区外，其余试点均被撤销。第二阶段为 2007—2012 年（初创期），以贵阳市创设"环保法庭"为起点，在能动司法大旗下，江苏省、云南省、海南省、福建省等地紧随其后，环保法庭数量增至 120 余家。第三阶段为 2013 年以后（发展期），随着生态文明战略地位的提升，环保法庭数量得到较大攀升，不仅开始向省级层面拓展且组织架构和诉讼程序也开始向纵深发展。从组织形式看，现行试点主要采取审判庭、派出法庭、合议庭和巡回法庭四种模式，又以环保合议庭为大宗，占比高达 65%；环保审判庭近 90 家，占比为 28%。这些试点在各级法院中呈金字塔形分布，除最高法院环境资源审判庭外，高级法院有 6 家，中级法院有 55 家，基层法院有 255 家，海南、贵州、福建三省高级法院设立了独立建制的审判庭。在级别管辖上，各地均是将基层法院作为初审法院；在地域管辖上，部分法院已经注意到环境侵害的扩散性特征，开始实行一定程度的跨区域集中管辖。如贵州省在 2014 年将贵阳模式扩展至全省，在贵州高院及 4 个中级法院分别设立了环保审判庭，在 5 个基层法院设立了环保派出法庭，跨区域集中受理原本由 9 个中级法院管辖的环境资源案件；重庆市分别在万州区、渝北区设立环保审判庭，集中管辖 20 个区县的环境案件；江苏省则是在各中级法院辖区内选择 1—3 家基层法院在行政审判庭设立环保合议庭，个别设立了环保审判庭，除跨区域集中管辖外，一些试点如南通市、镇江市等还实行回避管辖，即专门审判组织所在基层法院环境案件由其他法院管辖。在审判模式上，多数机构采取了民事、行政、刑事"三审合一"（占比为 80%）或者涵盖执行的"审执合一"（占比为 7%），对环境案件实行集中审理。但亦有一些机构仅受理单一类型案件（占比为 13%），如最高人民法院环境资源审判庭曾拟以"民五庭"形式出现，尽管最后冠名以环境资源审判庭，但仍是管辖环境资源类民事案件。在审理程序上，一些试点开始探索适应环境案件审理需要的特色审判机制，在合议庭构成、鉴定评估、证据保全、举证分配、执行方式、救济途径等方面作出了特殊应对。如重庆市、贵阳市等地广泛采用了巡回审判、禁止令、专家证人、专家陪审员、复绿补植、第三方监督等制度，并将推进环境公益诉讼作为环境司法的重心。[①]

（三）我国环境司法专门化的展望

1. 建立专门化的环境资源审判机构

专门化的环境资源审判机构是环境司法专门化的组织载体，主要涉及组织形式与管辖问题。宜循最高人民法院环境资源审判庭—跨省界区域或

[①] 张宝：《环境司法专门化的建构路径》，《郑州大学学报》（哲学社会科学版）2014 年第 6 期。

流域环境资源审判庭—高级人民法院的环境资源审判庭—中级法院和基层法院的环境资源审判庭、合议庭、巡回法庭这一路径建立专门化的环境资源审判机构。其中，在环境案件较少省份，可以根据环境功能区划由一个或几个中级法院集中受理。为解决诉讼便利问题，可以实行巡回审判或者由中级法院设立派出法庭，同时，对于案情较为简单且不便于巡回审判的案件，可以采取移转管辖的方式，由下级法院审理。这一模式兼顾原则性与灵活性，可以适应环境问题的扩散性特征。同时为便于当事人进行诉讼，便于人民法院依法独立、高效行使审判权，可以建立常规化的巡回审判制度，或者在环境案件较多的区域仿照海事法院的做法设立派出法庭。

2. 建立环境诉讼特别程序

环境诉讼特别程序包括：第一，整合审判程序，由环境资源审判庭统一审理原来分散在不同审判庭内的民事、行政和刑事案件。由于环境污染和生态破坏侵害财产权、人身权和环境权，这一致害过程通常交织着民事、行政和刑事法律关系，刑事附带民事或行政附带民事诉讼极易导致民事救济不足，整合审判程序可以对环境损害导致的权利侵害进行综合性的救济，以适应环境损害的扩散性特征。第二，设置环境诉讼特别程序规则。明确环境责任构成要件。确立因果关系推定原则，即受害人、行政机关和公诉人仅需提供因果关系存在的初步证据，即可推定因果关系成立，以应对环境诉讼中存在的信息不对称和不确定性。建立有针对性的责任方式和执行手段，如适用于超标排放的惩罚性赔偿、环境保护禁止令、先予执行、代履行、复绿补植、第三方监督等。细化环境公益诉讼规则，确立环境行政公益诉讼，扩大公益诉讼原告主体资格，建立原告奖励制度和保障机制等。完善诉讼时效规则，明确"知道或应当知道"的起算点，延长最长诉讼时效，以适应环境损害的潜伏性特征等。

3. 相关人员的专业化

促进对环境资源审判法官的持续培训。建立环境案件专家陪审员信息库，根据案件性质抽取专家陪审员强化环境诉讼。完善专家证人和鉴定评估机制，专家证人和鉴定评估机制是环境诉讼的核心支柱，发达国家普遍形成了对于专家证言和鉴定意见的甄别和取舍规则。成立环保专家咨询委员会，专家咨询委员会有助于实现法官法律意见与专家意见的有机结合，建议由法院聘请环保专家对案件事实的专门性问题进行说明或发表意见。

本章小结

中国环境权利可诉实现的现状表现为：环境权利纠纷解决的诉讼渠道不畅，私权救济方式对环境权利损害救济不足，环境公益诉讼屡陷困境。究其原因，既有因政治问题不可诉形成的政治难点，也有因环境权利立法缺失、宪法司法化不能、两个层次的环境权利可诉障碍和环境公益诉讼立法不足所形成的法律难点。

随着可诉性理论的成熟，将国家行为混同于政治问题的困境将逐渐化解，政治问题的司法化范围将随之扩大。破解中国环境权利可诉实现的法律难点需要立法理念的提升。

在制度设计上，宪法诉讼是中国环境权利可诉实现的根本路径，应通过行政法路径积极推动环境权利的宪法诉讼，同时通过私法有限度地实现环境权利的可诉，完善环境公益诉讼制度，通过环境司法专门化提高环境司法能力。

关键词索引

环境权利，1，2，3，4，5，6，7，8，10，11，12，14，15，16，17，18，19，20，21，24，25，27，28，29，30，31，32，33，34，35，36，39，40，41，42，43，45，46，47，48，49，50，51，52，53，54，55，56，57，58，59，60，62，63，64，65，66，67，68，69，70，73，74，75，76，77，78，79，80，81，82，83，84，86，87，88，89，90，91，92，93，94，95，96，97，98，99，100，101，102，103，105，106，107，109，110，111，112，113，114，115，119，120，121，122，123，124，125，126，127，128，129，130，131，132，133，134，135，136，137，138，139，140，141，142，143，144，145，146，147，148，149，150，151，152，153，155，156，157，158，159，160，161，162，163，164，165，166，167，168，169，170，171，174，181，186

环境损害，1，6，12，13，14，15，16，17，18，20，25，32，35，51，52，70，71，110，117，128，142，149，153，163，168，170，171，173，186

司法救济，1，2，3，5，6，7，9，10，11，12，14，15，18，19，20，22，25，26，27，29，31，32，44，48，49，50，52，64，68，70，71，73，75，77，78，79，79，80，81，82，93，95，98，99，100，101，102，104，106，107，113，116，119，120，123，124，126，128，130，132，133，134，136，139，140，143，144，147，148，149，151，156，157，160，162，164，165，166，171，178，180，186

障碍，2，4，5，9，10，11，12，30，65，66，73，74，86，95，99，106，125，141，147，152，159，174，186

可诉性，1，2，3，4，5，7，8，9，10，11，12，18，19，20，21，23，24，25，26，27，28，30，31，32，33，36，42，48，

59，68，75，77，78，79，80，
81，82，83，86，91，92，93，
94，96，97，98，99，100，101，
105，106，112，113，115，116，
119，120，121，122，123，124，
125，126，127，128，129，130，
134，137，138，139，142，143，
145，146，149，150，151，152，
153，156，157，160，162，165，
166，167，174，176，178，180，
181，182，186

环境权，1，2，3，4，5，6，
10，13，14，15，19，24，28，
29，34，35，36，37，38，39，
40，41，48，49，50，51，52，
53，54，55，56，57，58，59，
62，63，64，65，66，67，68，
70，71，75，82，87，91，94，
95，97，106，110，119，123，
137，138，140，141，143，148，
150，151，153，157，160，162，
173，176，177，178，179，180，
181，182，183，186

宪法环境权利，2，5，7，10，
11，20，42，43，44，45，46，
47，48，49，50，59，64，65，
115，125，129，136，138，141，
152，157，158，159，160，
162，186

具体环境权利，7，17，20，
40，42，43，51，59，60，68，
82，110，111，115，125，126，

150，152，160，166，186

环境权利实现，2，11，28，
46，47，61，81，82，90，129，
134，186

可诉性实践，11，75，78，
92，186

不可诉论，2，83，90，91，
119，186

政治合法性，3，23，29，32，
80，82，93，100，101，102，
105，107，116，120，125，142，
145，186

规范模糊性，3，23，92，94，
95，96，99，110，120，126，
158，162，186

环境司法能力，3，98，111，
115，120，170，171，174，186

有限性，2，4，11，41，87，
121，186

范围，2，9，10，16，17，
18，29，36，47，48，51，56，
61，62，65，66，71，75，76，
81，91，93，95，96，98，100，
101，102，103，105，107，111，
112，113，116，117，118，121，
122，123，125，126，131，132，
140，144，146，149，153，154，
155，156，158，162，163，165，
169，170，174，176，186

程度，2，5，9，10，15，19，
21，22，23，29，32，35，50，
51，63，65，74，75，76，81，

82，88，90，91，93，94，96，97，98，100，101，103，105，106，107，109，110，112，115，116，117，121，125，126，128，129，130，132，134，137，138，139，141，142，150，151，158，162，166，167，169，171，172，186

局限，17，31，55，76，81，82，130，131，132，134，139，170，186

实现，1，2，3，4，5，7，8，9，10，11，15，16，17，19，20，21，22，23，24，26，27，28，29，30，31，32，36，39，41，42，44，45，46，47，48，49，50，53，54，55，57，58，59，6，61，62，63，65，66，68，69，70，75，76，78，79，80，81，82，83，84，85，86，87，88，89，90，91，92，93，94，95，96，97，101，102，103，104，105，106，107，108，109，110，111，112，114，115，119，120，121，122，124，125，126，128，129，130，131，132，133，134，135，136，137，141，142，143，

145，146，147，148，149，150，152，154，155，156，157，158，159，160，161，162，163，164，165，166，167，168，170，171，173，174，177，180，186

宪法诉讼，42，47，110，134，135，136，137，141，142，146，157，159，160，161，163，174，176，186

根本路径，134，135，137，146，157，174，186

环境公益诉讼，1，2，3，6，7，10，17，18，19，20，25，29，32，36，37，56，73，74，75，79，97，105，113，114，115，116，118，119，141，142，143，144，145，146，148，150，151，153，154，155，163，168，169，172，173，174，180，181，182，186

中国环境权利，2，11，147，148，149，150，156，157，161，165，168，174，186

政治难点，148，150，156，174，186

法律难点，150，156，157，174，174，186

参考文献

一　中文著作

1. ［挪］艾德等：《经济、社会和文化权利》，黄列译，中国社会科学出版社 2003 年版。

2. ［印］阿玛蒂亚·森：《以自由看待发展》，任赜、于真译，中国人民大学出版社 2002 年版。

3. 蔡守秋：《调整论——对主流法理学的反思与补充》，高等教育出版社 2003 年版。

4. 曹明德：《环境侵权法》，法律出版社 2000 年版。

5. 陈慈阳：《环境法总论》，中国政法大学出版社 2003 年版。

6. 陈泉生、张梓太：《宪法与行政法的生态化》，法律出版社 2001 年版。

7. 陈新民：《宪法札记》，中国政法大学出版社 2001 年版。

8. 陈新民：《公法学札记》，中国政法大学出版社 2001 年版。

9. ［日］大须贺明：《生存权论》，林浩译，法律出版社 2001 年版。

10. ［日］大沼保昭：《人权、国家与文明》，王志安译，生活·读书·新知三联书店 2003 年版。

11. 邓辉辉：《既判力理论研究》，中国政法大学出版社 2004 年版。

12. 法治斌、董保城：《宪法新论》，元照出版有限公司 2004 年版。

13. ［英］哈耶克：《法律、立法与自由》，邓正来等译，中国大百科全书出版社 2000 年版。

14. 国际人权法教程项目组编写：《国际人权法教程》第 1 卷，中国政法大学出版社 2002 年版。

15. 公丕祥：《法哲学与法制现代化》，南京师范大学出版社 1998 年版。

16. ［日］谷口安平：《程序的正义与诉讼》（增补本），王亚新、刘荣军译，中国政法大学出版社 2002 年版。

17. 郭卫华主编：《"找法"与"造法"——法官适用法律的方法》，法律出版社 2005 年版。

18. 韩德培主编：《环境保护法教程》，法律出版社 2007 年版。

19. 贺海仁：《谁是纠纷的最终裁判者：权利救济原理导论》，社会科学文献出版社 2007 年版。

20. 胡肖华：《宪法诉讼原论》，法律出版社 2002 年版。

21. ［德］胡芬：《行政诉讼法》，法律出版社 2003 年版。

22. 黄金荣：《司法保障人权的限度——经济和社会权利可诉性问题研究》，社会科学文献出版社 2009 年版。

23. 胡锦光、韩大元：《中国宪法》，法律出版社 2004 年版。

24. 金国坤：《依法行政环境研究》，北京大学出版社 2003 年版。

25. ［英］简·汉考克：《环境人权：权力、伦理和法律》，李隼译，重庆出版集团、重庆出版社 2007 年版。

26. ［美］凯斯·R. 桑斯坦：《就事论事——美国最高法院的司法最低限度主义》，泮伟江、周武译，北京大学出版社 2007 年版。

27. ［美］凯斯·R. 桑斯坦：《偏颇的宪法》，宋华琳、毕竞悦译，北京大学出版社 2005 年版。

28. ［德］卡尔斯米特：《宪法学说》，刘峰译，上海人民出版社 2005 年版。

29. 李文刚：《从行政诉讼到宪政》，知识产权出版社 2006 年版。

30. 金瑞林主编：《环境法学》，北京大学出版社 2002 年版。

31. 李步云主编：《人权法学》，高等教育出版社 2005 年版。

32. 林剑锋：《民事判决既判力客观范围研究》，厦门大学出版社 2006 年版。

33. 刘志刚：《宪法诉讼的民主价值》，中国人民公安大学出版社 2004 年版。

34. 吕忠梅：《沟通与协调之途——论公民环境权的民法保护》，中国人民大学出版社 2005 年版。

35. 吕忠梅等：《理想与现实：中国环境侵权纠纷现状及救济机制构建》，法律出版社 2011 年版。

36. 《马克思恩格斯选集》第 19 卷，人民出版社 1963 年版。

37. 马骧聪译：《俄罗斯联邦环境保护法和土地法典》，中国法制出版社

2003 年版。

38. ［日］美浓部达吉：《公法与私法》，黄冯明译，中国政法大学出版社 2003 年版。

39. 莫纪宏：《现代宪法的逻辑基础》，法律出版社 2001 年版。

40. 莫纪宏：《实践中的宪法学原理》，中国人民大学出版社 2007 年版。

41. ［意］卡佩莱蒂编：《福利国家与接近正义》，刘俊祥等译，法律出版社 2000 年版。

42. 齐树洁、林建文主编：《环境纠纷解决机制研究》，厦门大学出版社 2005 年版。

43. ［美］史蒂芬·霍尔姆斯、凯斯·桑斯坦：《权利的成本——为什么自由依赖于税》，毕竞悦译，北京大学出版社 2004 年版。

44. 夏勇：《人权概念起源——权利的历史哲学》，中国政法大学出版社 2001 年版。

45. ［日］田中英夫、竹内昭夫：《私人在法实现中的作用》，李薇译，法律出版社 2006 年版。

46. 徐祥民、田其云：《环境权——环境法学的基本研究》，北京大学出版社 2004 年版。

47. 杨立新：《侵权行为法》，人民法院出版社 2004 年版。

48. 叶俊荣：《环境政策与法律》，中国政法大学出版社 2003 年版。

49. ［美］约瑟夫·斯托里：《美国宪法评注》，毛国权译，上海三联书店 2006 年版。

50. 王树义：《俄罗斯生态法》，武汉大学出版社 2001 年版。

51. 王明远：《环境侵权救济法律制度》，中国法制出版社 2001 年版。

52. 王曦：《美国环境法概论》，武汉大学出版社 1992 年版。

53. 汪劲编：《日本环境法概论》，武汉大学出版社 1994 年版。

54. 汪习根：《法治社会的基本人权——发展权法律制度研究》，中国人民公安大学出版社 2002 年版。

55. ［美］魏伊丝：《公平地对待未来人类：国际法共同遗产与世代间衡平》，汪劲等译，法律出版社 2000 年版。

56. ［英］威廉·韦德：《行政法》，徐炳等译，中国大百科全书出版社 1997 年版。

57. ［斯里兰卡］威拉曼特里编：《人权与科学技术发展》，张新宝等译，知识出版社 1997 年版。

58. 吴卫星：《环境权研究》，法律出版社 2007 年版。

59. ［德］乌尔里希·贝克：《风险社会》，何博闻译，译林出版社 2004 年版。

60. 徐显明主编：《人权法原理》，中国政法大学出版社 2008 年版。

61. 徐秀义、韩大元主编：《现代宪法学基本原理》，中国人民公安大学出版社 2001 年版。

62. ［法］亚历山大·基斯：《国际环境法》，张若思编译，法律出版社 2000 年版。

63. 叶俊荣：《环境政策与法律》，中国政法大学出版社 2003 年版。

64. ［日］原田尚彦：《环境法》，于敏译，法律出版社 1999 年版。

65. 张文显：《法哲学范畴》，中国政法大学出版社 2001 年版。

66. 周训芳：《环境权论》，法律出版社 2003 年版。

67. 周伟：《宪法基本权利司法救济研究》，中国人民公安大学出版社 2003 年版。

二 中文论文

1. 白平则：《论环境权是一种社会权》，《法学杂志》2008 年第 6 期。

2. 彼得·巴杜拉：《国家保障人权之义务与法治国家宪法之发展》，载陈新民编《宪法基本权利之基本理论》，三民书局 1992 年版。

3. 陈爱娥：《自由—平等—博爱：社会国与法治国原则的交互作用》，《台大法学论丛》第 26 卷第 2 期。

4. 蔡守秋：《环境权初探》，《中国社会科学》1982 年第 3 期。

5. 蔡定剑：《中国宪法司法化路径探索》，《法学研究》2005 年第 5 期。

6. 曹可亮：《走出水资源使用权性质研究的理论误区》，第五届全国部门法哲学研讨会"环境法哲学理论与实践：生态文明与环境司法"论文，浙江温州，2013 年 11 月。

7. 陈泉生：《环境权之辨析》，《中国法学》1997 年第 2 期。

8. 陈国刚：《论福利权的司法救济》，载柳华文主编《经济、社会和文化权利可诉性研究》，中国社会科学出版社 2008 年版。

9. 陈海嵩：《宪法环境权的功能体系》，《社会科学辑刊》2013 年第 6 期。

10. 陈承堂：《可诉性理论适用的中国困境及其消解》，《政治与法律》

2013 年第 10 期。

11. 陈真亮：《论环境保护的国家义务》，博士学位论文，武汉大学，2013 年。

12. 邓炜辉：《论中国社会权司法保障的路径及其限度》，《广西政法管理干部学院学报》2010 年第 5 期。

13. 杜钢建：《日本的环境权理论与制度》，《中国法学》1994 年第 6 期。

14. 杜涛：《在政治与法律之间——气候变化诉讼中的政治问题理论》，《北方法学》2013 年第 5 期。

15. 杜万平：《环境行政权的监替机制研究——对环境法律实施状况的一种解释》，载吕忠梅主编《环境资源法论丛》第 6 卷，法律出版社 2006 年版。

16. 谷德近：《论环境权的属性》，《南京社会科学》2003 年第 3 期。

17. 谷德近：《美国自然物诉讼的实践功能——以因环境侵害而受损的自然物的法律地位为中心》，《政治与法律》2009 年第 12 期。

18. 龚向和、刘耀辉：《基本权利的国家义务体系》，《云南师范大学学报》（哲学社会科学版）2010 年第 1 期。

19. 龚向和、刘耀辉：《基本权利给付义务内涵确定》，《理论与改革》2010 年第 2 期。

20. 巩固：《私权还是公益？环境法学核心范畴探析》，《浙江工商大学学报》2009 年第 6 期。

21. ［美］卡斯·R. 桑斯坦：《为什么美国宪法缺乏社会和经济权利保障?》傅蔚冈译，http：//www. iolaw. org. cn/ShowNews. asp? id = 10847。

22. 胡敏洁：《论社会权的可裁判性》，《法律科学》2006 年第 5 期。

23. 蒋小红：《通过公益诉讼推动社会变革——印度公益诉讼制度考察》，《环球法律评论》2006 年第 3 期。

24. 李步云：《论人权的三种存在形态》，载中国社会科学院法学研究所编《当代人权》，中国社会科学出版社 1992 年版。

25. 克里斯汀·斯达克：《基本权利之保护义务》，李建良译，《政大法学评论》1997 年总第 58 期。

26. 李修棋：《环境权制度化的困境及出路》，硕士学位论文，中国政法大学，2003 年。

27. 李启家：《论环境法功能的拓发展——兼议中国第二代环境法的发展

前景》,《上海法治报》2009 年 3 月 11 日 B05 版。

28. 李承亮:《侵权责任法视野中的生态损害》,《现代法学》2010 年第 1 期。

29. 李挚萍:《外国环境司法专门化的经验及挑战》,《法学杂志》2012 年第 11 期。

30. 廖哲滔:《论权利的实现》,《河北法学》2009 年第 3 期。

31. 李惠宗:《立法裁量类型化试论》,《宪政时代》1990 年第 1 期。

32. 李义松、苏胜利:《环境公益诉讼的制度生成研究》,《中国软科学》2011 年第 4 期。

33. 李元起、郭庆珠:《论公民基本权利的司法救济原则》,载中国人民大学宪法与行政法治研究中心编《宪法与行政法治评论》第 2 卷,中国人民大学出版社 2005 年版。

34. 范战平:《论环境权的不确定性》,《郑州大学学报》(哲学社会科学版)2006 年第 3 期。

35. 刘超:《反思与超越:环境侵权救济的内在机制诉求辨析》,《中国地质大学学报》(社会科学版)2010 年第 2 期。

36. 刘超:《掣制与突围:法院受理环境公益诉讼案件动力机制的缺陷与重塑》,《河北法学》2012 年第 6 期。

37. 刘耀辉、龚向和:《环境法调整机制变革中之政府环境义务嬗变》,《法学杂志》2011 年第 5 期。

38. 刘耀辉:《国家义务的可诉性》,《法学论坛》2010 年第 5 期。

39. 刘国:《立法不作为基本理论研究》,《江南大学学报》(人文社会科学版)2006 年第 1 期。

40. 刘卫先:《环境人权的本质探析》,《中共天津市委党校学报》2009 年第 2 期。

41. 栾志苙:《印度公益诉讼制度的特点及其启示》,《北京交通大学学报》(社会科学版)2006 年第 3 期。

42. 吕忠梅、张宝:《环境问题的侵权法应对及其限度》,《中南民族大学学报》(人文社会科学版)2011 年第 3 期。

43. 吕忠梅:《论公民环境权》,《法学研究》1995 年第 6 期。

44. 秦前红、涂云新:《经济、社会、文化权利的可司法性研究》,《法学评论》2012 年第 4 期。

45. 秦前红、涂云新：《经济、社会、文化权利的保障路径及其选择》，《交大法学》2013 年第 1 期。

46. 强世功：《宪法司法化的悖论——兼论法学家在推动宪政中的困境》，《中国社会科学》2003 年第 2 期。

47. Robert Alexy：《作为主观权利与客观规范之基本权》，程明修译，《宪政时代》第 24 卷第 4 期。

48. 钭晓东：《论环境法律责任机制的重整》，《法学评论》2012 年第 1 期。

49. 童之伟：《宪法司法适用研究中的几个问题》，载信春鹰主编《公法》（第 3 卷），法律出版社 2001 年版。

50. 童之伟：《宪法适用应依循宪法本身规定的路径》，《中国法学》2008 年第 6 期。

51. 王晨光：《法律的可诉性》，《法学》1994 年第 4 期。

52. 王晓钢：《揭开环境权的面纱：环境权的复合性》，《东南学术》2007 年第 3 期。

53. 王小钢：《以环境公共利益为保护目标的环境权利理论》，《法制与社会发展》2011 年第 2 期。

54. 王锴、李泽东：《作为主观权利与客观法的宪法环境权》，《云南行政学院学报》2011 年第 4 期。

55. 王蓉：《论环境权主体和客体》，《中国政法大学学报》2009 年第 3 期。

56. 王灿发、程多威：《新〈环境保护法〉规范下环境公益诉讼制度的构建》，《环境保护》2014 年第 10 期。

57. 吴卫星：《环境权入宪之实证研究》，《法学评论》2008 年第 1 期。

58. 吴卫星：《环境权可司法性的法理与实证》，《法律科学》2007 年第 6 期。

59. 吴勇：《印度环境公益诉讼发展中的问题与启示——以城市固体废物管理案为楔入》，《南亚研究季刊》2010 年第 4 期。

60. 夏勇：《权利哲学的基本问题》，《法学研究》2004 年第 3 期。

61. 谢晖：《独立的司法与可诉的法》，《法律科学》1999 年第 1 期。

62. 徐显明：《人权建设三愿》，载徐显明主编《人权研究》第 2 卷，山东人民出版社 2002 年版。

63. 徐祥民：《环境权论——人权发展历史分期的视角》，《中国社会科学》2004 年第 4 期。

64. 徐祥民、邓一峰：《环境侵权与环境侵害》，《法学论坛》2006 年第 2 期。

65. 徐祥民：《对"公民环境权"的几点质疑》，《中国法学》2004 年第 2 期。

66. 张姝：《关于私权的几个问题》，载张文显主编《法学理论前沿论坛》第 2 卷，科学出版社 2003 年版。

67. 杨朝霞：《论环境公益诉讼的权利基础和起诉顺位——兼谈自然资源物权和环境权的理论要点》，《法学论坛》2013 年第 3 期。

68. 杨朝霞：《论环境权研究的困境与出路》，《研究生法学》2009 年第 3 期。

69. 杨福忠：《从南非格鲁特姆案看积极权利对立法者的义务》，《山东社会科学》2008 年第 1 期。

70. 杨伟东：《关于我国纠纷解决机制的思考》，《行政法研究》2006 年第 3 期。

71. 袁立：《论社会权可诉性的宪政之路》，《河南科技大学学报》（社会科学版）2010 年第 5 期。

72. 袁立：《中国社会权可诉性的行政法之路》，《中共南京市委党校学报》2010 年第 2 期

73. 张梓太：《我国环境立法的误区及对策研究》，《环境导报》1995 年第 1 期。

74. 张翔：《基本权利的双重性质》，《法学研究》2005 年第 3 期。

75. 张翔：《基本权利的受益权功能与国家的给付义务》，《中国法学》2006 年第 1 期。

76. 张力刚、沈晓蕾：《公民环境权的宪法学考察》，《政治与法律》2002 年第 3 期。

77. 张敏纯、张宝：《非洲环境权入宪的实践及其启示》，《求索》2011 年第 4 期。

78. 张一粟：《论我国环境权入宪的基本架构》，《法学论坛》2008 年第 4 期。

79. 张怡、徐松江：《我国环境公益诉讼的发展困境与对策分析》，《河北

法学》2012 年第 1 期。

80. 庄国荣：《西德之基本权理论与基本权的功能》，《宪政时代》第 15
　　卷第 3 期。

81. 朱谦：《对公民环境权私权化的思考》，《中国环境管理》2001 年第
　　4 期。

82. 朱谦：《论环境权的法律属性》，《中国法学》2001 年第 3 期。

83. 周训芳：《环境权立法的困境与出路》，《时代法学》2004 年第 2 期。

84. 邹雄：《论环境权的概念》，《现代法学》2008 年第 3 期。

85. 邹雄：《论环境权益及其救济》，《福州大学学报》（哲学社会科学版）
　　2008 年第 3 期。

86. 付健：《我国环境纠纷非诉调解机制研究》，博士学位论文，武汉大
　　学，2011 年。

三　外文著作、论文

1. Alexy, Robert, *A Theary of Constitutional rights*, Oxford University
   Press, 2002.

2. Alston, Phillip, "Economic and Social Rights", 26 *Stud. Transnat* 137
   (1994).

3. Aoife Nolan, Bruce Porter, Malcolm Langford, *the Justiciability of Social
   and Ecomomic Rights: an Updated appfraisal*, CHRGJ Working Paper,
   No. 15, 2007.

4. David R. Boyd, *Environmental Rights Revolution: A Global Study of Consti-
   tutions, Human Rights, and the Environmental*, The University of British
   Columbia Press, 2012.

5. D. M. David, "The Case Against the Inclusion of Socio – economic Demands
   in a Bill of Rights Except as Directive Principles", *South African Journal On
   human rights*, 1992, Vol. 8.

6. Danie Brand, *Combined Strategies for the Enforcement of Economic and Social
   Rights: the South African Model*, in Report of a Regional Seninar on Ecomo-
   mic, Social and Cultural Rights, International of Commissions, 1999.

7. Eide, Asbjon, "the Human Right to Adequate Food and Freedom from Hun-
   ger", in *the Right to Food in Theory and Practice*, by Food and Agriculture

Organization of the United States, Rome, 1998.

8. Craig M. Scott, "The Interdependence and Permeability of Human Rights Norms: Towards a Partial Fusion of the International Covenants on Human Rights", (1989) 27 *Osgoode Hall Law Journal* 769, 833.

9. Eide, Asbjon, "Realization of Social and Economic Rights and the Minimum Threshold Aporoach", in *the Right to Food In theory and Practice*, by Food and Agriculture Organization of theUnited States, Rome, 1998.

10. Helmut Goerlich, *Fudamental Constitutional Right, Content, Meaning and General Doctrines*, Constitution of the Federal Republic of Germany, Ulrich Karpened NomosVerlagsgesellschaft.

11. Herry J. Steiner & Philip Alston, *International Human Rights in Context: law, Politics, Morals*, Oxford University Press, 1996, p. 298.

12. Henry Shue, *Basic Rights: Subsistence: Affluence and U. S. Foreign Policy*, Second Edition, Princeton University Press, 1996.

13. Juan Antonio Oposa et al. v. Fulgencio S. Factoran, Jr. et al. , G. R. No. 101083 (Sup. Ct. of the Phil. , 1993) .

14. Mario gomez, "Social Economic Rights and Human Rights Commissions", *Human Rights Qarterly*, 1995, Vol. 17.

15. Mark Tushnet, "Social Rights and the Forms of Judicial Rview", 82 (7) *Texas Law Review*, 1895 – 1919 (2004) .

16. Mohammad – Mahmoud Mohamedou, "The effectiveness of National Human Rights Institution", in Brigit Lindsnaes, Lone Lindholt and Krisitne Yigen (eds.), *National Human Rights Institutions: Aticles and Working Papers*, the Danish Centre for Human Rights , 2000.

17. Judge zac yacoob, "Panel Discussion: Enforcing Socio – economic Rights: the Potential and Linits of the Judiciary?" *DER Review*, Vol. 1, No. 4, 1999.

18. Phillip Alson, "Out of the Abyss: the Challenges Confronting the New U. N. Cmmittee on Economic, social and Cultural Rights", *Human Rights Quarterly*, Vol. 9, 1987.

19. Sandra liebenberg, "The International Govenant On Economic, Social and cultural Right and its Implications For South Ffrica", *South Journal on Hu-*

man Rights, Vol. 11 (1995) .

20. William Felice, *Taking Suffering Seriously*: *The Importance of Collective Human Rights*, New York: State University of New York Press, 1996.

后　记

　　本书是在博士论文的基础上修改而成。我自硕士研究生阶段即随王树义教授研习环境法，历经十余年，这正是我国环境法学研究蓬勃发展的期间，是王老师学术上日臻炉火纯青的期间，也是我思想由幼稚走向成熟、人生由迷茫走向明朗的期间，这一既艰辛又快乐的过程我将受益终生，铭记终生。

　　感谢恩师王树义教授。先生的师者高风激励我在道德和文章上不断追求自我完善。本书的完成更是凝结了先生的大量心血，从选题、大纲结构到正文写作，先生都进行了悉心指导。师恩永志我心。

　　感谢罗吉老师。罗吉老师是我学习环境法的启蒙者，二十年前引领我初涉环境法的广袤领域。感谢肖乾刚教授、蔡守秋教授、李启假教授、杜群教授、秦天宝教授、柯坚教授、黄德林教授、高利红教授、钭晓东教授在论文开题和写作过程中给予的诸多宝贵建议与指导。感谢李广兵老师、胡斌老师、胡军老师。感谢诸多帮助过我的老师与前辈。

　　感谢诸位师兄弟姐妹在我求学过程中给予的鼓励与帮助，令我深领手足之情弥足珍贵。特别感谢吴宇博士和周迪博士对我的帮助。感谢我的年龄不一、求学背景各异的各位同学，让我明白三人行必有我师焉的含义。感谢给予我帮助的各位新老朋友。

　　感谢我的工作单位江汉大学法学院的诸位领导和同事对我的关心与帮助。

　　感谢我的家人给予的默默支持。

　　本人愚钝兼疏懒，本书实则在诸君的爱的鞭策下完成。

伊媛媛

2015 年 12 月